JUSTO ERNESTO MURILLO RODEZNO

EL MERCADO FINANCIERO DE HONDURAS RESEÑA HISTÓRICA Y MARCO LEGAL

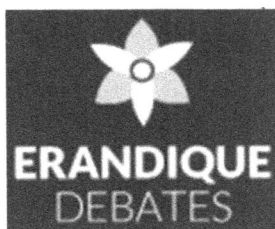

ERANDIQUE
DEBATES

CONTENIDO

6

SOBRE EL AUTOR

JUSTO ERNESTO MURILLO RODEZNO (San Marcos de Ocotepeque, 1965) realizó sus estudios primarios en la escuela "Cándido Mejía" y parte de sus estudios secundarios en el Instituto San Marcos, ambos en su ciudad natal; concluyó el Bachillerato en Ciencias y Letras en el Instituto Departamental Álvaro Contreras de Santa Rosa de Copán.

Se graduó de Licenciado en Ciencias Jurídicas y Sociales en la Universidad Nacional Autónoma de Honduras, es Abogado y Notario y Máster en Derecho Empresarial por la Universidad Latinoamericana de Ciencia y Tecnología (ULA- CIT), con sede en San José, Costa Rica.

En sus inicios ejerció privadamente la profesión del Derecho en su lugar de origen y en Tegucigalpa; posteriormente, se desempeñó durante casi un año como Asistente del Departamento Legal de la empresa Textiles Río Lindo, y luego pasó a laborar durante más de 28 años en el Banco Central de Honduras, donde fungió como Investigador Jurídico, Oficial Jurídico, Jefe de la División de Procuración y Asesoría Laboral, Secretario del Directorio y Jefe del Departamento Jurídico, hasta su retiro voluntario en marzo de 2018.

Actualmente realiza trabajos independientes en el campo del derecho y es miembro del Consejo de Administración de la sociedad Seguros CREFISA.

DEDICATORIA

A la memoria de mi querido Padre, Justo Murillo Cálix; de mi inolvidable abuela Blanca Lidia Rodezno Pineda, y de mi primo y compañero de vivencias José Francisco Pinto Rodezno.

A mi Madre Carmen Elizabeth Rodezno, el ser que ha sido mi apoyo incondicional durante toda mi vida.

A Tethey, mi amada compañera en la senda matrimonial.

A mis hijos Alejandro Ernesto, Tethey Sofía y Raúl Ernesto, la prolongación de mi vida en la posteridad.

A mis queridas hermanas Carmen Beatriz, Patricia Lorena y Denia María.

A San Marcos de Ocotepeque, mi siempre recordada tierra natal.

AGRADECIMIENTOS

A los abogados Nicolás Cruz Madrid (QDDG), Joaquín Muñoz Figueroa y Juan Ángel Benavides Paz, por su apoyo en mi carrera profesional en diferentes momentos y circunstancias.

Al licenciado Rigoberto Pineda Santos, por abrirme las puertas para iniciar mi carrera profesional en el Banco Central de Honduras.

Al Banco Central de Honduras, institución insigne de nuestro país, por haberme permitido desarrollarme personal y profesionalmente durante los más de 28 años que formé parte de su vida institucional, y por el apoyo oportuno con la rica información proporcionada para la elaboración de este libro.

A la Comisión Nacional de Bancos y Seguros, por la información proporcionada para la materialización de esta obra.

A la licenciada Liliana Castillo de Sierra, excompañera *bantralina*, por sus valiosas sugerencias y comentarios, y por haber aceptado gentilmente ser la prologuista de esta obra.

A la Editorial Erandique y sus ejecutivos por ser los artífices de la publicación de esta segunda edición del libro.

PRÓLOGO

He tenido el agrado de leer la obra El Mercado Financiero de Honduras, escrita con mucho esmero y responsabilidad por el notable abogado y notario Justo Ernesto Murillo Rodezno, que no solo cuenta con una vasta experiencia laboral en el Banco Central de Honduras, sino que también posee criterio jurídico para expresarse con certeza en cada uno de los temas abordados.

Es importante destacar que el propósito del autor al escribir este libro es abordar en forma integral y con propiedad, desde la óptica jurídica, las diversas instituciones que interactúan en el entorno del Sistema Financiero Nacional, contribuyendo con comentarios y propuestas consistentes y constructivas para mejorar la normativa vinculada al Sistema Financiero.

En la Primera parte se hace una exposición de los bancos públicos; de la Supervisión del Sistema Financiero; del Seguro de Depósitos y del Sistema Financiero Privado de Honduras. Se mencionan los antecedentes de la creación de los bancos centrales en el mundo, con especial énfasis en América Latina, y se aborda en forma específica la creación del Banco Central de Honduras, fundado en 1950, cuyo objeto fundamental es velar por el mantenimiento del valor interno y externo de la moneda nacional; propiciar el normal funcionamiento del sistema de pagos y, con tal fin, desarrollar y ejecutar la política monetaria, crediticia y cambiaria del país.

Por otro lado, se destacan las principales funciones del Banco Central de Honduras como emisor de monedas y billetes, administrador de las reservas monetarias internacionales del país, responsable de la determinación del encaje legal; su rol como prestamista de última instancia; su cometido orientado a propiciar el sano desarrollo del sistema financiero del país, así como otorgar créditos para atender insuficiencias temporales de liquidez a las instituciones del sistema financiero, sin dejar de lado su trascendental papel como banquero, agente fiscal y consejero económico financiero del Estado, y la emisión de las normas para realizar las operaciones de mercado abierto que habrá de efectuar el Banco. En este apartado también se incluye una reseña histórica y un detalle de las principales autoridades que ha tenido la institución desde su fundación.

Además, contiene un apartado sobre el Consejo Monetario Centroamericano (CMCA), creado originalmente con el propósito de contribuir a la integración centroamericana, y que en la actualidad contribuye al diálogo en temas macroeconómicos relevantes para las políticas monetaria y financiera de la región.

Entre los otros bancos públicos se menciona brevemente el Banco Nacional de Desarrollo Agrícola (BANADESA) y al Banco Hondureño para la Producción y Vivienda (BANHPROVI) indicando, entre otras cosas, la fecha de creación, objetivo principal y la estructura organizativa.

En otro apartado se enfatiza en la supervisión del Sistema Financiero, a cargo de la Comisión Nacional de Bancos y Seguros (CNBS), que la ejerce por medio de las superintendencias, extendiéndose dicha supervisión a cualesquiera otras instituciones que cumplan funciones análogas. Adicionalmente, se detallan las instituciones que actualmente conforman el entorno del Sistema Financiero y que también son supervisadas por la CNBS (Bancos, Sociedades Financieras, Administradoras de Fondos Privados de Pensiones, Compañías de Seguros, Régimen de Aportaciones Privadas, Organizaciones Privadas de Desarrollo Financieras, Bolsas de Valores, Casas de Bolsa, Fondos Públicos de Pensiones, Casas de Cambio y Centrales de Riesgo Privadas, entre otras); también se incluye un detalle de las principales autoridades de la CNBS desde su creación.

En otro apartado se describe el objetivo y las funciones del Fondo de Seguro de Depósitos (FOSEDE) y se incorpora una serie de preguntas y respuestas que se hacen con frecuencia los eventuales usuarios de los recursos de dicho Fondo.

En cuanto a la banca privada, se incorpora un apartado de la historia de la banca en el mundo y, específicamente, la historia de la banca privada de Honduras. También se detallan los motivos y las fechas en que se dio el cierre de muchos bancos en Honduras y cómo el Gobierno afrontó y resolvió la restitución de parte de los ahorros de los clientes afectados.

La obra contiene un resumen de la Ley del Sistema Financiero, destacando su objetivo y las funciones que realizan los Bancos, Asociaciones de Ahorro y Préstamo y las Sociedades Financieras; adicionalmente, se describen los aspectos más relevantes de cada uno de los Bancos Privados y de las Sociedades Financieras y los objetivos de la Asociación Hondureña de Instituciones Bancarias (AHIBA), que agrupa actualmente a 15 bancos comerciales que operan en Honduras.

También se hace referencia al Centro de Procesamiento Interbancario (CEPROBAN), una red de servicios financieros que nace en marzo de 2001 como resultado del interés de todos los bancos del sistema nacional para trabajar conjuntamente, a fin de mejorar los servicios financieros del país.

Se comenta brevemente el objetivo de la Federación Latinoamericana de Bancos (FELABAN), que agrupa, a través de sus respectivas asociaciones en 19 países del continente, a más de 623 bancos y entidades financieras de América Latina y tiene como objetivo fomentar y facilitar el contacto, el entendimiento y las relaciones directas entre las entidades financieras de América Latina, sin considerar los asuntos de política interna de cada país.

El contenido de la Segunda parte enfatiza en el Sistema Asegurador hondureño, su historia y marco legal y los aspectos relevantes de cada una de las instituciones de seguros que legalmente operan en Honduras. Se analiza la historia de los seguros a nivel mundial, y en forma específica, la historia y marco jurídico del Sistema Asegurador hondureño. Asimismo, se hace referencia a los aspectos relevantes de cada una de las instituciones de seguros que operan legalmente en Honduras y se hace una breve descripción de los objetivos de la Federación Interamericana de Empresas de Seguros (FIDES).

En la Tercera parte se examinan las otras instituciones vinculadas con el Mercado Financiero de Honduras: Bolsas de Valores y Casas de Bolsa; Fondos Públicos de Pensiones; Organizaciones Privadas de Desarrollo Financieras, Administradores de Fondos Privados de Pensiones y las Cooperativas.

El apartado de las Bolsas de Valores y Casas de Bolsa contiene los antecedentes históricos del mercado bursátil en el mundo y, específicamente, del mercado de valores en Honduras, con su marco legal y un detalle de la Bolsa Centroamericana de Valores (BCV) y de las casas de Bolsa, con sus funciones y la forma en que operan.

Se analizan los fondos públicos de pensiones con sus respectivos marcos legales: Instituto Hondureño de Seguridad Social (IHSS), Instituto de Previsión Militar (IPM), Instituto de Jubilaciones y Pensiones de los Empleados y Funcionarios del Poder Ejecutivo (INJUPEMP), Instituto Nacional de Previsión del Magisterio (INPREMA) e Instituto de Previsión de la Universidad Nacional Autónoma de Honduras (INPREUNAH).

Se describen las Organizaciones Privadas de Desarrollo Financieras, indicándose los principales aspectos de cada una de ellas. También se analizan las Administradoras de Fondos Privados de Pensiones y el Régimen de Aportaciones Privadas (RAP), detallando los antecedentes históricos, su marco legal y los aspectos más relevantes. Finalmente, se aborda el régimen cooperativo, incluyendo sus antecedentes históricos y aspectos más relevantes.

Como anexos, se incluyen glosarios de términos bancarios, de seguros y bursátiles.

Este libro, como toda investigación seria, conlleva algunos elementos de crítica constructiva, basada en experiencias pasadas, y cuyo propósito es evitar que en el futuro se cometan los mismos errores.

Sin duda, los aportes del prestigioso profesional del Derecho son muy valiosos y serán de mucha utilidad para todas aquellas personas interesadas en conocer más en detalle de qué manera está estructurado el entorno del mercado financiero nacional y quiénes lo conforman, pues encontrarán en este libro una fuente invaluable de información en forma agregada y detallada que no se tiene en otro documento.

Invito a todas las personas interesadas en la economía, el derecho, las finanzas, así como del ámbito académico, investigadores, de la sociedad civil y el público en general, interesado en los temas financieros desde la óptica jurídica, a leer y analizar este libro y los puntos de vista aquí expresados, con el propósito de promover la investigación y la discusión, y realizar otros aportes que contribuyan a enriquecer este interesante tema para provecho de la sociedad.

LILIANA CASTILLO DE SIERRA
Ex Subgerente de Estudios Económicos del Banco Central de Honduras y expresidente del Colegio Hondureño de Economistas

PREFACIO

Durante los últimos años que laboré en el Banco Central de Honduras (BCH), en varias ocasiones pasó por mi mente la inquietud de escribir
un libro sobre aspectos relevantes del sistema financiero que, además, recogiera parte de mis vivencias en el área jurídica de esta institución, sin embargo, en aquel momento, ello quedó en una simple idea.

En Honduras, puedo afirmar sin temor a equivocarme, se ha escrito muy poco sobre el sistema financiero nacional, al menos con conocimiento de causa, y lo que sucintamente hay, se encuentra disperso; es decir, no encontramos textos que aborden, aunque sea someramente y no digamos con propiedad, las diversas instituciones que interactúan en ese mercado especial, y mucho menos con un enfoque jurídico, por lo que cualquier iniciativa que incursione en este campo debería transitar por terreno fértil.

Con esa premisa, al retirarme del Banco Central de Honduras retomé la idea de escribir un libro sobre la materia, que resultara útil para las generaciones presentes y futuras; con tal propósito, durante algún tiempo me di a la tarea de valorar y definir la temática a desarrollar.

Gracias a que los accionistas de Seguros Crefisa confiaron en mi capacidad profesional y tuvieron a bien incorporarme a su Consejo de Administración, consideré necesario ampliar el enfoque, e incluir ese importante sector especializado de la economía nacional y luego, ante el confinamiento a que nos obligó la pandemia provocada por la covid-19, quise ser más atrevido y ambicioso, por lo que decidí hacerlo extensivo a otras instituciones relevantes del mercado financiero de Honduras.

Finalmente, opté por recopilar información sobre los aspectos históricos y el marco jurídico aplicable a las instituciones del sistema financiero nacional, extensivo al sector asegurador y a las otras instituciones aquí consideradas y, en algunos casos, incorporar mis apreciaciones puntuales sobre temas de mi conocimiento.

Para materializar tal cometido, en estos tiempos en que la tecnología es una herramienta insoslayable, las consultas vía internet resultaron vitales en el trabajo investigativo, sin desconocer otras importantes fuentes de consulta; encontré limitaciones de información en lo atinente a algunas instituciones pese a que, con las explicaciones del caso, solicité apoyo a nivel gerencial, sin embargo, no obtuve respuesta, o la información proporcionada carecía de elementos nuevos o relevantes; no obstante, destacó la importancia que revistió, para aspectos de fundación o constitución formal, auxiliarme de los contenidos de los estados financieros auditados y publicados por cada institución.

He tratado de condensar esa información a fin de recoger, en un solo texto, la historia y el presente de las instituciones incluidas en el temario. Modestamente, espero que este libro sirva, en alguna medida, de fuente de consulta a todas aquellas personas que, directa o indirectamente, tienen relación c interés en las actividades que realizan las instituciones del mercado financiero, su marco regulatorio y, un elemento con un toque más personalizado, mis apreciaciones y vivencias en algunos de los campos abordados.

La obra incia determinando quiénes pueden ser consideradas legalmente como instituciones del sistema financiero nacional, para luego pasar a hacer referencia a cada una de ellas y a su marco regulador.

En el caso del Banco Central de Honduras, se reseña el origen de la banca central en el mundo y en nuestro país, y sus principales funciones conforme el marco jurídico actual. Además, se incluyen varias imágenes históricas de la vida institucional, algunos relatos de mis vivencias bantralinas y una recopilación de las valiosas memorias del BCH, que nos permiten apreciar a personas relevantes en la historia nacional que han formado parte del Directorio, la máxima autoridad en materia monetaria, crediticia y cambiaria del país. También se incluye un breve comentario sobre el Anteproyecto de una nueva Ley del BCH, así como lo atinente al Consejo Monetario Centroamericano, una de las instituciones pioneras y con mejores resultados en la institucionalidad del Sistema de Integración Centroamericana (SICA).

Congruente con lo anterior, de igual manera, se hace alusión a los demás bancos públicos que actualmente operan en Honduras; es decir, el Banco Nacional de Desarrollo Agrícola (BANADESA) y el Banco Hondureño para la Producción y la Vivienda (BANHPROVI).

Por otro lado, dada su importancia, se abordan los aspectos históricos y torales del ente supervisor de las instituciones del mercado financiero de Honduras, la Comisión Nacional de Bancos y Seguros (CNBS), y se presenta una visión general del Fondo de Seguro de Depósitos (FOSEDE).

En lo concerniente a la banca privada, se hace una reseña de sus antecedentes históricos en el mundo y en Honduras, de su marco regulatorio y de los aspectos relevantes de las instituciones que conforman el sistema bancario privado nacional, incluyendo las asociaciones de ahorro y préstamo y las sociedades financieras. Además, una visión general de las instituciones nacionales e internacionales vinculadas, como la Asociación Hondureña de Instituciones Bancarias

(AHIBA), el Centro de Procesamiento Interbancario (CEPROBAN) y la Federación Latinoamericana de Bancos (FELABAN).

Respecto al sistema asegurador, se reseñan los antecedentes históricos del seguro en el mundo y en Honduras, su marco jurídico, incluyendo un glosario de términos propios del sector, los aspectos relevantes de cada una de las instituciones de seguros que operan legalmente en el país, y lo atinente a la Cámara Hondureña de Aseguradoras (CAHDA) y la Federación Interamericana de Empresas de Seguros (FIDES).

En ese orden de ideas, también se aborda el mercado bursátil, incluyendo sus antecedentes históricos en el mundo y particularmente en Honduras, haciendo referencia a las instituciones que lo conforman en nuestro país. Prosigue un enfoque sobre las Organizaciones Privadas de Desarrollo Financieras autorizadas en Honduras, y una visión histórica y legal de importantes instituciones previsionales en el ámbito público y privado, como el Instituto Hondureño de Seguridad Social (IHSS), Instituto de Previsión Militar (IPM), Instituto Nacional de Jubilaciones y Pensiones de los Empleados y Funcionarios del Poder Ejecutivo (INJUPEMP), Instituto Nacional de Previsión del Magisterio (INPREMA), Instituto de Previsión Social de los Empleados de la Universidad Nacional Autónoma de Honduras (INPREUNAH) y el Régimen de Aportaciones Privadas (RAP).

Finalmente, se aborda el cooperativismo, su historia, los prolegómenos del movimiento cooperativo en Honduras, la normativa que lo ha regido y lo rige, y la supervisión de que ha sido y es objeto este singular sector de la economía nacional.

En suma, en tiempos en que nos agobia una inclemente pandemia, enfoco la mirada en el porvenir y, con atrevimiento, pongo en el tapete de propios y extraños este libro, con la esperanza de que tenga buena acogida y que, de alguna manera, sirva de estímulo a muchas otras personas que, sin importar la edad, aún conservan en su interior el latente deseo de escribir, que a muchos suele surgirnos en los años mozos pero que, lamentablemente, tiende a disiparse con el transcurso del tiempo.

Cabe resaltar que la primera edición de esta obra se materializó a través de la Editorial Guaymuras en diciembre de 2020 y ahora, esta segunda edición en 2025, que recoge varias actualizaciones, se logra con el apoyo de Editorial Erandique, en el lanzamiento de la Colección "Erandique Debates".

EL AUTOR

PRIMERA PARTE: INSTITUCIONES DEL SISTEMA FINANCIERO NACIONAL

CAPÍTULO I: LOS BANCOS PÚBLICOS

INTRODUCCIÓN

En la actualidad, las instituciones del sistema financiero hondureño se rigen por la Ley del Sistema Financiero (LSF) y, en lo que resultaren aplicables, por la Ley de la Comisión Nacional de Bancos y Seguros, Ley del Banco Central de Honduras, Ley de Seguro de Depósitos en Instituciones del Sistema Financiero, Ley Monetaria, y los reglamentos y resoluciones emitidos por la CNBS y el BCH, con la salvedad de que, en lo atinente a las instituciones públicas del sistema financiero, estas se rigen, en primer lugar, por sus leyes especiales y, supletoriamente, por las leyes, reglamentos y resoluciones precitadas. Es de apuntar, además, que lo no previsto en el marco legal, da lugar a la aplicación de lo prescrito en el Código de Comercio y, en su defecto, en las demás leyes vigentes en la República.

Las instituciones del sistema financiero están autorizadas para realizar intermediación financiera que, a la luz de nuestro ordenamiento jurídico, es una actividad de interés público, que conceptualmente se define como: "... la realización habitual y sistemática de operaciones de financiamiento a terceros con recursos captados del público en forma de depósitos, préstamos u otras obligaciones, independientemente de la forma jurídica, documentación o registro contable que adopten dichas operaciones"[1].

En ese contexto y de conformidad con la Ley del Sistema Financiero, únicamente son instituciones de tal naturaleza, es decir, instituciones del sistema financiero, los bancos públicos y privados, las asociaciones de ahorro y préstamo, las sociedades financieras, y cualesquiera otras que se dediquen en forma habitual y sistemática a las actividades indicadas en la referida ley, previa autorización de la CNBS.

En nuestro medio, en algunos casos por desconocimiento y en otros por ligereza, continuamente se incurre en el error de atribuir la condición de instituciones del sistema financiero a otras instituciones del entorno nacional que, indiscutiblemente, desempeñan importantes roles en el mercado financiero y están sujetas a la supervisión del Estado, pero que jurídicamente no son instituciones del sistema financiero nacional.

Bajo la premisa anterior, es pertinente referirnos en detalle a las instituciones de nuestro sistema financiero, iniciando con los bancos públicos, que son aquellos creados mediante leyes especiales, con un capital fundacional aportado por el Estado, y que realizan actividades

---

[1] Artículo 2 de la Ley del Sistema Financiero, Decreto No. 129-2004, publicado en el Diario Oficial La Gaceta núm. 30,502 del 24 de septiembre de 2004.

bancarias de interés público.

En Honduras son tres: Banco Central de Honduras (BCH), Banco Nacional de Desarrollo Agrícola (BANADESA) y Banco Hondureño para la Producción y la Vivienda (BANHPROVI).

Cabe señalar que, mediante Decreto No. 12, aprobado el 4 de noviembre de 1961, se creó el Banco Municipal Autónomo (BANMA) que, con el tiempo, experimentó deterioro financiero; esto dio lugar a que, por medio del Decreto Legislativo No. 277-98, publicado en La Gaceta del 27 de enero de 1999, se emitiera una ley de saneamiento de dicha institución, que incluía varias medidas en procura de su rescate financiero; sin embargo, ante el fracaso de las medidas de rescate, a través del Decreto Legislativo No. 71-2002, se declaró la liquidación forzosa del BANMA. La Comisión Nacional de Bancos y Seguros se encargó de ejecutar el proceso, de conformidad con las disposiciones de la entonces vigente Ley de Instituciones del Sistema Financiero y demás legislación aplicable.

1. El Banco Central de Honduras

La Ley del BCH fue emitida mediante Decreto No. 53 del 3 de febrero de 1950, publicado en el Diario Oficial La Gaceta No. 14,036 del martes 21 de febrero del mismo año, cuyo articulado ha sido objeto de derogación parcial y reformas a través de los decretos número: 155-95 del 24 de octubre de 1995, publicado en La Gaceta No. 27,809 del 18 de noviembre de 1995; 228-96 del 17 de diciembre de 1996, publicado en La Gaceta No. 28,170 del 25 de enero de 1997; 248-2002 del 17 de enero de 2002, publicado en La Gaceta No. 29,700 del 5 de febrero de 2002; y, 111-2004 del 17 de agosto de 2004, publicado en La Gaceta No. 30,500 del 22 de septiembre de 2004.

1.1. Origen de la Banca Central

La historia indica que los bancos centrales surgen cuando uno de los bancos de cada reino, país, región o comunidad, adquiere el monopolio de la emisión de billetes y el de efectuar las operaciones bancarias del Estado. Sus principales funciones originarias fueron regular la emisión de billetes y mantener su convertibilidad en oro o plata, según lo dispuesto en la ley; con el tiempo, adquirieron otras funciones y actividades tales como ser guardianes de las reservas internacionales; guardianes de las reservas en efectivo de los bancos; operar como bancos de compensaciones, liquidaciones y traspasos; bancos de redescuento y prestamistas de última instancia; actuar como instituciones de supervisión y vigilancia de los bancos, y jugar el rol de banqueros, agentes y consejeros del gobierno, entre otras.

El Riksbank (Banco Central de Suecia en la actualidad) se fundó como banco privado en 1656 y actuó como banco estatal a partir de 1668; sin embargo, se reconoce al Banco de Inglaterra como el primero que llegó a tener la posición de banco central y en desarrollar los principios fundamentales de la banca central[2].

En otros países, los Estados, en el transcurso de los siglos XVIII y XIX, dieron a un banco ya existente el privilegio parcial o total de la emisión monetaria; o bien, crearon un banco emisor con facultades o privilegios especiales. El Banco de Francia fue creado en 1800; posteriormente, se crearon los bancos de los Países Bajos (1814), de Austria (1817), Noruega (1817), Dinamarca (1818) y otros más.

En lo que atañe al continente americano, a inicios del siglo pasado, el pánico financiero que se presentó en 1907 en los Estados Unidos de

---

[2] Carlos Hernández, Banca Central, Editorial EUNED, San José, Costa Rica, 1994, p. 12.

América dio lugar a realizar estudios del sistema bancario y de la forma de mejorarlo, dando como resultado el establecimiento, en 1914, de un sistema de banca central, constituido por doce bancos de la Reserva Federal, con poderes de emitir billetes y de actuar como agentes financieros del gobierno, como bancos de redescuento, prestamistas de última instancia y como guardianes de las reservas bancarias[3]. Con los años aparecieron bancos centrales en todo el mundo, a tal grado que hoy en día son muy pocos los países que no lo poseen.

En América Latina, a medida que los países iban logrando su independencia en el siglo XIX, aparecieron tanto bancos nacionales como extranjeros, que estaban autorizados para emitir billetes en forma exenta, casi en su totalidad, del control del gobierno; muchas veces, esto condujo a la anarquía en la circulación de billetes y a la pérdida de la confianza en el dinero, lo que obligó a los países a solventar estos problemas, mediante la fundación de sus bancos centrales.

Para citar algunos casos de América Latina, el Banco Central de Perú se fundó en 1922, el de Colombia en 1923, México y Chile en 1925, Ecuador en 1927, El Salvador en 1934, Argentina en 1935, Venezuela en 1939, Guatemala en 1945, República Dominicana en 1947, Costa Rica y Honduras en 1950, Paraguay en 1952, Nicaragua en 1960, Brasil en 1964 y Uruguay en 1967.

1.2. Fundación del Banco Central de Honduras

Antes de la fundación del BCH, la institución encargada de acuñar la moneda en Honduras, desde 1879 hasta 1931, fue la Casa de la Moneda. Al establecerse el lempira como moneda nacional y empezar a circular desde 1931, se dispuso que solo el Estado por sí, o por contrato con particulares, compañías o gobiernos extranjeros, podía acuñar moneda nacional.

Por el Decreto 141 de marzo de 1934, se creó la Comisión de Control de Cambios Internacionales y Estabilización del Sistema Monetario (CCCIESM), que constituyó el antecedente del BCH; tenía a su cargo la emisión de la moneda metálica y el control de los cambios internacionales. Su estructura administrativa fue el preámbulo de lo que posteriormente sería el Directorio del BCH, pues incluía cinco miembros: el Ministro de Hacienda, que la presidía; un delegado de los bancos; uno de los comerciantes; uno de los agricultores y uno de los industriales. Los últimos tres derivaron, posteriormente, en lo que se conoció por muchos años en el Directorio como los representantes de las

---

[3] Ibid.., p. 15.

fuerzas vivas del país[4].

Ante la imposibilidad de satisfacer la demanda de numerario nacional, hubo la necesidad de autorizar la circulación de moneda extranjera, por lo que, durante el gobierno del Doctor Juan Manuel Gálvez, se creó una Comisión Mixta formada por cinco miembros del Congreso y dos del Ejecutivo, asesorada por una misión del Fondo Monetario Internacional (FMI), para realizar los estudios que conllevaran a la creación de un banco central. Por parte del Congreso Nacional, integraron dicha comisión como propietarios: el Bachiller Héctor Leiva, Abogado Juan B. Valladares, Perito Mercantil Tomás Cálix Moncada, Abogado José Máximo Gálvez y el Abogado Guillermo López Rodezno; y, como suplentes, los abogados Joaquín Palma Oyuela, Salomón Jiménez Castro y Eliseo Pérez Cadalso. Por el Ejecutivo la integraron el Profesor Daniel Hernández y el Perito Mercantil Armando Flores Fiallos.

El 5 de julio de 1949, a solicitud del Ejecutivo, llegó a Honduras una misión del FMI con el propósito de asesorar a la Comisión Mixta Nacional; esta misión fue integrada por los doctores Javier Márquez, Paul Vinelli y Alexander N. McLeod y, en una segunda visita, se integró el Dr. Julio González del Solar.

Ante la muerte del Profesor Daniel Hernández, miembro de la Comisión Mixta Nacional, esta decidió invitar, para que participara en las discusiones, al Abogado Roberto Ramírez. Durante ocho meses y medio, la Comisión Mixta integrada trabajó en la elaboración de varios proyectos de ley, incluyendo el atinente a la creación del BCH.

Es así que, mediante Decreto Legislativo No. 53 del 3 de febrero de 1950, se emitió la Ley del BCH, que debía iniciar operaciones el 1 de julio de 1950; de manera que en esa fecha, que correspondió a un día sábado —según el libro Cincuenta Años de Banca Central en Honduras 1950-2000, elaborado por el economista y exfuncionario bantralino Edmundo Valladares, por encomienda expresa de la institución bancaria estatal—, a las diez de la mañana, el Dr. Juan Manuel Gálvez, Presidente de la República, declaró inaugurado el Banco Central de Honduras, que inmediatamente comenzó a cambiar monedas de curso legal en el país por la primera emisión de billetes de cinco lempiras; el primer billete lo cambió el Presidente de la República, el segundo el Ministro de Hacienda y el tercero el Presidente del Banco Central.

---

[4] Edmundo Valladares, Cincuenta Años de Banca Central en Honduras 1950-2000, publicación del Banco Central de Honduras, Litografía López, Tegucigalpa, 2001, p. 65.

1.3. Funciones y gobernanza del Banco Central de Honduras

El BCH nace como un banco del Estado, con carácter privilegiado y de duración indefinida, dedicado exclusivamente al servicio público; se rige por su ley constitutiva y por los reglamentos que dicte su Directorio[5].

El hecho de ser considerado como una institución del Estado con carácter "privilegiado", ha sido tema de discusión entre propios y extraños a lo largo de su vida institucional, pues algunos adjudican tal privilegio a su condición singular de ser el único emisor de la moneda nacional, y otros, en función del papel trascendental que cumple en la nación, que muchas veces pasa desapercibido o es incomprendido, dada su condición de ente eminentemente técnico.

Lo referente a la responsabilidad de desarrollar y ejecutar la política monetaria, crediticia y cambiaria del país está indicado taxativamente en la Constitución de la República[6] y en la ley especial que rige al BCH.

Para aclarar conceptos y tener una visión amplia de las principales responsabilidades del BCH, es menester saber, en principio, que el sistema de pagos es el conjunto de instrumentos (efectivo, letras, cheques, pagarés, tarjetas de pago, transferencias, etc.), procesos (compensación y liquidación) y canales (oficinas bancarias, cajeros automáticos, terminales en punto de ventas, teléfonos móviles, internet, etc.), necesarios para materializar la circulación de las salidas y entradas de dinero derivadas de las transacciones que realizan los agentes económicos, así como para el cumplimiento de las obligaciones económicas originadas por tales transacciones.

En resumen, el sistema de pagos es el conjunto de instituciones, instrumentos, sistemas, normas y procedimientos utilizados por los agentes económicos para transferir fondos y efectuar pagos, de tal forma que se faciliten las transacciones de bienes y servicios en la economía. Su función principal es asegurar la circulación del dinero; por lo consiguiente, desempeña un rol fundamental en cuanto a la seguridad y estabilidad del sistema financiero nacional.

Tanto su ley constitutiva como la Ley de Sistema de Pagos y de Liquidación de Valores, conforman el marco legal dentro del cual el BCH ejerce su función de velar por el buen funcionamiento de los sistemas de pagos y de liquidación de valores. Entre los sistemas de pago que operan legalmente en Honduras y que destacan por su segmento de atención, se encuentran:

- El Sistema Banco Central de Honduras en Tiempo Real: es el

---

[5] Ley del Banco Central de Honduras del 3 de febrero de 1950 y sus reformas.
[6] Constitución de la República de Honduras, Artículo 342.

Sistema de Liquidación Bruta en Tiempo Real (LBTR), implementado para liquidar los pagos de alto valor; es administrado por el BCH y empezó a funcionar oficialmente el 4 de marzo de 2013. Es un sistema de liquidación continua de transferencias de fondos y liquidación de valores de forma individual (una a una), en tiempo real y sin neteo.

La importancia de este sistema radica en que, por su medio, se liquidan las transacciones de alto valor que se realizan entre los participantes del sistema financiero; también se liquidan transacciones iniciadas por los cuentahabientes gubernamentales, de tal forma que se convierte en la columna vertebral del sistema nacional de pagos. Además, es una herramienta fundamental que facilita las funciones de administración de liquidez, supervisión del sistema de pagos y la ejecución de la política monetaria del BCH.

Además del BCH, pueden participar todas las instituciones del sistema financiero y cualquier entidad pública o privada que haya sido admitida por el administrador de un sistema debidamente autorizado por el BCH, siempre que cumpla con el marco legal vigente. Por ejemplo:

- *La ACH Pronto* (Automated Clearing House, ACH, por sus siglas en inglés). Es un sistema de transferencias electrónicas de fondos que permite a las personas jurídicas y naturales enviar electrónicamente diferentes tipos de instrucciones de transferencia de fondos a sus bancos, bajo los más estrictos estándares bancarios y de seguridad informática. El sistema es administrado por el Centro de Procesamiento Interbancario S.A. de C.V. (CEPROBAN), empresa constituida por los bancos del sistema financiero nacional, con el objetivo de procesar y liquidar los cheques emitidos por el sistema bancario hondureño.

- *La Cámara de Compensación Electrónica de Cheques (CCECH).* Con el propósito de agilizar el proceso de pago de los cheques emitidos por el sistema bancario hondureño en moneda nacional y extranjera (dólares estadounidenses), el BCH y la Asociación Hondureña de Instituciones Bancarias (AHIBA), consideraron conveniente establecer una Cámara de Compensación Electrónica para procesar en forma automática los cheques emitidos, utilizando tecnología de reconocimiento de imágenes y caracteres, proceso que agiliza y hace más eficiente el sistema de compensación de cheques, eliminando los saldos no confirmados en las cuentas de cheques, y ayudando al manejo de la tesorería de los bancos. Este sistema también es administrado por el CEPROBAN.

- *El Sistema de Transferencias de Fondos Gubernamentales.* Debido a la necesidad de un manejo eficiente de sus tesorerías, las instituciones que tienen cuentas en el BCH, con frecuencia, realizan transferencias entre cuentas de una institución a otra, y entre una o más cuentas de una misma institución.
- *La Depositaria de Valores del Banco Central de Honduras (DV-BCH).* Es el sistema diseñado para el depósito, custodia y administración de valores desmaterializados bajo el esquema de registro de anotación en cuenta, como registros electrónicos y contables, que mantienen un registro electrónico centralizado, en línea y automatizado, de los instrumentos representativos de deuda del BCH y del Gobierno.
- *El Sistema de Interconexión de Pagos (SIPA).* Es un sistema regional de pagos, cuyo propósito es facilitar el intercambio de bienes y servicios en Centroamérica y República Dominicana. Las operaciones se realizan en dólares estadounidenses (USD). Actualmente, el costo por envío de transferencias es de USD 5.00; los participantes directos son los bancos centrales de Centroamérica y República Dominicana, y los participantes indirectos las instituciones bancarias privadas, que realizan operaciones de envío de remesas y pago de proveedores, entre otras.

Siguiendo con las responsabilidades del BCH, debe entenderse que la *política monetaria* es la disciplina de la política económica que controla los factores monetarios para garantizar la estabilidad de precios y el crecimiento económico. Mediante el uso de la política monetaria, los países tratan de tener influencia en sus economías controlando la oferta de dinero, y así cumplir con sus objetivos macroeconómicos manteniendo la inflación, disminuyendo el desempleo e impulsando el crecimiento económico.

En ese sentido, la macroeconomía es la parte de la teoría económica que se encarga de estudiar los indicadores globales de la economía mediante el análisis de las variables agregadas, como el monto total de bienes y servicios producidos, el total de las cuentas fiscales, el nivel de empleo, de recursos productivos, la balanza de pagos, el tipo de cambio y el comportamiento general de los precios. En contraposición, la microeconomía estudia el comportamiento económico de agentes individuales, como consumidores, empresas, trabajadores e inversores.

A partir de lo anterior, el Directorio, anualmente, como máxima autoridad institucional, aprueba el Programa Monetario, que contiene los lineamientos de política en los ámbitos señalados por la ley que rige al BCH; este deriva de un análisis profundo de las condiciones económicas internas y externas del país, a través de los indicadores generados por las dependencias del Banco, información proporcionada por otras instituciones y dependencias del gobierno, así como del sector privado, y de su apreciación sobre la tendencia futura de los mismos, y el efecto que esta evolución causará sobre la moneda nacional.

Para cumplir con sus responsabilidades en materia de política monetaria, el Directorio cuenta con una instancia técnica de apoyo, la Comisión de Operaciones de Mercado Abierto (COMA), encargada de recomendar, dar seguimiento y aplicar los lineamientos establecidos por el Directorio en el Programa Monetario; se reúne al menos ocho veces al año, con el fin de analizar la evolución y perspectivas de las variables macroeconómicas, así como el comportamiento y perspectivas de los distintos mercados, con el propósito de determinar las políticas de participación del BCH en el mercado monetario y financiero. Es precisamente con base en estos análisis, que la COMA puede elevar a la consideración del Directorio, por medio de su Presidencia o Gerencia, propuestas en materia de política monetaria y los mecanismos e instrumentos para su ejecución.

El seguimiento y análisis permanente de las variables económicas y del cumplimiento de las metas del Programa Monetario que requiere la COMA para tomar decisiones, está a cargo del Comité Técnico de Política Monetaria (CTPM), creado para este propósito. Periódicamente, el CTPM analiza una serie determinada de indicadores de coyuntura en el contexto de la economía internacional y presenta recomendaciones orientadas a reducir las posibles desviaciones, si las hubiere, entre el estado actual de las variables económicas y los objetivos del Programa Monetario.

Cabe enfatizar que, en la práctica, los principales instrumentos de política utilizados por la COMA para cumplir sus objetivos son las Operaciones de Mercado Abierto y la Tasa de Política Monetaria. Las operaciones de mercado abierto son todas aquellas de compraventa de activos financieros realizadas por un banco central; se denominan así porque no se realizan directamente con el emisor del título, sino que en los mercados secundarios. Por su parte, la Tasa de Política Monetaria determina el nivel de la tasa de préstamos interbancarios a un día, lo que se logra mediante operaciones de mercado abierto. En otras palabras, es la tasa mínima de interés que el BCH, o cualquier otro banco central, cobra a las entidades financieras por los préstamos que les hace mediante las operaciones de mercado abierto.

La *política crediticia* corresponde al conjunto de criterios, lineamientos y directrices utilizado por las autoridades monetarias para determinar el destino de los recursos financieros dirigidos a los agentes económicos en forma de créditos, induciendo el desarrollo de áreas o sectores económicos prioritarios.

La *política cambiaria* debe entenderse como el conjunto de acciones orientadas a determinar o influir sobre el tipo de cambio de la moneda propia respecto de las restantes. Su objetivo, en congruencia con la política monetaria, es velar por el mantenimiento del valor externo de la moneda nacional y, consecuentemente, estimular la competitividad de las exportaciones hondureñas, especialmente en relación con las de sus principales socios comerciales, procurando un déficit externo en cuenta corriente sostenible en el mediano plazo.

Con este propósito y en el marco del Programa Monetario, el BCH procura mantener las reservas internacionales netas en un nivel que permita una cobertura adecuada en meses de importaciones de bienes y servicios dentro de los parámetros aceptados internacionalmente, buscando afrontar el impacto coyuntural de los riesgos de choques externos, especialmente los relacionados con la evolución de los precios del petróleo y los alimentos, así como los cambios en los precios de las monedas de nuestros principales socios comerciales.

En este contexto, la instrumentación de la política cambiaria en Honduras se realiza actualmente mediante el Régimen de Banda Cambiaria, que opera por medio del Sistema Electrónico de Negociación de Divisas (SENDI); mediante este mecanismo, el BCH ofrece en subastas diarias las divisas (USD) que demanda el mercado por medio de los agentes cambiarios autorizados, utilizando como referencia para sus posturas el precio base estimado por el mismo; en los últimos años, el BCH ha ido liberando el mercado de divisas, aumentando los montos y el porcentaje que pueden captar y manejar directamente con sus clientes los agentes cambiarios autorizados.

Debe tenerse presente que, con el propósito de cumplir con su responsabilidad de desarrollar y ejecutar la política monetaria, crediticia y cambiaria del país, el BCH, en el ámbito de sus atribuciones, ha emitido sustanciosa normativa que contiene los parámetros para su implementación y el logro de los objetivos previstos.

De conformidad con su ley, el BCH no puede efectuar transferencias presupuestarias a ninguna entidad pública o privada, excepto las establecidas en la Ley del BCH o en convenios internacionales, sin perjuicio del significativo aporte anual que, por ley, efectúa para financiar parte del presupuesto de la Comisión Nacional de Bancos y Seguros (CNBS).

Durante un tiempo, como una cuestionada práctica, la Secretaría de

Finanzas solía "aprovechar" el Decreto Legislativo que se emite anualmente y que contiene las Disposiciones del Presupuesto de Ingresos y Egresos de la República, para incluir, inconsultamente, aportes millonarios del BCH a otras instituciones del Estado; esto resultaba discutible, dada la prohibición expresa ya indicada, y la temporalidad de la vigencia de dicha norma. No obstante, por lo general, prevalecía la presión del Ejecutivo para que hiciera dichos aportes, bajo el criterio de estar contenidos en una disposición legal posterior. En la actualidad eso ya se descontinuó, y ojalá que así sea en el futuro, pues es una práctica que, universalmente, no se considera sana.

En cuanto a su gobernanza, como ya se indicó, el Directorio es la máxima autoridad del BCH; lo integran cinco directores, de los cuales uno es el Presidente y otro el Vicepresidente. El nombramiento de los directores corresponde al Presidente de la República, por medio de la Secretaría de Estado en el Despacho de Finanzas. El titular de esta Secretaría debe asistir a las sesiones con voz, pero sin voto, contrario a lo que ocurría en el pasado, cuando su voto pesaba e influía. Al ser reformada la ley privándole de esa facultad, el o la titular de la Secretaría de Finanzas opta por no asistir, o por hacerlo esporádicamente, por sí o enviando un representante. Lo idóneo en una economía sana, es que la política fiscal, que es del ámbito de competencia de la Secretaría de Finanzas, guarde armonía con la política monetaria desarrollada por el BCH; sin embargo, para nadie es un secreto que en nuestro país ha sido y es recurrente el abandono de las metas programadas de política fiscal.

Muchos años atrás, el Presidente y Vicepresidente eran nombrados por el Poder Ejecutivo, y el Directorio del BCH se integraba por funcionarios de otras instituciones del Estado; específicamente, el Secretario de Estado de la entonces Secretaría de Hacienda y Crédito Público (hoy Secretaría de Finanzas), el titular de la Secretaría de Recursos Naturales, el Presidente del Banco Nacional de Desarrollo Agrícola (BANADESA, otrora BANAFOM), representantes de la banca privada, además de miembros de las denominadas *fuerzas vivas,* que eran representantes del sector comercial e industrial, y generalmente solo asistían a las sesiones del Directorio; es decir, no desempeñaban cargos permanentes, y únicamente percibían dietas por sesión.

En la actualidad, la Ley del BCH prevé que los miembros del Directorio permanezcan en sus puestos cuatro años, con posibilidades de ser nombrados por períodos adicionales iguales, y establece las causales que pueden dar lugar a su remoción. Como requisitos para ser miembros del Directorio, la Ley del BCH dispone: ser hondureño por nacimiento, mayor de treinta años, no tener cuentas pendientes con el Estado, ser de notoria buena conducta, ostentar título profesional de nivel universitario y contar con una amplia experiencia en materias relacionadas con la economía en general, el comercio internacional, la moneda, la banca, las finanzas públicas y privadas y el derecho económico.

También indica taxativamente quiénes no pueden ser miembros de dicho órgano: los menores de treinta años edad; los integrantes de la Junta Directiva de organizaciones o partidos políticos o los que desempeñaren cargos o empleos públicos remunerados o funciones de elección popular, excepto los cargos docentes, siempre que no haya incompatibilidad en cuanto a las horas de servicio; los que sean cónyuges o parientes dentro del cuarto grado de consanguinidad o segundo de afinidad del Presidente de la República, de los Designados a la Presidencia o de los Secretarios de Estado; quienes tengan reparos confirmados por el Tribunal Superior de Cuentas, con motivo de cargos públicos anteriormente desempeñados; y, los que sean legalmente incapaces.

El Directorio debe sesionar ordinariamente cada semana y, extraordinariamente, siempre que sea convocado por su Presidente a iniciativa propia o a petición de dos directores. Ninguno de sus miembros debe asistir a las sesiones cuando se vaya a tratar algún asunto en el que tenga interés personal o lo tengan sus parientes dentro del cuarto grado de consanguinidad o segundo de afinidad, o una empresa o firma a la cual pertenezca como socio, empleado o accionista.

El quórum de las sesiones ordinarias y extraordinarias del Directorio es de tres miembros y, salvo los casos de excepción que expresamente señala la Ley del BCH, en los cuales se exige una mayoría especial, las resoluciones se deben tomar con el voto favorable de tres de los directores presentes.

Una de las últimas reformas de la Ley del BCH establece que el Presidente del Banco y los demás directores estarán al servicio exclusivo de la Institución y que, mientras estén en el ejercicio, no pueden ocupar otro cargo remunerado o ad honorem, excepto los de carácter docente. Entre las atribuciones y deberes del Presidente, se incluyen: presidir el Directorio, proponer al Directorio las medidas para la ejecución de la política monetaria, crediticia y cambiaria, y ejercer la representación legal de la Institución, conjunta o separadamente con el Gerente. El Vicepresidente es su sustituto, en caso de ausencia o impedimento temporal.

El Gerente tiene a su cargo la dirección inmediata de la administración y de las operaciones del Banco; es el superior del personal, y es nombrado por el Directorio, de donde se colige la importancia de que siempre se nombre en tal cargo a personas de experiencia, capacidad y comprobada honorabilidad.

El hecho de haber laborado por más de 28 años en el BCH, incluyendo el desempeño como Secretario del Directorio por más de tres años, ser el titular de la Jefatura del Departamento Jurídico por más de quince años, y asistir durante ese tiempo a las sesiones del máximo órgano de dirección del BCH, permite al autor de esta obra formular con propiedad algunos señalamientos, comentarios y sugerencias objetivas y constructivas sobre aspectos de la gobernanza, sin faltar a la confidencialidad debida, en aras de que en el futuro se pueda enmendar aquello que lo requiera, en beneficio de una de las instituciones públicas más sólidas del país.

Al ingresar a laborar al BCH, uno de los incentivos que se percibía era el respeto a la carrera profesional y a la meritocracia, a tal grado, que los presidentes, gerentes, subgerentes y jefes de dependencias seguían ese patrón ascendente. Sin embargo, poco a poco, ese esquema que es propio de los bancos centrales del mundo ha ido cambiando debido, en gran medida, al nombramiento, por el Poder Ejecutivo de turno, de miembros permanentes del Directorio que no cumplían o no cumplen con los requisitos profesionales y de experiencia para tales cargos. Debido a ello, en algunas administraciones de las últimas décadas, las decisiones técnicas se han adoptado merced al conocimiento sobre la materia de unos pocos integrantes del Directorio, puesto que las demás personas se limitan a votar con manifiesto desconocimiento de los asuntos de fondo tratados, o bien siguiendo directrices de sus padrinos políticos.

En tal sentido destaco que, durante muchos años, prevaleció la regla de que los miembros del Directorio debían ser personas de reconocida experiencia y capacidad profesional; y, en gran medida, se requiere retomar esa regla para preservar la institucionalidad del BCH. Tan es así, reitero, que una de las últimas reformas a su Ley propendía al nombramiento de los directores en forma escalonada, en aras de lograr la independencia y, a la vez, preservar la continuidad de la memoria institucional.

No obstante, la omisión de nombramientos, o su realización, obviando el propósito del escalonamiento, se ha presentado con frecuencia en los últimos tiempos, a lo que se suma que muchos nombramientos del Ejecutivo han obviado los requisitos técnicos, anteponiendo criterios eminentemente políticos o, simplemente, enfocados en favorecer a parientes o cónyuges de altos funcionarios del Estado, dejando de lado la experiencia y capacidad profesional requerida. Esta crítica no tiene fines perversos ni es idealista, sino que aspira a que una institución facultada para adoptar medidas que pueden afectar o incidir en áreas de interés público, cuente en sus altos estamentos con las personas más capaces e idóneas para tomar decisiones, privilegiando en todo momento la discusión a profundidad de los delicados temas que entran en su esfera de competencia.

Retornando a los aspectos de gobernanza, se apunta que las sesiones ordinarias del Directorio, habitualmente, han sido los jueves de cada semana; pero días previos, o excepcionalmente ese mismo día, se lleva a cabo una reunión conocida internamente como Predirectorio, donde se discuten a fondo los asuntos que se tratarán en la sesión del Directorio, en el entendido de que la mayoría de los temas abordados tienen como respaldo la opinión o dictamen de las áreas técnicas involucradas.

Normalmente, a las sesiones del Directorio asisten los directores, el Gerente, el Secretario del Directorio, el Auditor Interno, el Subgerente de Estudios Económicos, el Jefe del Departamento Jurídico y algunos asesores de la Presidencia, sin perjuicio de que, si se estima necesario, para tratar temas puntuales se requiera la presencia de los expertos que trabajaron en el documento que servirá de base para adoptar la decisión administrativa o técnica final.

Conforme a su Ley, las principales funciones del BCH son, en resumen, las siguientes:

La *emisión de la moneda y los billetes,* pues es el único ente autorizado para emitir monedas y billetes en el país, en el entendido de que los mismos tienen fuerza legal y poder liberatorio ilimitado en el territorio de la República.

Los billetes tienen las denominaciones, dibujos, leyendas y demás características que define el Directorio del BCH; llevan la firma facsimilar del Presidente y del Gerente del Banco, más la del Secretario de Estado en el Despacho de Finanzas. Se imprimen en las cantidades que autorice el Directorio, siendo la denominación de los billetes no menor a un lempira.

Las monedas metálicas tienen el peso, tipo, tamaño, grabados y denominaciones que indiquen las leyes especiales (La Ley Monetaria[7], especialmente) en las cantidades determinadas por el Directorio.

El BCH contrata la elaboración de billetes y monedas con la debida planificación y anticipación, a través de procedimientos de contratación directa o licitaciones privadas, generalmente con casas emisoras extranjeras de reconocido prestigio internacional, sujetándose para ello al cono monetario establecido en Honduras por dicha autoridad monetaria. El *cono monetario* es el conjunto de las denominaciones de monedas y billetes emitidas y puestas en circulación por la autoridad

---

7 Ley Monetaria de Honduras, Decreto No. 51-1950 del 1 de febrero de 1950 y sus reformas.

monetaria de cada país.

Al hacer un repaso histórico sobre los aspectos precitados, la página web del BCH señala que la Comisión Organizadora que el Poder Ejecutivo nombró para crear el Banco Central, se propuso poner en circulación los primeros billetes desde el primer día de operaciones de la institución; pero, en vista del poco tiempo de que se disponía, no fue posible elaborar las planchas de impresión. Para resolver el problema, se recurrió a los únicos bancos que estaban autorizados por el Gobierno para emitir billetes, el Banco de Honduras y el Banco Atlántida, que ofrecieron al BCH la utilización gratuita de sus planchas.

Entre las planchas disponibles, la Comisión Organizadora acordó utilizar las de L5.00 del Banco de Honduras, que llevaban el retrato del General Francisco Morazán en el anverso. Después de efectuar las modificaciones necesarias, la Comisión ordenó la impresión de un millón de piezas de L5.00 para entregar antes del 1 de julio de 1950. Para el suministro de estos billetes se contrató a la empresa extranjera American Bank Note Company; la fecha de edición del billete fue el 1 de julio de 1950.

Para la denominación de Cien Lempiras (L100.00), se utilizó una fotografía tomada por el artista Raúl Estrada Discua, que muestra la antigua Casa Presidencial por el costado que colinda con el Río Choluteca. La fecha de emisión fue el 16 de junio de 1951 y la fecha de edición del billete, el 16 de marzo de 1951.

Para el billete de la denominación de Diez Lempiras (L10.00), también se eligió un diseño del Ingeniero Arturo López Rodezno, que consistió en un motivo agrícola. La fecha de emisión fue el 27 de junio de 1951, y la fecha de edición el 25 de mayo de 1951. Para la denominación de Veinte Lempiras (L20.00), se utilizó un motivo ganadero que preparó la compañía extranjera Waterlow & Sons, Ltd.; la fecha de emisión fue el 27 de junio de 1951, y la fecha de edición el 25 de mayo de 1951.

A las denominaciones de L1.00, L10.00, L20.00 y L100.00, también se les asignó la imagen de héroes y próceres nacionales, como Lempira, José Trinidad Cabañas, Dionisio de Herrera y José Cecilio del Valle, respectivamente, que fueron aprobados por el Directorio. Se hizo el pedido a la firma Waterlow & Sons, Ltd., de Londres, Inglaterra, para la impresión de 8,8 millones piezas de las cuatro denominaciones.

El 8 de junio de 1956, el BCH emitió por primera vez el billete de Cincuenta Lempiras (L50.00), cuya impresión estuvo a cargo de la casa inglesa Thomas de La Rue & Company Limited. Este billete lleva en el anverso la efigie de José Trinidad Reyes y, en el reverso, una fotografía del primer edificio de la Universidad Nacional Autónoma de Honduras.

La fecha de edición fue el 20 de enero de 1956.

El 4 de enero de 1978 se emitió por primera vez el billete de Dos Lempiras (L2.00), cuya impresión autorizó el Directorio del BCH por la cantidad de 30 millones de piezas, la cual estuvo a cargo de la casa inglesa Thomas de la Rue & Co. Limited. Este billete lleva en el anverso el retrato del expresidente de la República Doctor Marco Aurelio Soto (1876-1883) y en el reverso, una vista panorámica de la Isla del Tigre, en el Golfo de Fonseca.

El 29 de diciembre de 1997 se emitió por primera vez el billete de Quinientos Lempiras (L500.00), cuya impresión también realizó la casa inglesa Thomas de la Rue & Co. Limited. Este lleva en el anverso el retrato del Doctor Ramón Rosa y, en el reverso, una vista panorámica de lo que fueron las minas del Rosario en San Juancito, Francisco Morazán. La fecha de edición fue el 16 de noviembre de 1995.

El BCH emitió el 17 de octubre del año 2000 un billete de Veinte Lempiras (L20.00) con un nuevo diseño. Este tiene en el anverso el retrato de Dionisio de Herrera, primer Jefe de Estado de Honduras y, en el reverso, una escultura alusiva al trabajo, unión y esfuerzo (del escultor Mario Zamora) y las leyendas "UNA NUEVA HONDURAS SE LEVANTA" y "CONMEMORATIVO AÑO 2000". La fecha de edición es el 30 de marzo de 2000.

Otra de las funciones del BCH es ser el administrador de las reservas monetarias internacionales del país, de manera que solo el BCH y los agentes cambiarios autorizados por este, pueden negociar divisas en el territorio nacional, conforme la normativa especial emitida al efecto. Las reservas monetarias del país que administra el BCH se mantienen en diversas instituciones de primer orden en el mundo, y su inversión sigue un riguroso proceso de análisis, con sujeción a los parámetros establecidos por el Directorio en normativa especial.

Debe tenerse presente que, en Honduras, el tipo de cambio de las divisas se determina en función de la oferta y la demanda, conforme las normas dictadas por el BCH que, además, tiene la facultad de establecer y reglamentar el control de los movimientos de capital de Honduras al extranjero y viceversa.

En cuanto a la función de guardián de las reservas en efectivo de los bancos, cabe hacer memoria que, hasta antes de la creación del BCH, el Banco de Honduras y el Banco Atlántida acostumbraban a mantener en sus arcas grandes cantidades de fondos en efectivo como reservas.

De acuerdo con la Ley del BCH y sus reformas, compete a esta institución determinar, tomando en cuenta las condiciones internas del país y del entorno internacional, la forma y proporción en que las instituciones del sistema financiero deben mantener sus encajes. El encaje se constituye, en todo o en parte, en dinero en efectivo que las instituciones financieras deben mantener en caja y en depósitos a la vista en el BCH, los cuales son inembargables.

El encaje es concebido en términos generales como el mecanismo establecido por el Banco Central, que obliga a todas las instituciones financieras a mantener disponible una determinada proporción de sus pasivos para que puedan enfrentar los retiros de depósitos de sus clientes.

Otra importante función del BCH estriba en actuar como prestamista de última instancia cuando, con el propósito de velar por la estabilidad de los sistemas de pagos y financieros del país, otorga créditos para atender insuficiencias temporales de liquidez, a las instituciones del sistema financiero. Estos créditos se sujetan a formalidades, condiciones y plazos especiales previstos expresamente en la ley y en la normativa emitida por el BCH para tal propósito.

Es pertinente destacar, en línea con esa función y el rol trascendental que en cualquier país desempeña el sistema financiero, que cuando circunstancias especiales amenazaren la estabilidad de dicho sistema, el BCH, junto al Ente Supervisor del Sistema Financiero y la Secretaría de Estado en el Despacho de Finanzas, deben proponer al Poder Ejecutivo las medidas de emergencia que ameriten.

La Ley del BCH dispone, como otra de sus funciones, la de actuar como banquero, agente fiscal y consejero económico financiero del Estado; al respecto, es de destacar el hecho de poder otorgar créditos de excepción al sector público, únicamente mediante la adquisición de valores en el mercado secundario. También puede otorgar créditos al gobierno en casos de emergencia o de grave calamidad pública; asimismo, para cubrir variaciones estacionales en los ingresos y gastos, sujetos a plazos y condiciones especiales que, como ya apunté, muchas veces han sido obviadas o tergiversadas por presiones del Ejecutivo o sus representantes, desnaturalizando el carácter excepcional de estas opciones crediticias, que se han vuelto recurrentes.

En relación con esta función, la ley prescribe que todos los depósitos de la Hacienda Pública, y esto en sentido lato, deben hacerse en el BCH, salvo las cantidades para pagos de menor cuantía, así como los recursos de inversión que, por razones actuariales, se constituyan con fines de previsión social. También deben efectuarse en el BCH los depósitos de garantía en efectivo o en valores a favor del Estado, y los depósitos judiciales.

Sus responsabilidades también incluyen encargarse, directa o indirectamente, y siempre por cuenta del Estado, de la recaudación de rentas fiscales internas y externas; actualmente, en gran medida, esa función se ha delegado a las instituciones del sistema financiero privado;

además, la atención de los servicios de amortización o intereses de la deuda pública, la transferencia de fondos al exterior y cualquier transacción monetaria o financiera que realice el Estado. De igual manera, cuando el Estado y sus dependencias tengan el propósito de contraer empréstitos en el país o en el extranjero, deben requerir un dictamen previo del Directorio del BCH.

En el ámbito de las relaciones que mantiene con el sistema financiero, compete al BCH, en coordinación con la CNBS, organizar y reglamentar el funcionamiento del sistema de pagos, de tal forma que proteja los intereses de los usuarios de los servicios financieros y bancarios, mediante el uso de reglas de carácter general, transparentes y neutrales, que regulen la acreditación, transferencia, compensación y liquidación de cheques y valores. Por regla general, el BCH no paga intereses por los depósitos que recibe; sin embargo, en el marco de sus operaciones de estabilización monetaria, suele emitir valores negociables en condiciones de mercado, ya sea en moneda nacional o extranjera.

Por otra parte, es del caso señalar que, años atrás, era una práctica convocar e involucrar a funcionarios del BCH en cuanta comisión gubernamental o privada se creara y, en muchos casos, en actividades ajenas a las propias de la banca central; debido a esto, en la ley que rige la Institución se incorporó una disposición que determina, expresamente, que los funcionarios y empleados del BCH no podrán ser miembros de órganos de decisión de instituciones o comisiones públicas y privadas. Sin embargo, en ocasiones, a través de decretos legislativos o ejecutivos, se ha querido obviar o hacer caso omiso de tal disposición buscando, en la mayoría de los casos, un baño de credibilidad.

Finalmente, para efectos históricos, cabe anotar que, durante varios años de su vida institucional, por disposiciones legales especiales se crearon, adscritos al BCH, proyectos de apoyo a los sectores agrícola, industrial y vivienda, específicamente la Unidad del Proyecto de Crédito Agrícola (UPCA), el Fondo de Desarrollo Industrial (FONDEI) y el Fondo de la Vivienda (FOVI), que luego se disgregaron o pasaron a formar parte de instituciones de nueva data.

El BCH tiene su domicilio en Tegucigalpa, Municipio del Distrito Central (MDC), y puede establecer sucursales, agencias y corresponsales en el resto del territorio de la República. Actualmente cuenta con sucursales en las ciudades de San Pedro Sula, La Ceiba y Choluteca; en el pasado también operó una sucursal en la ciudad de Santa Rosa de Copán, y agencias en La Paz, Ocotepeque y El Amatillo, Valle.

ORGANIGRAMA DEL BANCO CENTRAL DE HONDURAS

BANCO CENTRAL DE HONDURAS

Aprobado mediante Resolución de Directorio No.260-6/2024

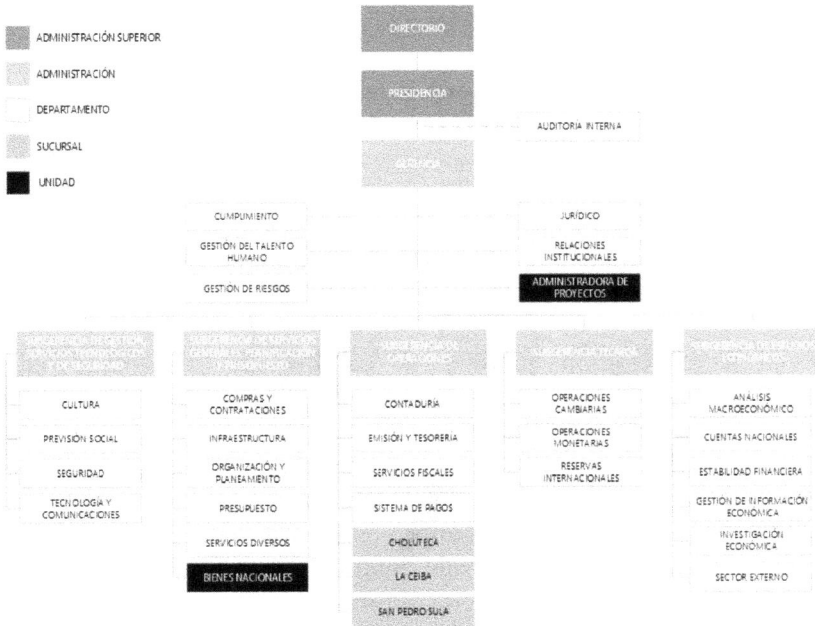

Leyenda:
- ADMINISTRACIÓN SUPERIOR
- ADMINISTRACIÓN
- DEPARTAMENTO
- SUCURSAL
- UNIDAD

DIRECTORIO

PRESIDENCIA

AUDITORIA INTERNA

GERENCIA

CUMPLIMIENTO	JURÍDICO
GESTIÓN DEL TALENTO HUMANO	RELACIONES INSTITUCIONALES
GESTIÓN DE RIESGOS	ADMINISTRADORA DE PROYECTOS

SUBGERENCIA DE GESTIÓN, INNOVACIÓN TECNOLÓGICA Y DE SEGURIDAD
- CULTURA
- PREVISIÓN SOCIAL
- SEGURIDAD
- TECNOLOGÍA Y COMUNICACIONES

SUBGERENCIA DE SERVICIOS GENERALES, PLANIFICACIÓN Y PRESUPUESTO
- COMPRAS Y CONTRATACIONES
- INFRAESTRUCTURA
- ORGANIZACIÓN Y PLANEAMIENTO
- PRESUPUESTO
- SERVICIOS DIVERSOS
- BIENES NACIONALES

SUBGERENCIA DE OPERACIONES
- CONTADURÍA
- EMISIÓN Y TESORERÍA
- SERVICIOS FISCALES
- SISTEMA DE PAGOS
- CHOLUTECA
- LA CEIBA
- SAN PEDRO SULA

SUBGERENCIA TÉCNICA
- OPERACIONES CAMBIARIAS
- OPERACIONES MONETARIAS
- RESERVAS INTERNACIONALES

SUBGERENCIA DE ESTUDIOS ECONÓMICOS
- ANÁLISIS MACROECONÓMICO
- CUENTAS NACIONALES
- ESTABILIDAD FINANCIERA
- GESTIÓN DE INFORMACIÓN ECONÓMICA
- INVESTIGACIÓN ECONÓMICA
- SECTOR EXTERNO

Organización y Planeamiento, junio 2024

1.4 Breve comentario sobre el Anteproyecto de nueva Ley del Banco Central de Honduras

Antes de retirarme del BCH, un equipo multidisciplinario con asesoría internacional trabajaba en un Anteproyecto de una nueva ley institucional, cuyo texto me facilitó un alto exfuncionario y que de buena fe incorporé íntegramente en la primera edición de este libro, que a ciencia cierta, recogía cambios significativos en todo el estamento jurídico bantralino, sobre los cuales me permito formular algunos comentarios de índole personal, consciente que han pasado varios años desde que el autor conoció esa versión tropicalizada:

En primer lugar, me parece acertada la intención de fortalecer la autonomía del BCH, de manera que las decisiones trascendentales no se adopten por presiones políticas o intereses de sectores de influencia significativa en el país; la autonomía no es un antojo, sino una característica de los principales bancos centrales del mundo, para cumplir su cometido únicamente en pro del interés público. Además, observo que se pretende actualizar el capital del BCH, lo que también es atinado.

Especial consideración merece el cambio de los objetivos fundamentales del BCH; se pretende que, en adelante, el primero sea procurar y velar por la estabilidad de precios internos y, en segundo lugar, contribuir a la estabilidad del sistema financiero nacional, aspectos cuya valoración dejo a los especialistas del área financiera.

El actual Directorio, que hasta ahora es la autoridad institucional máxima, sería sustituido por un Consejo, integrado por cinco consejeros: dos ejecutivos y tres no ejecutivos, con nombramientos por seis años.

Se crearía una Comisión Ejecutiva responsable de la ejecución y gestión del BCH —integrada por el Presidente y el Vicepresidente—, que sustituiría la figura del Gerente prevista en la ley actual y, por tanto, pasaría a ser el órgano superior del personal. A mi juicio, este cambio sería contraproducente, puesto que no es un secreto que los nombramientos de los presidentes y vicepresidentes del BCH tienen, sin pretender desconocer sus capacidades profesionales, un marcado componente político; por tanto, se corre el riesgo de que la politización de la institución se incremente en grado sumo, lo cual no conviene al país.

Salvo contadas excepciones, los nombramientos del gerente han recaído en personas de trayectoria institucional; esto ha contribuido en gran medida a la estabilidad laboral y a que la politización no llegue en demasía a los niveles que, lamentablemente, experimenta la mayoría de las instituciones de la administración pública.

He escuchado comentarios en defensa de tal propuesta,

argumentando que algunos gerentes han llegado a concentrar demasiado poder, ante la pasividad o inoperancia de sus superiores jerárquicos; sin duda, todos los extremos son malos, pero tampoco debe soslayarse lo que objetivamente señalo en el párrafo precedente. Por lo consiguiente, desde mi punto de vista, la Comisión Ejecutiva, en la forma que se pretende crear, es un riesgo latente para la institucionalidad bantralina.

Sin pecar de idealista e ingenuo, lo idóneo sería que todos los directores del BCH fueran nombrados por el titular del Poder Ejecutivo, con base en criterios de experiencia, conocimientos y capacidad profesional; y que quien ocupe la Gerencia, sea una persona ajena a la actividad política y con trayectoria institucional.

IMÁGENES HISTÓRICAS BANTRALINAS

Excavaciones durante la construcción del edificio del BCH, ubicado a un costado del Congreso Nacional.

Vista de los trabajos durante la construcción del edificio del BCH en el centro de Tegucigalpa.

Área de caja y de atención al público en el edificio del BCH, en el centro de Tegucigalpa.

Fachada del edificio donde el BCH operó muchísimos años, y que hoy ocupa la Secretaría de Relaciones Exteriores.

El abogado Roberto Ramírez, primer Presidente del BCH, en reunión con altos funcionarios de la Institución.

Los licenciados Ramón Euceda, Guillermo Bueso y otros funcionarios de la administración superior del BCH, formalizando un convenio en la década de 1980.

Expresidentes del BCH desde su fundación en 1950 hasta 1990. De izquierda a derecha: Roberto Ramírez, Alberto Galeano Madrid, Guillermo Bueso, Práxedes Martínez, Gonzalo Carías Pineda y Ricardo Maduro Joest.

Inauguración del edificio anexo del BCH en Comayagüela MDC, actualmente ocupado por el Ministerio Público. De izquierda a derecha: Ricardo Maduro Joest, Presidente del BCH; Monseñor Héctor Enrique Santos; Rafael Leonardo Callejas, Presidente de la República; Orlando Lozano Martínez, Presidente de la Corte Suprema de Justicia y Francisco Lagos, funcionario del BCH.

El Dr. Carlos Roberto Reina, Presidente de la República, las máximas autoridades del Banco Central de Honduras y otros funcionarios del gobierno en la presentación de un libro sobre el General Francisco Morazán.

Firma del Ing. Carlos Roberto Flores, Presidente de la República, del billete conmemorativo de L20.00, en compañía de la primera dama de la nación y de la licenciada Victoria Asfura de Díez, Presidente del Banco Central de Honduras.

Celebración del sesenta aniversario del BCH entre miembros de la administración superior, precursores de la construcción del nuevo edificio institucional. De izquierda a derecha: Ramón Villeda Bermúdez, Director; Héctor Méndez Cálix, Gerente; María Elena Mondragón, Presidente; Armando Aguilar Cruz, Director, y Renán Sagastume Fernández, Vicepresidente.

Obras durante la construcción del actual edificio del BCH.

Construcción del actual edificio del BCH.

Fachada del edificio del BCH en el Bulevar Fuerzas Armadas.

Otra imagen de la fachada del actual edificio del BCH.

1.5. Vivencias bantralinas

Para comenzar, advierto que el contenido de este acápite es resultado de mis percepciones y vivencias durante más de 28 años de servicio en el BCH, donde ingresé el 22 de enero de 1990 y me retiré voluntariamente el 15 de marzo de 2018. Durante esos años me desempeñé como Investigador Jurídico, Oficial Jurídico, Jefe de la División de Procuración y Asesoría Laboral, Jefe del Departamento Jurídico (durante más o menos 15 años, hasta mi retiro) y, a partir del año 2000, fungí como Secretario del Directorio por un poco más de tres años.

Cuando ingresé al BCH estaba a punto de expirar el período como Presidente del Licenciado Gonzalo Carías Pineda (QDDG), a quien no tuve el placer de tratar, sin embargo, los comentarios en los pasillos coincidían en que era una persona sencilla, humilde, capaz y de buen trato con el personal, que inició labores en el Banco desde los niveles jerárquicos más bajos, hasta llegar al cargo más alto.

Se cuenta que, en una ocasión, el Presidente del Congreso Nacional quiso ingresar armado a las instalaciones del BCH; sin embargo, un miembro del personal de seguridad bantralina se lo impidió, bajo el argumento de apegarse a la regla que lo prohibía, pese a las amenazas de despido e improperios que recibió de parte del alto funcionario. Se dice que, posteriormente, el licenciado Carías llamó a su despacho al guardia de seguridad quien, obviamente, llegó sumamente preocupado. No obstante, el Presidente lo felicitó por haberse limitado a cumplir con su deber.

En ese período fungía como Gerente el Licenciado Rigoberto Pineda Santos, un profesional ocotepecano de alta valía quien, al igual que el licenciado Carías Pineda, escaló a esa posición debido a sus méritos reconocidos por propios y extraños, a tal grado que, cuando se retiró de la institución, bautizaron con su nombre el Centro de Capacitación que funciona en el Club Social del BCH en el Barrio La Granja de Comayagüela.

Ingresé al Departamento Jurídico con 25 años de edad, en el cargo de Investigador Jurídico, el penúltimo en la escala jerárquica; el Jefe de la dependencia era el abogado Juan Francisco Bonilla (QDDG), conocedor a profundidad de la institucionalidad bantralina y prácticamente mi mentor en los menesteres de banca central; como segundos a bordo, en el cargo de oficiales asistentes, fungían los abogados Carlos Alfredo Báez y José Efraín Hernández; además, formaban parte de la estructura del Departamento las colegas Teresita de Jesús Hernández, como Oficial Jurídico; Eva Isabel Aguilera (QDDG), Auxiliar Jurídico, muy querida por toda la comunidad bantralina, quien lamentablemente, falleció en un accidente automovilístico a la altura de CAMOSA, cuando ya estaba jubilada; y Patricia Herrera, eficiente secretaria.

Recuerdo que, el primer día de labores, bajé a la cafetería a la hora del almuerzo como "pollo comprado", con traje y corbata, pues desconocía que la rigurosidad del BCH en cuanto a la vestimenta formal se relajaba un tanto a la hora de tomar los alimentos, de lo cual me di cuenta hasta que ingresé a la cafetería; me senté en una mesa para dos personas, ya que prácticamente no conocía a nadie, pero luego, para mi grata sorpresa, se sentó en la misma mesa una joven y agraciada empleada que se identificó como Rosalina Morgan; conversamos amenamente e iniciamos una amistad que perdura, pese a los avatares que marcan el tiempo y la distancia, pues ella forjó su vida en los Estados Unidos, donde radica.

En esos tiempos, aparte del personal que laboraba en el Departamento Jurídico, el Presidente contaba con un cuerpo de asesores legales, a la sazón los abogados Enrique Flores Valeriano (QDDG) y Godofredo Alvarado (QDDG), ambos de reconocida trayectoria profesional. En mi caso particular, encontré en el primero una fuente eventual de consulta y orientación espontánea, e incluso aceptó gentilmente ser uno de mis testigos propuestos en el trámite previo a someterme al examen de abogacía, que en ese entonces exigía y practicaba la Corte Suprema de Justicia.

Al licenciado Carías Pineda lo sucedió en el cargo el licenciado Ricardo Maduro Joest, empresario de renombre que, años después, ocuparía la Presidencia de la República; diría que es el único Presidente de un banco central de la región centroamericana que ha llegado a ocupar el más alto cargo de una nación.

El Licenciado Maduro resultó ser una persona amable y muy respetada profesionalmente; durante su mandato, se desempeñó como Vicepresidente el Licenciado Manuel Antonio Fontecha Ferrari, otro profesional de la mejor escuela bantralina; en el inicio de su gestión, continuó como Gerente el Licenciado Rigoberto Pineda Santos, y luego ocupó ese cargo la Dra. Ana Cristina Mejía de Pereira, quien años después llegaría a desempeñarse como Presidente de la Comisión Nacional de Bancos y Seguros, y luego como asesora de varias instituciones del sector financiero privado.

Como grato recuerdo y orgullo refiero, que fue precisamente en este período, como único precedente, que el Directorio del BCH emitió una resolución reconociendo la labor realizada por el Departamento Jurídico, al haber obtenido importantes éxitos en la defensa judicial de la institución, lo que se sumaba a una eficiente labor de asesoramiento interno.

Durante un período fugaz se desempeñó como Presidente el ingeniero Roberto Gálvez Barnes, pero al presentarse algunos desequilibrios cambiarios de impacto, el Licenciado Ricardo Maduro volvió a la institución y retomó el cargo.

Durante la Presidencia de la República del Dr. Carlos Roberto Reina, fue nombrado Presidente del BANTRAL el Dr. Hugo Noé Pino, intelectual de altos vuelos; ocupaba la Vicepresidencia el licenciado Daniel Alfredo Figueroa Castellanos, otro destacado miembro de la mejor escuela de economistas del BCH. Al Dr. Noé Pino y su equipo les tocó bregar en tiempos difíciles, pues las reservas monetarias internacionales del país estaban en números rojos.

En ese período de inquietud monetaria desempeñó la Gerencia el Licenciado Jesús Ernesto Anariba, un profesional preparado y de carrera, que tuvo que lidiar con la decisión del Gobierno de separar la Superintendencia de Bancos y Seguros de la estructura del BCH, dando paso a la creación de la Comisión Nacional de Bancos y Seguros, lo cual generó controversias tanto a lo interno como a lo externo de la institución. En aquel tiempo, y aún en el presente, se alzaron algunas voces cuestionando la medida, que se sintió como la adopción de una "receta" de moda de los organismos internacionales de crédito, puesto que hoy en día, en muchos países, los bancos centrales aún concentran la supervisión de las instituciones del sector financiero, o bien, los entes supervisores operan como entidades independientes.

De mis pocas asistencias a las sesiones del Directorio en ese período —por asuntos puntuales y acompañando al Jefe del Departamento Jurídico—, recuerdo una discusión entre el Dr. Noé Pino y un representante de las fuerzas vivas, que se oponía a la adopción de una medida; entonces el Presidente cerró su participación diciéndole que él, en razón de su cargo, estaba en la obligación de satisfacer las necesidades prioritarias del bosque (nuestro país), no solo las de un árbol (el sector que representaba el director).

Estimo pertinente acotar que, gracias a la anuencia y gestión efectiva del Dr. Noé Pino y del Licenciado Anariba, al apoyo permanente del abogado Juan Francisco Bonilla, Asesor Jurídico de la Presidencia, y del abogado Carlos Alfredo Báez, entonces Jefe del Departamento Jurídico, a lo que se sumó la disposición del Licenciado Manuel Antonio Fontecha Ferrari (QDDG), quien se desempeñaba como Secretario Ejecutivo del Consejo Monetario Centroamericano, pude recibir una beca y viajar a San José, Costa Rica, para realizar estudios de Maestría en Derecho Empresarial en una universidad privada de aquel país y, a la vez, cursar una pasantía en la Secretaría Ejecutiva del Consejo Monetario, con sede en San José.

Luego fungió como Presidente el Licenciado Emín Barjúm Mahomar, que se caracterizó por ser un hombre serio y pragmático; lamentablemente, tuvo que dejar el cargo por problemas familiares. Recuerdo que el Licenciado Barjúm no esperaba a que los ordenanzas lo atendieran durante el desarrollo de las sesiones de Directorio; cuando quería bocadillos o bebidas, simplemente se levantaba y se servía personalmente.

Lo sustituyó la Licenciada Victoria Asfura de Díaz, a quien le tocó afrontar la dura decisión de la liquidación forzosa de algunos bancos, solo precedida por la quiebra de BANFINAN; por ello fue objeto de duros ataques por los sectores afectados, pero mantuvo una posición firme y valiente, actuando de consuno con la CNBS. Durante su mandato fue Vicepresidente el Licenciado Daniel Alfredo Figueroa Castellanos, oriundo del departamento de Copán, un profesional de altos quilates; cuando se retiró, un columnista de diario El Heraldo le dedicó un bonito artículo titulado: "El Telegrafista de Florida", en alusión a sus inicios y a su descollante carrera profesional.

Fue precisamente durante la gestión de la licenciada Asfura cuando se me nombró Secretario del Directorio, cargo que desempeñé por más de tres años; conté con un equipo de apoyo muy bueno, donde destacaba Alejandra Ondina Alcántara de Luna, una asistente ejecutiva de primera, que coordinaba eficientemente al personal secretarial, con permanente compromiso y entrega; tengo la dicha de contar aún con su amistad, después de que ambos dejamos la institución en diferentes momentos.

Hago un paréntesis para evocar una anécdota o leyenda urbana, como últimamente llaman a algunos hechos ciertos penalistas de nuestro medio. Durante la década de 1990 y algunos años del segundo milenio, laboró en el BCH un doctor en una de las ramas de las Ciencias Económicas, a quienes los economistas bantralinos consideraban el non plus ultra, pues era el gurú del programa monetario que, año con año, elabora y difunde el BCH; además, era un hombre reservado y alejado de los eventos sociales bantralinos. Según cuentan, un empleado del Departamento de Seguridad estaba enfermo, y un compañero le dijo que, en vez de perder tiempo en ir al consultorio médico de la institución, abordara al doctor, que era una eminencia. El enfermo le hizo caso, y aseguran que el susodicho doctor echó rayos y centellas cuando el empleado, inocentemente, al encontrárselo en un pasillo, le consultó sobre la mejor cura para su enfermedad.

Con el respeto y aprecio que siempre profesé y profeso a la mayoría de los economistas del BANTRAL, recuerdo que uno de mis jefes solía bromear diciéndonos que, cuando visitáramos el Departamento de

Estudios Económicos, posteriormente elevado a la categoría de Subgerencia, tuviéramos cuidado de no pararnos en un doctor, o en un astronauta, dado que internamente también se conocía a dicha dependencia, en son jocoso, como "la NASA".

Otro aspecto digno de remembranza son los torneos interdepartamentales de futbol que se celebraban anualmente durante la época navideña; en nuestros años mozos, los virtuosos y no virtuosos de ese deporte disfrutábamos de buenos momentos en las canchas del Club Social, que concluían con los comentarios en el área de las bebidas refrescantes de dicho centro. En la década de los noventa, a nivel competitivo de ligas bancarias y amateurs, el BCH contaba con el equipo oficial, el BANTRAL, además del Club Social y el SITRABANTRAL.

A la licenciada Asfura la sucedió en la Presidencia la licenciada María Elena Mondragón de Villar, quien al inicio tuvo que afrontar, de consuno con el ente supervisor del sistema financiero, la liquidación forzosa de otras instituciones bancarias, camino tormentoso no exento de críticas y ataques de los sectores afectados; no obstante, junto a su equipo, salió bien librada. Fungía como Gerente el Licenciado Ariel S. Pavón, quien años después de su retiro pasó a laborar en un importante banco privado del país.

La Licenciada Mondragón fue sustituida por la licenciada Gabriela Núñez Ennabe, hija de don Amado H. Núñez, mi maestro y de muchas generaciones en la Facultad de Derecho de la UNAH. Fue removida del cargo a medio mandato, y sustituida por el Licenciado Edwin Araque Bonilla, profesional capaz, quien constantemente hacía énfasis en el respeto a la carrera bantralina; ambos funcionarios tuvieron su génesis profesional en la buena escuela de economistas del BCH.

A raíz de la crisis política que vivió el país en 2009, pasó a ocupar la Presidencia la Licenciada Sandra Martínez de Midence (QDDG), persona afable y capaz que tomó el timón del barco en momentos de incertidumbre. Ella fue sucedida por la Licenciada María Elena Mondragón de Villar, en su segundo mandato al frente del BCH; en esta etapa, con el apoyo del Directorio, se inició la construcción del nuevo edificio institucional, obra monumental que requirió de la atención constante de muchas de las dependencias internas, pues los requerimientos técnicos y legales eran frecuentes y complejos; incluso se presentaron momentos álgidos con el consorcio contratista que, afortunadamente, fueron superados en buena lid.

Tengo presentes las palabras del Director, el abogado don Armando Aguilar Cruz, animando a la Presidente a asumir el reto de construir el edificio, así como el empuje y apoyo que brindó el abogado Renán Sagastume Fernández, Vicepresidente en funciones, sin olvidar el trascendental papel del Gerente, el Licenciado Héctor Méndez Cálix, del Licenciado German Donald Dubón, Subgerente del Área Administrativa, y de los departamentos de Servicios Generales, Infraestructura y Tecnología; buena parte del personal a mi cargo en el Departamento Jurídico y, en fin, con el ánimo de ser justos, de muchos funcionarios y empleados de otras dependencias relacionadas con el monumental proyecto que, reitero, tuvo momentos difíciles que, felizmente, fueron superados. Puedo afirmar que, aun en estos momentos, es el edificio inteligente de mayor envergadura en la ciudad capital y, por qué no decirlo, de Honduras.

Al concluir su segundo período la Licenciada Mondragón, asumió la Presidencia el Dr. Marlon Tábora Muñoz; sin embargo, no concluyó el período porque asumió otras responsabilidades del Gobierno en el exterior; durante su trayectoria dejó una estela de capacidad, profesionalismo y don de mando, respetando las opiniones y criterios divergentes, siempre y cuando fuesen convincentes y sustentables. Lo sustituyó el Licenciado Manuel de Jesús Bautista Flores, hombre de la casa, enemigo de las controversias, que contó con el apoyo decidido de su Vicepresidente, la Licenciada Mayra Roxana Luisa Falck Reyes, una mujer dinámica que, posteriormente, pasó a ocupar la Presidencia del Banco Hondureño para la Producción y la Vivienda (BANHPROVI).

Finalmente, evoco que antes de mi retiro voluntario, pasó a ocupar la Presidencia del BCH el Licenciado Wilfredo Rafael Cerrato Rodríguez, ex Secretario de Estado en el Despacho de Finanzas.

Ahora que veo al BCH desde mi retiro institucional, puedo afirmar, con propiedad y objetividad, que es una entidad que el resto de las instituciones del Estado deberían emular en muchos aspectos; para empezar, su personal es altamente capacitado, y ha tenido como mística privilegiar la carrera profesional antes que la recomendación política (aunque, como ya lo señalé, esto ha ido mermando), y por ello cuenta con personal con experiencia en diversos campos y materias.

En el Departamento Jurídico, quiero recordar que compartimos el mismo camino en diferentes momentos, entre otros ya citados, con los apreciados profesionales del Derecho Luis Alonso Cuestas, Felany Rodríguez, Luis Alberto Guifarro, Mario Roberto Andino, Eduardo Antonio Chinchilla, Fernando Maldonado, Edgardo Zúniga Corea (QDDG), Yannette Urbina, Gerardo Daniel Torres, Carolina Oquelí, Addi Nahir Fonseca, Gustavo Adolfo Fonseca, Napoleón Barón Gálvez (nieto del fundador del BCH), Melvin Conrado Zúniga, Melissa Martínez e Ingrid Lezama; colegas a quienes patentizo mi aprecio y agradecimiento permanente por su apoyo, extensivo a las asistentes ejecutivas del Departamento Jurídico en diferentes momentos: Nora

Garmendia Espinal, Irma Cruz, Carolina Bustillo, Karina Orellana, Gabriela Banegas, Vanessa Flores y, por supuesto, al eficiente equipo secretarial que me acompañó mientras me desempeñé como Secretario del Directorio, bajo la coordinación de Alejandra Ondina Alcántara de Luna; destaco además el valioso aporte de otras personas, que también compartieron por espacios más breves la senda jurídica bantralina.

IMÁGENES DEL MUNDO BANTRALINO

De izquierda a derecha, los abogados Juan Orlando Moreno, Secretario del Directorio; Juan Francisco Bonilla, Jefe del Departamento Jurídico; Edgardo Zúniga, Justo Ernesto Murillo, Efraín Hernández, Felany Rodríguez, Patricia Herrera y Yannette Urbina, a principios de la década de 1990.

Reunión del licenciado Ricardo Maduro Joest, Presidente del BCH, con miembros del Departamento Jurídico, conmemorando el Día del Abogado.

Parte del personal del área de Estudios Económicos, durante la década de 1990.

Equipo interdepartamental, al inicio de un torneo navideño de futbol bantralino en la década de 1990.

Equipo posando en un torneo de fútbol navideño bantralino. Década de 1990.

En el salón de sesiones del Directorio, con el personal de la Secretaría de dicho órgano.

El licenciado Emín Barjúm, Presidente del BCH, con funcionarios asistentes a las sesiones del Directorio.

Funcionarios de la administración superior con personal de la Secretaría del Directorio.

Reunión en Tegucigalpa de miembros del Comité de Estudios Jurídicos del Consejo Monetario Centroamericano.

Reunión de miembros del Comité de Estudios Jurídicos del Consejo Monetario Centroamericano, celebrada Buenos Aires, en la sede del Banco Central de Argentina.

Parte del personal del Departamento Jurídico, antes de mi retiro.

El autor en el salón de sesiones del Directorio en el actual edificio del BCH.

Caricatura que nos entregaron como recuerdo a los asistentes a las sesiones del Directorio, antes del retiro del Dr. Marlon Tábora.

Convivio con personal del Departamento Jurídico, debido a mi retiro después de 28 años de trayectoria en el BCH.

1.6 Funcionarios del Banco Central de Honduras (1950 - 2025)

Junio 1950 a diciembre de 1951

DIRECTORIO

Roberto Ramírez	Tomás Cálix Moneada
Presidente	Vicepresidente

Por el Gobierno:

Mareo A. Batres
Ministro de Hacienda, Crédito Público y Comercio

Por el Banco Nacional de Fomento:

Manuel A. Zelaya	Ignacio Agurcia
Director El Ahorro Hondureño, S. A	Director Banco de Honduras

Por las Fuerzas Vivas:

Eugenio Molina h.
Samuel Dacosta Gómez
Miembros Cámara de Comercio e Industrias

Funcionarios:

Arturo H. Medrano
Gerente
Oscar Bendaña
Jefe Departamento de Caja
Alfonso Sosa T.
Jefe Departamento de Contabilidad
Ricardo Callejas
Jefe Departamento de Superintendencia de Bancos
Alejandro Armijo Pineda
Jefe del Departamento de Cambios
Julián Rivera Matute
Sub-Jefe del Departamento de Emisión
Rogelio Martínez A.
Jefe del Departamento Jurídico
Rigoberto R. Borjas
Auditor Interno
Paul Vinelli
Asesor Técnico
Francisco I. Mazier
Auditor Interno y Jefe del Departamento de Estudios Económicos

1952-1953

DIRECTORIO

Roberto Ramírez   Tomás Cálix Moneada
Presidente   Vicepresidente

Por el Gobierno:

Mareo A. Batres

Ministro de Hacienda, Crédito Público y Comercio

Por el Banco Nacional de Fomento:

Manuel A. Zelaya   Ignacio Agurcia
Director El Ahorro Hondureño, S. A   Director Banco de Honduras

Por las Fuerzas Vivas:

Eugenio Molina H.

Samuel Dacosta Gómez

Miembros Cámara de Comercio e Industrias

1953

DIRECTORIO

Roberto Ramírez   Tomás Cálix Moneada
Presidente   Vicepresidente

Por el Gobierno:

Mareo A. Batres

Ministro de Hacienda, Crédito Público y Comercio

Por el Banco Nacional de Fomento:

Guillermo López Rodezno Presidente   René Cruz
                                                   Vicepresidente

Por las Fuerzas Vivas:

Carlos A. Zúniga

Samuel Dacosta Gómez

Miembros Cámara de Comercio e Industrias

1954

DIRECTORIO

Roberto Ramírez   Tomás Cálix Moneada
Presidente   Vicepresidente

Por el Gobierno:
Mareo A. Batres
Ministro de Hacienda, Crédito Público y Comercio
Por el Banco Nacional de Fomento:

Guillermo López Rodezno
Presidente

René Cruz
Vicepresidente

Por la Banca Privada:

Jorge Bueso Arias
Gerente Banco de Occidente, S.A.

Daniel Casco L.
Director La Capitalizadora Hondureña

Por las Fuerzas Vivas:
Carlos A. Zúniga
Samuel Dacosta Gómez
Miembros Cámara de Comercio e Industrias

1955-1956
DIRECTORIO

Roberto Ramírez
Presidente

Tomás Cálix Moneada
Vicepresidente

Por el Gobierno:
Pedro Pineda M.
Ministro de Economía y Hacienda

Por el Banco Nacional de Fomento:

Guillermo López Rodezno
Presidente

René Cruz
Vicepresidente

Por la Banca Privada:

Félix J. Lloveras
Vicepresidente Ejecutivo Banco Atlántida
S.A.

Fernando Villar L.
Gerente Banco de la Propiedad

Por las Fuerzas Vivas:
Carlos A. Zúniga
Samuel Dacosta Gómez
Miembros Cámara de Comercio e Industrias

1957
DIRECTORIO

Roberto Ramírez
Presidente

Tomás Cálix Moneada
Vicepresidente

Por el Gobierno:
Gabriel A. Mejía
Fernando Villar
Ministro de Economía y Hacienda

Por el Banco Nacional de Fomento:

Guillermo López Rodezno
Presidente

Rafael Callejas h
Vicepresidente

Por la Banca Privada:

H. Enrique Chinchilla
Gerente General Banco de Honduras

Roberto A. Zelaya
Gerente El Ahorro Hondureño S.A.

Por las Fuerzas Vivas:

Enrique Rivera G.
Secretario Cámara de Comercio e
Industrias de Cortés

Benjamín Membreño
Gerente Cooperativa Algodonera

1958-1959
DIRECTORIO

Roberto Ramírez
Presidente

Tomás Cálix Moneada
Vicepresidente

Por el Gobierno:
Jorge Bueso Arias
Ministro de Economía y Hacienda

Por el Banco Nacional de Fomento:

Guillermo López Rodezno
Presidente

Rafael Callejas h
Vicepresidente

Por la Banca Privada:

Raúl Zelaya S.
Gerente Capitalizadora Hondureña, S.A.

Luis Rodríguez E.
Gerente Banco de la Propiedad

Por las Fuerzas Vivas:

Enrique Rivera G.
Secretario Cámara de Comercio e
Industrias de Cortés

Benjamín Membreño
Gerente Cooperativa Algodonera

1960
DIRECTORIO

Roberto Ramírez
Presidente

Tomás Cálix Moneada
Vicepresidente

Por el Gobierno:
Jorge Bueso Arias
Ministro de Economía y Hacienda

Por el Banco Nacional de Fomento:

Carlos A. Zúniga
Presidente

Rafael Callejas h
Vicepresidente

Por la Banca Privada:

Alberto F. Smith
Presidente El Ahorro Hondureño S.A.

Manuel H. Nasralla
Asistente Vicepresidente Banco Atlántida

Por las Fuerzas Vivas:

Enrique Rivera G.
Secretario Cámara de Comercio e
Industrias de Cortés

Benjamín Membreño
Presidente Asociación Nacional de
Industriales

1961
DIRECTORIO

Roberto Ramírez
Presidente

Tomás Cálix Moneada
Vicepresidente

Por el Gobierno:

Jorge Bueso Arias
Ministro de Economía y Hacienda

Ramiro Cabañas Pineda
Sub-Secretario de Economía y Hacienda

Por el Banco Nacional de Fomento:

Guillermo López Rodezno
Presidente

Por la Banca Privada:

Alberto F. Smith
Presidente El Ahorro Hondureño S.A.

Manuel H. Nasralla
Asistente Vicepresidente Banco Atlántida

Por las Fuerzas Vivas:

Enrique Rivera G.
Cámara de Comercio e Industrias de Cortés

Benjamín Membreño
Asociación Nacional de Industriales

1962
DIRECTORIO

Roberto Ramírez
Presidente

Tomás Cálix Moneada
Vicepresidente

Por el Gobierno:

Jorge Bueso Arias
Ministro de Economía y Hacienda

Julio C. Garrigó
Sub-Secretario de Economía y Hacienda

Por el Banco Nacional de Fomento:

Ramiro Cabañas Pineda
Presidente

Guillermo Hernández F.
Vicepresidente

Por la Banca Privada:

Fernando Villar
Presidente Banco de la Propiedad

Armando San Martín
Presidente La Capitalizadora Hondureña

Por las Fuerzas Vivas:

Constantino Barletta B.
Cámara de Comercio e Industrias de Cortés

Benjamín Membreño
Asociación Nacional de Industriales

1963

DIRECTORIO

Roberto Ramírez   Tomás Cálix Moneada
Presidente   Vicepresidente

Por el Gobierno:
Tomás Cálix Moncada
Ministro de Economía y Hacienda

Por el Banco Nacional de Fomento:
Ramiro Cabañas Pineda   Guillermo Hernández F.
Presidente   Vicepresidente

Por la Banca Privada:
Fernando Villar   Armando San Martín
Presidente Barco de la Propiedad   Presidente La Capitalizadora Hondureña

Por las Fuerzas Vivas:

Constantino Barletta B.   Benjamín Membreño
Cámara de Comercio e Industrias de Cortés   Asociación Nacional de Industriales

1964

DIRECTORIO

Roberto Ramírez   Tomás Cálix Moneada
Presidente   Vicepresidente

Por el Gobierno:
Edgardo Dumas R.
Ministro de Economía y Hacienda

Por el Banco Nacional de Fomento:
Ramiro Cabañas Pineda   Guillermo Hernández F.
Presidente   Vicepresidente

Por la Banca Privada:
H. Enrique Chinchilla   Carlos H. Zapata
Gerente Banco de Honduras   Gerente Banco Capitalizador

Por las Fuerzas Vivas:

Constantino Barletta B.   Benjamín Membreño
Cámara de Comercio e Industrias de Cortés   Asociación Nacional de Industriales

1965
DIRECTORIO

Roberto Ramírez
Presidente

Tomás Cálix Moneada
Vicepresidente

Por el Gobierno:
Manuel Acosta Bonilla
Ministro de Economía y Hacienda

Por el Banco Nacional de Fomento:

Alberto Galeano M.
Presidente

Ricardo Álvarez R.
Vicepresidente

Por la Banca Privada:

H. Enrique Chinchilla
Gerente Banco de Honduras

Carlos H. Zapata
Gerente Banco Capitalizador

Por las Fuerzas Vivas:

Gabriel A. Mejía
Cámara de Comercio e Industrias de Cortés

Vicente Williams A.
Asociación Nacional de Industriales

1966
DIRECTORIO

Roberto Ramírez
Presidente

Tomás Cálix Moneada
Vicepresidente

Por el Gobierno:

Manuel Acosta Bonilla
Ministro de Economía y Hacienda

Valentín J. Mendoza
Sub-Secretario de Economía

Por el Banco Nacional de Fomento:

Alberto Galeano M.
Presidente

Ricardo Álvarez R.
Vicepresidente

Por la Banca Privada:

Manuel H. Nasralla
Vicepresidente Banco Atlántida

Armando San Martín C.
Presidente La Capitalizadora Hondureña

Por las Fuerzas Vivas:

Gabriel A. Mejía
Cámara de Comercio e Industrias de Cortés

Vicente Williams A.
Asociación Nacional de Industriales

1967

DIRECTORIO

Roberto Ramírez	Tomás Cálix Moneada
Presidente	Vicepresidente

Por el Gobierno:

Manuel Acosta Bonilla	Valentín J. Mendoza
Ministro de Economía y Hacienda	Sub-Secretario de Economía

Por el Banco Nacional de Fomento:

Alberto Galeano M.	Ricardo Álvarez R.
Presidente	Vicepresidente

Por la Banca Privada:

Manuel H. Nasralla	Armando San Martín C.
Vicepresidente Banco Atlántida	Presidente La Capitalizadora Hondureña

Por las Fuerzas Vivas:

Gabriel A. Mejía	Vicente Williams A.
Cámara de Comercio e Industrias de Cortés	Asociación Nacional de Industriales

1968

DIRECTORIO

Roberto Ramírez	Tomás Cálix Moneada
Presidente	Vicepresidente

Por el Gobierno:

Manuel Acosta Bonilla	Manlio D. Martínez
Ministro de Economía y Hacienda	Sub-Secretario de Economía

Por el Banco Nacional de Fomento:

Alberto Galeano M.	Ricardo Álvarez R.
Presidente	Vicepresidente

Por la Banca Privada:

Alberto F. Smith	Efraín Mejía Nolasco
Presidente El Ahorro Hondureño S.A.	Vicepresidente Banco de Honduras

Por las Fuerzas Vivas:

Gabriel A. Mejía	Vicente Williams A.
Cámara de Comercio e Industrias de Cortés	Cooperativa Algodonera del Sur

78

1969

DIRECTORIO

Roberto Ramírez
Presidente

Tomás Cálix Moneada
Vicepresidente

Por el Gobierno:

Manuel Acosta Bonilla
Ministro de Economía y Hacienda

Manlio D. Martínez
Sub-Secretario de Economía

Por el Banco Nacional de Fomento:

Alberto Galeano M.
Presidente

Ricardo Álvarez R.
Vicepresidente

Por la Banca Privada:

Alberto F. Smith
Presidente El Ahorro Hondureño S.

Coronado Rivera Trejo
Presidente Banco de los Trabajadores

Por las Fuerzas Vivas:

Fernando Lardizábal h
Presidente de la Asociación de Ganaderos y
Agricultores de Francisco Morazán

José Dalmiro Caballero
Cementos de Honduras, S.A.

1970

DIRECTORIO

Roberto Ramírez
Presidente

Tomás Cálix Moneada
Vicepresidente

Por el Gobierno:

Manuel Acosta Bonilla
Ministro de Economía y Hacienda

Manlio D. Martínez
Sub-Secretario de Economía

Por el Banco Nacional de Fomento:

Alberto Galeano M.
Presidente

Por la Banca Privada:

Armando San Martín
Presidente Banco La Capitalizadora
Hondureña

Juan C. Marinakys
Gerente General Financiera Hondureña,
S.A.

Por las Fuerzas Vivas:

Fernando Lardizábal h
Presidente de la Asociación de Ganaderos y
Agricultores de Francisco Morazán

José Dalmiro Caballero
Cementos de Honduras, S.A.

1971
DIRECTORIO

Alberto Galeano M.
Presidente

Héctor Callejas V.
Vicepresidente

Por el Gobierno:

Rubén Mondragón C.
Ministro de Economía
Elio Ynestroza M.
Ministro de Hacienda y Crédito Público

Vicente Díaz
Viceministro de Economía
Cupertino Núñez
Viceministro de Hacienda y Crédito
Público

Por el Banco Nacional de Fomento:

Guillermo Medina S.
Presidente

Guillermo Medina S
Gerente de Crédito y Operaciones

Por la Banca Privada:

Armando San Martín
Presidente Banco La Capitalizadora
Hondureña

Juan C. Marinakys
Gerente General Financiera Hondureña,
S.A.

Por las Fuerzas Vivas:

Julio Galdámez Z.
Fiscal de la Asociación de Ganaderos y
Agricultores de Sula (AGAS)

Luis Rodríguez
Gerente de Banco del Comercio, S.A.

1972
DIRECTORIO

Alberto Galeano M.
Presidente

Héctor Callejas V.
Vicepresidente

Por el Gobierno:

Rubén Mondragón C.
Ministro de Economía
Vicente Díaz
Viceministro de Economía

Elio Ynestroza M.
Ministro de Hacienda y Crédito Público
Cupertino Núñez
Viceministro de Hacienda y Crédito
Público

Por el Banco Nacional de Fomento:

Guillermo Medina S.
Presidente

Hernán Cárcamo T.
Vicepresidente Banco Atlántida, S.A.

Por la Banca Privada:

Armando San Martín
Presidente Banco La Capitalizadora
Hondureña (hasta 30/6/72)

Gilberto Lagos A.
Gerente General Financiera Hondureña,
S.A.

Por las Fuerzas Vivas:

Julio Galdámez Z.
Fiscal de la Asociación de Ganaderos y
Agricultores Sula

Luis Rodríguez
Gerente de Banco del Comercio, S.A.

1973

DIRECTORIO

Alberto Galeano M.
Presidente

Héctor Callejas V.
Vicepresidente

Por el Gobierno:

Manuel Acosta Bonilla
Ministro de Hacienda y Crédito Público

Abraham Bennaton R.
Ministro de Economía

Por el Banco Nacional de Fomento:

Guillermo Medina S.
Presidente

Roy K. Padgett
Gerente de Crédito y Operaciones

Por la Banca Privada:

Gilberto Lagos A.
Vicepresidente del Banco Atlántida S.A.

Arnulfo Gutiérrez
Gerente Regional Banco Ahorro
Hondureño SPS

Por las Fuerzas Vivas:

Julio Galdámez Z.
Secretario de la Asociación de Ganaderos
y Agricultores Sula

Andrés Víctor Artiles
Secretario General de la
Central de Trabajadores de Honduras

1974

DIRECTORIO

Alberto Galeano M.
Presidente

Héctor Callejas V.
Vicepresidente

Por el Gobierno:

Manuel Acosta Bonilla
Ministro de Hacienda y Crédito Público

Abraham Bennaton R.
Ministro de Economía

Por el Banco Nacional de Fomento:

Guillermo Medina S.

Oscar H. Pinto P

Por la Banca Privada:

Jorge Bueso Arias

Mario Rietti

Por las Fuerzas Vivas:

René Cruz
Presidente Azucarera Choluteca

Francisco Alberto Rodezno
Presidente FEHCOCAL

1975

DIRECTORIO

Guillermo Bueso	Héctor Callejas Valentine
Presidente	Vicepresidente

Por el Gobierno:

Porfirio Zavala S.	Vicente Díaz
Ministro de Hacienda y Crédito Público	Ministro de Economía por Ley

Por el Banco Nacional de Fomento:

Armando San Martín	Gonzalo Carías Pineda
Presidente	Vicepresidente

Por la Banca Privada:

Rodolfo Córdoba P	Pompilio Corrales
Presidente BANCOMER	Presidente BANCAHSA

Por las Fuerzas Vivas:

René Cruz	Francisco Alberto Rodezno
Presidente Azucarera Choluteca	Presidente FEHCOCAL

1976

DIRECTORIO

Guillermo Bueso	Héctor Callejas Valentine
Presidente	Vicepresidente

Por el Gobierno:

Porfirio Zavala S.	Vicente Díaz
Ministro de Hacienda y Crédito Público	Ministro de Economía

Por el Banco Nacional de Fomento:

René Cruz	Gonzalo Carías Pineda
Presidente	Vicepresidente

Por la Banca Privada:

Francisco Villars Z.	Cleto Ramón Álvarez
Gerente General de El Ahorro Hondureño	Presidente Banco Atlántida

Por las Fuerzas Vivas:

Francisco Alberto Rodezno
Presidente FEHCOCAL

1977

DIRECTORIO

Guillermo Bueso
Presidente

Héctor Callejas Valentine
Vicepresidente

Por el Gobierno:

Porfirio Zavala S.
Ministro de Hacienda y Crédito Público

Vicente Díaz
Ministro de Economía

Por el Banco Nacional de Fomento:

René Cruz
Presidente

Gonzalo Carías Pineda
Vicepresidente

Por la Banca Privada:

Francisco Villars Z.
Gerente General de El Ahorro Hondureño

Cleto Ramón Álvarez
Presidente Banco Atlántida

Por las Fuerzas Vivas:

Francisco Alberto Rodezno
Presidente FEHCOCAL

Emín J. Abufele S.
Vicepresidente Asociación Nacional de
Industriales SPS

1978

DIRECTORIO

Guillermo Bueso
Presidente

Vicepresidente (vacante)

Por el Gobierno:

Porfirio Zavala S.
Ministro de Hacienda y Crédito Público

Vicente Díaz
Ministro de Economía

Por el Banco Nacional de Fomento:

René Cruz
Presidente

Gonzalo Carías Pineda
Vicepresidente

Por la Banca Privada:

Francisco Villars Z.
Gerente General de El Ahorro Hondureño

Cleto Ramón Álvarez
Presidente Banco Atlántida

Por las Fuerzas Vivas:

Francisco Alberto Rodezno
Presidente FEHCOCAL

Emín J. Abufele S.
Vicepresidente Asociación Nacional de
Industriales SPS

1979
DIRECTORIO

Práxedes Martínez
Presidente

Ronald Barahona R.
Vicepresidente

Por el Gobierno:

Valentín Mendoza A.
Ministro de Hacienda y Crédito Público

Carlos Manuel Zerón
Ministro de Economía

Por el Banco Nacional de Fomento:

René Cruz
Presidente

Gonzalo Carías Pineda
Vicepresidente

Por la Banca Privada:

Gabriel Mejía
Presidente Banco Financiera Hondureña

Tomás Cálix Moncada
Presidente Banco de los Trabajadores

Por las Fuerzas Vivas:

Miguel A. Mejía
Gerente General Cementos Potrerillos

Carlos Roberto Flores F.
Gerente General Diario La Tribuna

1980
DIRECTORIO

Práxedes Martínez
Presidente

Ronald Barahona R.
Vicepresidente

Por el Gobierno:

Valentín Mendoza A.
Ministro de Hacienda y Crédito Público

Jorge Hernán Galeas
Ministro de Economía

Por el Banco Nacional de Fomento:

Jorge Hernán Galeas
Presidente

René Ardón Matute
Vicepresidente

Por la Banca Privada:

Luis Rodríguez
Gerente Sucursal Banco del Comercio

David Hernández
Gerente Banco de Honduras

Por las Fuerzas Vivas:

Miguel A. Mejía
Gerente General Cementos Potrerillos

Emín Barjúm
Presidente Alcoholes de Centroamérica

1981
DIRECTORIO

Práxedes Martínez
Presidente

Ronald Barahona R.
Vicepresidente

Por el Gobierno:

Benjamín Villanueva
Ministro de Hacienda y Crédito Público

René Ardón Matute
Subsecretario de Administración y Crédito
Público

Por el Banco Nacional de Fomento:
Rodolfo Álvarez Baca
Presidente

Por la Banca Privada:

Luis Rodríguez
Gerente Sucursal Banco del Comercio

David Hernández
Gerente Banco de Honduras

Por las Fuerzas Vivas:

Miguel A. Mejía
Gerente General Cementos Potrerillos

Carlos Roberto Flores F.
Gerente General Diario La Tribuna

1982
DIRECTORIO

Gonzalo Carías Pineda
Presidente

Manuel A. Fontecha
Vicepresidente

Por el Gobierno:

Arturo Corleto Moreira
Ministro de Hacienda y Crédito Público

Rodolfo Matamoros
Subsecretario de Administración y Crédito
Público

Por el Banco Nacional de Desarrollo Agrícola:
Roberto Zelaya
Presidente Ejecutivo

Ludovico Hernández
Vicepresidente Ejecutivo

Por la Banca Privada:
Jorge A. Alvarado
Gerente BANCAHSA

Rolando Del Cid
Presidente Banco de los Trabajadores

Por las Fuerzas Vivas:

Miguel A. Mejía
Gerente General Cementos Potrerillos

Emín Barjúm
Presidente Alcoholes de Centroamérica

1983
DIRECTORIO

Gonzalo Carías Pineda
Presidente

Manuel A. Fontecha
Vicepresidente

Por el Gobierno:

Arturo Corleto Moreira
Ministro de Hacienda y Crédito Público

Rodolfo Matamoros
Subsecretario de Administración y Crédito
Público

Jorge A. Vásquez
Subsecretario de Ingresos

Por el Banco Nacional de Desarrollo Agrícola:

Roberto Zelaya
Presidente Ejecutivo

Ludovico Hernández
Vicepresidente Ejecutivo

Por la Banca Privada:

Jorge A. Alvarado
Gerente BANCAHSA

Rolando Del Cid
Presidente Banco de los Trabajadores

Por las Fuerzas Vivas:

Emín Barjúm
Presidente Alcoholes de Centroamérica

Edgardo Sevilla
Secretario COHEP

1984
DIRECTORIO

Gonzalo Carías Pineda
Presidente

Roberto Dala Obando
Vicepresidente a.i.

Por el Gobierno:

Manuel A. Fontecha Ferrari
Ministro de Hacienda y Crédito Público

Rodolfo Matamoros
Subsecretario de Administración y Crédito
Público

Por el Banco Nacional de Desarrollo Agrícola:

Roberto Zelaya
Presidente Ejecutivo

Adolfo Lionel Sevilla Gamero
Vicepresidente Ejecutivo

Por la Banca Privada:

Norman Roy Hernández
Gerente General Banco El Ahorro
Hondureño
Propietario

Norman Roy Hernández
Gerente General Banco El Ahorro
Hondureño
Propietario

Por las Fuerzas Vivas:

Emín Barjúm
Presidente Alcoholes de Centroamérica
Propietario

Emín Abufele
Presidente Industrias Corona S.A.
Suplente

1985
DIRECTORIO

Gonzalo Carías Pineda
Presidente

Roberto Dala Obando
Vicepresidente a.i.

Por el Gobierno:

Manuel A. Fontecha Ferrari
Ministro de Hacienda y Crédito Público
Propietario

Rodolfo Matamoros
Subsecretario de Administración y Crédito
Público
Propietario
Ramiro Lozano Landa
Subsecretario de Ingresos
Suplente

Por el Banco Nacional de Desarrollo Agrícola:

Adolfo Lionel Sevilla Gamero
Presidente Ejecutivo
Propietario

Roberto Paz Abogavir
Vicepresidente Ejecutivo
Suplente

Por la Banca Privada:

Norman Roy Hernández
Gerente General Banco El Ahorro
Hondureño
Propietario

Alfonso Mejía
Presidente Regional Banco Atlántida
Suplente

Por las Fuerzas Vivas:

Emín Barjúm
Presidente Alcoholes de Centroamérica
Propietario

Emín Abufele
Presidente Industrias Corona S.A.
Suplente

1986
DIRECTORIO

Gonzalo Carías Pineda
Presidente

Manuel A. Fontecha
Vicepresidente

Por el Gobierno:

Efraín Bu Girón
Ministro de Hacienda y Crédito Público
Propietario

Blanca Lizeth Rivera
Viceministro de Asuntos Administrativos
Suplente
Carlos Rivera Xatruch
Viceministro de Ingresos
Suplente

Por el Banco Nacional de Desarrollo Agrícola:

José Armando Erazo Medina
Presidente Ejecutivo
Propietario

Raúl Flores Gómez
Vicepresidente Ejecutivo
Suplente

Por la Banca Privada:

Jorge Bueso Arias
Gerente General Banco de Occidente
Propietario

Rolando Del Cid
Presidente Banco de los Trabajadores
Suplente

Emín Barjúm	Emín Abufele
Presidente Alcoholes de Centroamérica	Presidente Industrias Corona S.A.
Propietario	Suplente

1987
DIRECTORIO

Gonzalo Carías Pineda	Manuel A. Fontecha
Presidente	Vicepresidente

Por el Gobierno:

Efraín Bu Girón	Blanca Lizeth Rivera
Ministro de Hacienda y Crédito Público	Viceministro de Asuntos Administrativos
Propietario	Suplente
	Carlos Rivera Xatruch
	Viceministro de Ingresos
	Suplente

Por el Banco Nacional de Desarrollo Agrícola:

José Armando Erazo Medina	Raúl Flores Gómez
Presidente Ejecutivo	Vicepresidente Ejecutivo
Propietario	Suplente

Por la Banca Privada:

Jorge Bueso Arias	Rolando Del Cid
Gerente General Bancó de Occidente	Presidente Banco de los Trabajadores
Propietario	Suplente

Por las Fuerzas Vivas:

Miguel Oscar Kafati	Félix S. Mahomar
Gerente General Compañía Exportadora de	Presidente Textiles Maya
Café, S.A.	Suplente
Propietario	

1988
DIRECTORIO

Gonzalo Carías Pineda	Manuel A. Fontecha
Presidente	Vicepresidente

Por el Gobierno:

Efraín Bu Girón	Blanca Lizeth Rivera
Ministro de Hacienda y Crédito Público	Viceministro de Asuntos Administrativos
Propietario	Suplente
	Carlos Rivera Xatruch
	Viceministro de Ingresos
	Suplente

Por el Banco Nacional de Desarrollo Agrícola:

José Armando Erazo Medina	Camilo Mandujano
Presidente Ejecutivo	Vicepresidente Ejecutivo
Propietario	Suplente

Por la Banca Privada:

Jorge Bueso Arias	Sidney J. Panting
Vicepresidente Ejecutivo y Gerente General	Gerente General Banco Sogerin
Banco Atlántida	Suplente

Propietario

Por las Fuerzas Vivas:

Miguel Oscar Kafati
Gerente General Compañía Exportadora de
Café, S.A.
Propietario

Félix S. Mahomar
Presidente Textiles Maya
Suplente

1989
DIRECTORIO

Gonzalo Carías Pineda
Presidente

Manuel A. Fontecha
Vicepresidente

Por el Gobierno:

Carlos Falk Contreras
Ministro de Hacienda y Crédito Público
Propietario

Carlos Rivera Xatruch
Viceministro de Ingresos
Suplente

Por el Banco Nacional de Desarrollo Agrícola:

José Armando Erazo Medina
Presidente Ejecutivo
Propietario

Camilo Mandujano
Vicepresidente Ejecutivo
Suplente

Por la Banca Privada:

Jorge Bueso Arias
Vicepresidente Ejecutivo y Gerente General
Banco Atlántida
Propietario

Sidney J. Panting
Gerente General Banco Sogerin
Suplente

Por las Fuerzas Vivas:

Miguel Oscar Kafati
Gerente General Compañía Exportadora de
Café, S.A.
Propietario

Félix S. Mahomar
Presidente Textiles Maya
Suplente

1990
DIRECTORIO

Ricardo Maduro Joest
Presidente

Manuel A. Fontecha
Vicepresidente

Por el Gobierno:

Benjamín Villanueva
Ministro de Hacienda y Crédito Público
Propietario

René Ardón Matute
Viceministro de Crédito Público
Suplente

René Pineda Mejía
Viceministro de Ingresos
Suplente

Por el Banco Nacional de Desarrollo Agrícola:

Mario Nufio Gamero
Presidente Junta Directiva
Propietario

Gustavo Adolfo Zelaya
Presidente Ejecutivo
Suplente

Por la Banca Privada:

Rolando del Cid
Presidente Banco de los Trabajadores
Propietario

Carlos W. Cruz
Gerente General Banco El Ahorro
Hondureño
Suplente

Por las Fuerzas Vivas:

Miguel Oscar Kafati
Gerente General Compañía Exportadora de
Café, S.A.
Propietario

Félix S. Mahomar
Presidente Textiles Maya
Suplente

1991
DIRECTORIO

Ricardo Maduro Joest
Presidente

Manuel A. Fontecha
Vicepresidente

Por el Gobierno:

Benjamín Villanueva
Ministro de Hacienda y Crédito Público
Propietario

René Ardón Matute
Viceministro de Crédito Público
Suplente

René Pineda Mejía
Viceministro de Ingresos
Suplente

Por la Secretaría de Recursos Naturales:
Mario Nufio Gamero

Por el Banco Nacional de Desarrollo Agrícola:
Gustavo Adolfo Zelaya Chávez

Por la Banca Privada:

Rolando del Cid
Presidente Banco de los Trabajadores
Propietario

Carlos W. Cruz
Gerente General Banco El Ahorro
Hondureño
Suplente

Por las Fuerzas Vivas:

Miguel Oscar Kafati
Gerente General Compañía Exportadora de
Café, S.A.
Propietario

Félix S. Mahomar
Presidente Textiles Maya
Suplente

1992
DIRECTORIO

Ricardo Maduro Joest
Presidente

Manuel A. Fontecha
Vicepresidente

Por el Gobierno:

Benjamín Villanueva
Ministro de Hacienda y Crédito Público
Propietario

René Ardón Matute
Viceministro de Crédito Público
Suplente

Godofredo Alvarado
(desde 1/6/92)
Vicepresidente

Por la Secretaría de Recursos Naturales:
Mario Nufio Gamero

Por el Banco Nacional de Desarrollo Agrícola:
Gustavo Adolfo Zelaya Chávez

Por la Banca Privada:

Rolando del Cid
(hasta 30/5/92)
Presidente Banco de los Trabajadores
Gerente
José Arturo Alvarado Sánchez
(desde 1/7/92)
Propietario

Carlos W. Cruz
(hasta 30/5/92)
General Banco El Ahorro Hondureño
Jorge Alberto Alvarado López
(1/7/92)
Suplente

Por las Fuerzas Vivas:

Miguel Oscar Kafati
Gerente General Compañía Exportadora de
Café, S.A.
Propietario

Félix S. Mahomar
Presidente Textiles Maya
Suplente

1993

DIRECTORIO

Presidente
Ricardo Maduro Joest
Roberto Gálvez Barnes
(del 28/5/93 al 5/7/93)

Vicepresidente
Godofredo Alvarado

Por el Gobierno:
Benjamín Villanueva
René Ardón Matute
Rafael Suazo
William Chong Wong
René Pineda Mejía
Por la Secretaría de Recursos Naturales:
Mario Nufio Gamero
Por el Banco Nacional de Desarrollo Agrícola:
Gustavo Adolfo Zelaya Chávez
Por la Banca Privada:

José Arturo Alvarado Sánchez
Propietario

Jorge Alberto Alvarado López
Suplente

Por las Fuerzas Vivas:

Félix S. Mahomar

Miguel Oscar Kafati
Antonio Rodolfo Eyl Kovarik.
Suplente

Santos Reynaldo Casco
Suplente

1994-Enero 1998
DIRECTORIO

| Presidente | Vicepresidente |

Presidente
Ricardo Maduro Joest
(hasta 26/1/94)
Hugo Noé Pino

Vicepresidente
Godofredo Alvarado
(hasta 1/2/94)
Jorge Ramón Hernández Alcerro
Daniel Alfredo Figueroa Castellanos

Por el Gobierno:
Juan Francisco Ferrera López
Ramiro Lozano Landa
Cristiana Nufio de Figueroa
Gabriela Núñez de Reyes
Vilma Sierra de Fonseca
César Carranza
Mario Andino Avendaño

Por la Secretaría de Recursos Naturales:
Ramón Villeda Bermúdez
Ricardo Arias

Por la Banca Privada:
Jorge Alberto Alvarado López
José Arturo Alvarado Sánchez
Miguel Oscar Kafati
Salvador Gómez Alvarado
Edmond L. Bográn Acosta
Manuel Venancio Bueso Callejas

Por las Fuerzas Vivas:
Antonio Rodolfo Eyl Kovarik
Santos Reynaldo Casco
Juan Antonio Bendeck
Cristóbal Lucio Sierra Andino

Enero 1998 - Enero 2002
DIRECTORIO

Presidente	Vicepresidente
Hugo Noé Pino	Daniel Alfredo Figueroa Castellanos
Emín Barjúm Mahomar	

Directores:
María Isabel Martel Cruz
Manuel Antonio Fontecha Ferrari
Arturo Corleto Moreira
Victoria Asfura de Díaz
Enrique Flores Valeriano
José Delmer Urbizo Panting
Gustavo Adolfo Lara López

Enero 2002 - Enero 2006
DIRECTORIO

Presidente	Vicepresidente
María Elena Mondragón de Villar	Daniel Alfredo Figueroa Castellanos
	Analía de Jesús Napky Talavera

Directores:
Manuel Antonio Fontecha Ferrari
Oscar Armando Núñez Sandoval
Suyapa Cristina Funes Castro

Enero 2006 - Enero 2010
DIRECTORIO

Presidente	Vicepresidente
Gabriela Núñez de Reyes	Edwin Araque Bonilla
Edwin Araque Bonilla	Sandra Martínez de Midence
Sandra Martínez de Midence	Roy Pineda Castro
	Ángel Alberto Arita Orellana

Directores:
Ramón Villeda Bermúdez
Armando Aguilar Cruz
Suyapa Cristina Funes Castro
Belinda Carías de Martínez
Carlos Orbin Montoya
Oscar Armando Núñez Sandoval

Enero 2010 - Enero 2014
DIRECTORIO

Presidente	Vicepresidente
María Elena Mondragón de Villar	Ángel Alberto Arita Orellana
Marlon Ramsses Tábora	Renán Sagastume Fernández
	Manuel de Jesús Bautista Flores

Directores:
Ramón Villeda Bermúdez
Armando Aguilar Cruz
Ricardo Marichal Matuty
Belinda Carías de Martínez
José Nicolás Cruz Torres
Manuel de Jesús Bautista Flores

Enero 2014 - Enero 2018
DIRECTORIO

Presidente	Vicepresidente
Marlon Ramsses Tábora	Manuel de Jesús Bautista Flores
Manuel de Jesús Bautista Flores	Mayra Roxana Luisa Falck Reyes

Directores:
Ricardo Marichal Matuty
José Nicolás Cruz Torres
Catherine Yamileth Chang Carías
Carlos Enrique Espinoza Tejeda

Enero 2018 - Enero 2022
DIRECTORIO

Presidente	Vicepresidente
Wilfredo Rafael Cerrato Rodríguez	Carlos Enrique Espinoza Tejeda

Directores:
Catherine Yamileth Chang Carías
(renunció antes de expirar su período para ocupar otro cargo)
Efraín Concepción Suárez Torres
Rina María Oliva Brizzio
Miriam Estela Guzmán Bonilla

Enero 2022 - Enero 2026
DIRECTORIO

Presidente	Vicepresidente
Rebeca Patricia Santos R	Miguel Darío Ramos Lobo (Hasta 30/7/24)

Directores:
Miriam Estela Guzmán Bonilla (Hasta 23-1-2023)
Efraín Concepción Suarez Torres (Hasta 27-1-2025)
Julio Cesar Escoto Borjas
Sonia Carolina Aspra Cruz

Presidentes del Banco Central de Honduras

Roberto Ramírez (julio 1950 - agosto 1971)
Alberto Galeano Madrid (agosto 1971 - abril 1975)
Guillermo Bueso (mayo 1975 - julio 1979)
Práxedes Martínez (agosto 1979 - enero 1982)
Gonzalo Carías Pineda (febrero 1982 - enero 1990)
Ricardo Maduro Joest (27 de enero 1990 - 27 de mayo 1993)
Roberto Gálvez Barnes (28 de mayo 1993 - 5 de julio de 1993)
Ricardo Maduro Joest (6 de julio 1993 - 26 de enero 1994)
Hugo Noé Pino (27 enero 1994 - 26 de enero 1998)
Emín Barjúm Mahomar (27 de enero 1998 - 5 de junio 1999)
Victoria Asfura de Díaz (6 de junio de 1999 - 26 de enero 2002)
María Elena Mondragón de Villar (27 de enero 2002 - 26 de enero 2006)
Gabriela Núñez Ennabe (27 de enero 2006 - 13 de enero 2008)
Edwin Araque Bonilla (14 de enero de 2008 - 28 de junio 2009)
Sandra Martínez de Midence (29 de junio 2009 - 27 de enero 2010)
María Elena Mondragón de Villar (29 de enero 2010 - 27 de enero 2014)
Marlon Ramsses Tábora Muñoz (28 de enero 2014 - 2015)
Manuel de Jesús Bautista Flores (14 de enero de 2016 - 26 de enero de 2018)
Wilfredo Rafael Cerrato Rodríguez (27 de enero 2018 al 26 de enero 2022)
Rebeca Patricia Santos Rivera (27 de enero 2022 a la fecha)

Vicepresidentes del Banco Central de Honduras

Tomás Cálix Moncada (julio 1950 - agosto 1971)
Héctor Callejas (agosto 1971 - julio 1978)
Práxedes Martínez (febrero 1979 - julio 1979)
Ronald Barahona (octubre 1979 - enero1982)
Manuel A. Ferrari (10 de septiembre de 1982 - agosto 1984)
Roberto Dala Obando (agosto 1984 - diciembre 1985)
Manuel A. Fontecha Ferrari (10 de septiembre de 1986 - 31 de mayo 1992)
Godofredo Alvarado a.i. (1 de junio de 1992 - 31 de agosto 1992)
Jorge Ramón Hernández Alcerro (1 de septiembre 1992 - 30 de junio 1993) Godofredo Alvarado (1 de julio 1993 - 1 de febrero 1994)
Daniel Alfredo Figueroa Castellanos (2 de febrero 1994 - 31 de marzo 2002)
Analía Napky Talavera (1 de abril 2002 - 26 de enero 2006)

Edwin Araque Bonilla (28 de enero 2006 - 30 septiembre 2006)

Sandra Martínez de Midence (15 de noviembre 2006 - 2 de enero 2008)

Roy Pineda Castro (18 de febrero 2008 - 29 de junio 2009)

Ángel Alberto Arita Orellana (30 de junio 2009 - 3 de febrero 2010)

Renán Sagastume Fernández (4 de febrero 2010 - 1 de abril 2014)

Manuel de Jesús Bautista Flores (16 de julio 2014 -13 de enero 2016)

Mayra Roxana Luisa Falck (19 de julio 2016 - 26 de enero de 2018)

Carlos Enrique Espinoza (27 de enero de 2018 al 26 de enero 2022)

Miguel Darío Ramos Lobo (18 de mayo de 2022 al 30 de junio de 2025)

Gerentes del Banco Central de Honduras

Arturo H. Medrano (30 de mayo 1950 - 14 de agosto 1971)

Valentín J. Mendoza (14 de agosto 1971 - 18 de enero 1973)

Porfirio Zavala Sandoval (19 de enero 1973 - 6 de noviembre 1974)

Guillermo Bueso (7 de noviembre 1974 - 15 de mayo 1975)

Ramón Euceda C. (16 de mayo 1975 - 2 de septiembre 1979)

Gonzalo R. Chávez B. (3 de septiembre 1979 - 10 de febrero 1982)

Roberto Dala Obando (11 de febrero 1982 - 14 de mayo 1986)

Rigoberto Pineda Santos (15 de mayo 1986 - 31 de enero 1993)

Ana Cristina Mejía de Pereira (1 de febrero 1993 - 6 de febrero 1994)

Jesús Ernesto Anariba (7 de febrero 1994 - 4 de noviembre 2002)

Ariel Sebastián Pavón (5 de noviembre 2002 - 12 de febrero 2006)

German Martel (13 de febrero 2006 - 31 de marzo 2008)

Jorge Oviedo Imboden (1 de abril 2008 - 14 de febrero 2010)

Héctor Méndez Cálix (15 de febrero de 2010 - 17 de octubre 2018)

Aracely O'Hara (19 de octubre de 2018 – 30 de junio de 2022)

Carlos Fernando Ávila Hernández (11 de agosto de 2022 a la fecha)

Secretarios del Directorio del Banco Central de Honduras

Roberto Dala Obando (3 de septiembre de 1979 - octubre 1979)

Carlos Guillermo Zúniga (octubre de 1979 - octubre 1989)

José Orlando Moreno (octubre 1989 - 9 de junio 1999)

Manuel de Jesús Bautista Flores (10 de junio de 1999 - 14 de mayo 2000)

Justo Ernesto Murillo Rodezno (15 de mayo de 2000 - 6 de octubre 2003)

Rossana Alvarado Flores (Interina del 7 de octubre 2003 - 2 de febrero 2006)

José María Reina Vallecillo (3 de febrero 2006 - 4 de abril 2010)

Hugo Daniel Herrera Cardona (5 de abril de 2010 al 22 de agosto de 2022)   Gustavo Adolfo Fonseca Dubón (23 de agosto de 2022 a la fecha).

1.7 El Consejo Monetario Centroamericano

El Consejo Monetario Centroamericano (CMCA) fue creado el 25 de febrero de 1964, mediante un instrumento suscrito por los presidentes de los bancos centrales de la región denominado Acuerdo para el Establecimiento de la Unión Monetaria Centroamericana, que fue derogado en 1974 por el Acuerdo Monetario

Centroamericano; a su vez, este fue reformado íntegramente en 1999. Actualmente es la norma de derecho comunitario centroamericano que regula el funcionamiento del CMCA, su Secretaría Ejecutiva y demás órganos[8].

Se puede decir que la fundación del CMCA tuvo como antecedente el hecho que, en lo concerniente a la unión o integración monetaria, la coordinación de la política monetaria regional fue objeto de estipulación marginal en el Tratado General de Integración Económica Centroamericana de 1960.

Es así como los bancos centrales de la región, ante la imposibilidad de ajustar sus actuaciones a las disposiciones legales o contractuales específicas del proceso integracionista, convinieron en celebrar, en el marco del Tratado, acuerdos voluntarios para normar su participación en el proceso. Además de los instrumentos citados, suscribieron el Acuerdo de la Cámara de Compensación Centroamericana en 1961 y el Acuerdo del Fondo Centroamericano de Estabilización Monetaria en 1969.

En el mismo sentido, las exigencias de la época llevaron a que los presidentes de los bancos centrales de la región recopilaran y actualizaran en un solo instrumento los tres acuerdos citados, de manera que el *Acuerdo Monetario Centroamericano,* vigente desde el 25 de octubre de 1974, surgió a la vida jurídica como un entendimiento, arreglo o concurso de voluntades de los cinco bancos centrales centroamericanos que originalmente conformaron el Consejo, con el propósito de contribuir, en el ámbito de sus competencias, a la integración centroamericana.

En la actualidad el CMCA contribuye al diálogo en temas macroeconómicos relevantes para las políticas monetaria y financiera de la región, incluyendo a República Dominicana, que se integró en el año

---

[8] Véase, http://www.secmca.org

2002, y mantiene un cúmulo de información estadística y de análisis de las economías centroamericanas.

El Acuerdo Monetario establece, entre otras, las siguientes atribuciones del CMCA:

- Dictar los acuerdos, resoluciones, reglamentos y otras disposiciones necesarias para el cumplimiento de sus objetivos.
- Evaluar el avance del proceso de convergencia macroeconómica regional en las áreas monetaria, cambiaria, crediticia y financiera.
- Proponer a los gobiernos la adopción de convenios internacionales necesarios para la integración monetaria y financiera regional.
- Crear mecanismos o sistemas financieros, operativos, de pagos o de otra naturaleza, necesarios para el cumplimiento de sus objetivos.
- Acordar la gestión y suscripción de convenios financieros y de asistencia técnica con bancos centrales, organismos internacionales u otras entidades, conducentes al logro de los fines y objetivos del Consejo.
- Definir la unidad de cuenta regional, su uso, denominación, valor y relación con cualquier divisa, combinación de monedas o unidad de cuenta internacional.
- Ejercer la dirección de la Secretaría Ejecutiva y otros órganos creados por el Consejo; y elegir y remover al Secretario Ejecutivo y demás titulares.

Por su parte, la Secretaría Ejecutiva del CMCA (SECMCA) es un órgano técnico administrativo del Subsistema de Integración Económica Centroamericana; posee personalidad jurídica internacional de conformidad con el Artículo 50 del Protocolo de Guatemala, y su sede se ubica en la ciudad de San José, Costa Rica.

La SECMCA es la encargada de los aspectos técnicos y administrativos del Consejo y constituye su conducto ordinario de comunicación. Está a cargo de un Secretario Ejecutivo, que ejerce la representación legal de la institución, y de un Subsecretario Ejecutivo, ambos nombrados por el CMCA. Su funcionamiento está regulado por el Acuerdo Monetario Centroamericano.

Además de la Secretaría Ejecutiva (órgano técnico ejecutivo del CMCA), diversos comités de consulta y grupos de trabajo, formados por funcionarios de los bancos centrales centroamericanos, asesoran al Consejo en diferentes materias y colaboran en la ejecución de sus decisiones; actualmente son los siguientes:

- Comité de Política Monetaria
- Comité de Estudios Jurídicos, del cual formé parte por varios años, pues lo integran los jefes de las áreas jurídicas de cada banco central miembro.
- Comité de Sistema de Pagos
- Comité de Tecnologías de la Información
- Comité de Comunicación Estratégica
- Grupo de Cuentas Nacionales
- Grupo de Balanza de Pagos
- Grupo de Estadísticas Monetarias y Financieras
- Grupo de Estadísticas en Finanzas Públicas, coordinado con el Consejo de Ministros de Hacienda y Finanzas y su Secretaría.
- Grupo de Estabilidad Financiera Regional, que cuenta con la participación de superintendencias de bancos, incluyendo Panamá y autoridades de Colombia.
- Comité de Estándares Regionales, con delegados de ministerios de finanzas y entes supervisores en valores.
- Comité de Auditoría y,
- Foro de Gerentes.

2. Banco Nacional de Desarrollo Agrícola (BANADESA)

El Banco Nacional de Desarrollo Agrícola (BANADESA) nació como Banco Nacional de Fomento (BANAFOM) el 16 de febrero de 1950; se creó como una institución autónoma, con personería y capacidad jurídica propia, que inició operaciones el 1 de julio de 1950, con el objetivo principal de contribuir al fomento de la producción del país[9].

Después de tres décadas de funcionamiento, el BANAFOM terminó su rol de fomentar la producción e inició la etapa de desarrollar proyectos nuevos, dando lugar a la creación del BANADESA, a través del Decreto No. 903 del 24 de marzo de 1980.

BANADESA fue creado con el objetivo principal de canalizar recursos financieros para el desarrollo de la producción y la productividad en la agricultura, la ganadería, pesca, avicultura, apicultura, silvicultura y demás actividades relacionadas con el

---

[9] Véase http://www.banadesa.hn

procedimiento primario de esa producción, incluyendo su comercialización. Para ello cuenta con una importante red de oficinas a lo largo del país.

Entre los servicios que presta destaca el manejo de cuentas de ahorro, de cheques y depósitos a plazo; además, presta otros servicios como cajas de seguridad, giros nacionales, cheques bancarios, venta de recargas, pago de servicios públicos, matrícula de vehículos, recaudación de impuestos, registro de armas, pago de constancias de antecedentes penales y de multas de tránsito; otorga créditos para la caficultura, la producción de granos básicos, plátanos, hortalizas, palma africana, frutales de exportación, repoblación bovina para ganado de leche y cría, ganado de engorde, reactivación y procesamiento de plantas procesadoras de transformación de productos primarios de origen vegetal o animal como cacao, marañón, sector porcino y ovino, y sistemas de riego; apoya con capital de trabajo a la micro, pequeña y mediana empresa; en materia de vivienda, financia la compra y construcción de unidades nuevas, la compra de lotes y construcción simultánea, mejoras y liberación de lotes con construcción simultánea.

La historia relativamente reciente de esta institución bancaria estatal ha puesto sobre el tapete su precaria situación financiera, prácticamente de insolvencia, agravada por el recurrente nombramiento de políticos en los cargos de mayor responsabilidad, las condonaciones de créditos decretadas por el Poder Legislativo, de las que resultaron beneficiados muchos de los diputados que las promovieron, el colapso de su sistema informático y el otorgamiento de créditos sin respaldo, que se constituyó en una práctica constante, entre otras graves deficiencias.

Tan lamentable es la situación del BANADESA, que una iniciativa del Poder Ejecutivo, que no prosperó, pretendía su fusión o absorción por el BANHPROVI. Luego fue intervenido por el ente supervisor del sistema financiero nacional que informó, entre otros detalles publicados por la prensa nacional —citando como fuente un informe técnico de los administradores de BANADESA nombrados por la CNBS—, que sus activos se ajustaron de 6000 millones a 2900 millones de lempiras, con una pérdida patrimonial del 53%, y que había L1900 millones de cartera en mora de difícil recuperación, entre otras razones, porque carece de soporte documental.

Al 30 de septiembre de 2019, reflejaba una insuficiencia patrimonial de L3,087.3 millones, un índice de Adecuación de Capital negativo de -251.78%, y una pérdida de 3,289.8 millones de lempiras.

Según publicaciones periodísticas, los opositores a la liquidación del BANADESA proponen su reconversión en un banco de capital mixto, con un fondo inicial de 600 millones de lempiras, dizque para aprovechar los activos de la supuesta cartera sana; al respecto, varios economistas se han pronunciado en el sentido de que para que un banco funcione bien, debe hacerlo bajo las normas de Basilea, que regulan la liquidez y mora con base en estándares internacionales y no vía decreto, o por el simple antojo de grupos de interés.

3. Banco Hondureño para la Producción y la Vivienda (BANHPROVI)

Fue creado mediante Decreto Legislativo No. 6-2005 del 26 de enero de 2005, publicado en el Diario Oficial La Gaceta del 1 de abril de 2005. Surgió como una institución de crédito de segundo piso, desconcentrada del Banco Central de Honduras, de servicio público, de duración indefinida, con personalidad jurídica y patrimonio propio e independencia administrativa, presupuestaria, técnica y financiera[10].

Mediante Decreto Legislativo No. 358-2014 del 20 de enero de 2014, publicado en La Gaceta del 20 de mayo de 2014, su ley constitutiva fue objeto de importantes reformas, que ampliaron la gama de sus operaciones, de manera que actualmente está facultado para realizar operaciones bancarias de primer y segundo piso.

Para efectos ilustrativos se señala que los bancos de primer piso son instituciones legalmente autorizadas para realizar operaciones de ahorro, financieras, hipotecarias y de capitalización en relación directa con los clientes; en cambio, los bancos de segundo piso operan con fondos del gobierno, colocando los créditos por medio de intermediarios económicos; es decir, no en forma directa con los clientes.

El BANPROHVI vino a reemplazar al Fondo Nacional para la Producción y la Vivienda (FONAPROVI), rigiéndose por su Ley y, supletoriamente, por las normas jurídicas aplicables a las operaciones que realiza y, en lo pertinente, por la Ley del Sistema Financiero, Ley de la Comisión Nacional de Bancos y Seguros, Ley del Banco Central de Honduras, Código de Comercio y demás leyes aplicables.

El objeto fundamental de esta institución es promover, a través de los servicios financieros que brinda, el crecimiento y desarrollo socioeconómico de todos los hondureños, mediante el financiamiento inclusivo para la producción, con énfasis en el sector social de la economía, así como la inversión en obras y proyectos de infraestructura

---

[10] Véase, http://www.banhprovi.gob.hn

rentables, que promuevan la competitividad nacional y el empleo.

El BANHPROVI está facultado para realizar todas las operaciones de intermediación financiera previstas en la Ley del Sistema Financiero, y sus órganos de planificación, dirección y administración son la Asamblea de Gobernadores, el Consejo Directivo y el Comisario.

La Asamblea de Gobernadores está integrada por el Presidente del Banco Central de Honduras, quien la preside; por los titulares de varias secretarías de Estado y por representantes de diversas entidades del sector privado, nombrados por el Presidente de la República. Se debe reunir en forma ordinaria dos veces al año y, extraordinaria, cuando fuere convocada por su Presidente. Los miembros de la asamblea que asistan a las sesiones no pueden abstenerse de votar en el conocimiento de los asuntos que se sometan a deliberación en el seno de dicho órgano de decisión, pero sí pueden votar en contra, indicando las causas que lo motivan.

El Consejo Directivo es el órgano superior de administración, dirección y ejecución; está conformado por tres (3) miembros: el Presidente Ejecutivo y dos (2) miembros propietarios, que tienen el carácter de funcionarios públicos; deben desempeñar su trabajo a tiempo completo, sin poder ocupar otro cargo remunerado, excepto los de carácter docente y cultural, siempre que los realicen fuera de la jornada laboral. El Consejo Directivo debe sesionar ordinariamente por lo menos una vez a la semana y, extraordinariamente, siempre que haya asuntos urgentes que tratar y sea convocado de oficio por el Presidente Ejecutivo, o a solicitud de los otros dos miembros propietarios.

La Ley del BANHPROVI es rigurosa en cuanto a los requisitos para ser miembro del Consejo Directivo; lamentablemente, como ocurre con otras instituciones estatales, quienes se han desempeñado en tales cargos no siempre cumplen a cabalidad con los mismos, que le dan preeminencia a la formación técnica, pues los presidentes de turno suelen privilegiar a sus allegados políticos, que muchas veces no cumplen con los requisitos elementales para tales cargos. De esta manera, contravienen lo que la ley señala en cuanto a mantener un cuerpo multidisciplinario y colegiado de alta administración, con adecuadas competencias para el correcto funcionamiento del Banco.

El Comisario es el responsable de velar por el cumplimiento del marco jurídico aplicable al BANHPROVI y la correcta ejecución de las políticas y mandatos de la Asamblea de Gobernadores y el Consejo Directivo. Sus funciones no son a tiempo completo, y puede asistir a las sesiones de los dos órganos con derecho a voz únicamente; su nombramiento corresponde al Presidente de la República por un período de cuatro años, de una terna de candidatos propuesta por la CNBS.

CAPÍTULO II: SUPERVISIÓN DEL SISTEMA FINANCIERO. EL SEGURO DE DEPÓSITOS EN HONDURAS

1. La Comisión Nacional de Bancos y Seguros

1.1. Historia de la Supervisión Bancaria en Honduras

La inspección y vigilancia bancaria en Honduras inició con la emisión del Decreto No. 80 del 11 de marzo de 1937, que contiene la primera Ley para Establecimientos Bancarios. La entonces Secretaría de Hacienda fue la encargada de la vigilancia, por intermedio del Departamento de Vigilancia Bancario[11].

En 1950 se emitió la legislación bancaria, mercantil y tributaria del país, mediante la creación de los bancos estatales, la emisión del Código de Comercio y la Ley del Impuesto Sobre la Renta. Asimismo, se crearon las bases del desarrollo de las instituciones financieras, mercantiles y tributarias. En la legislación referida se traslada la vigilancia bancaria al Banco Central de Honduras, el cual creó la Superintendencia de Bancos como una unidad dentro de su estructura organizacional.

En 1958 el Congreso Nacional emitió el Decreto No. 26, mediante el cual se asignan las funciones de vigilancia y control de las instituciones bancarias a la Secretaría de Economía y Hacienda, y la Superintendencia de Bancos pasa a depender de esta Secretaría. Sin embargo, en 1959, mediante la emisión del Decreto No. 102, la Superintendencia de Bancos retornó al Banco Central de Honduras.

En 1995 se emitieron dos importantes leyes para el Sistema Financiero Nacional: la Ley de la Comisión Nacional de Bancos y Seguros y la Ley de Instituciones del Sistema Financiero; posteriormente, en 2004, se derogó la segunda con la aprobación y vigencia de la Ley del Sistema Financiero, cuyo objetivo es regular la organización, autorización, constitución, funcionamiento, fusión, conversión, modificación, liquidación y supervisión de las instituciones del sistema financiero y grupos financieros.

---

[11] https://www.cnbs.gob.hn

El 10 de junio de 1996, el Presidente de la República, Doctor Carlos Roberto Reina, instaló oficial y solemnemente la Comisión Nacional de Bancos y Seguros (CNBS), y nombró a los primeros comisionados de esta entidad, mediante Acuerdo No. 0010 del 8 de enero de 1996.

1.2 Organización y funcionamiento de la Comisión Nacional de Bancos y Seguros

La ley que regula el accionar del ente supervisor del sistema financiero, asegurador y de otras instituciones del entorno financiero nacional está contenida originalmente en el Decreto No. 155-95 del 24 de octubre de 1995, publicado en el Diario Oficial La Gaceta del 18 de noviembre de 199512; parte de su articulado ha sido objeto de reformas a través de los decretos 188-2000 del 30 de octubre de 2000, publicado en La Gaceta del 20 de diciembre de dicho año; 174-2002 del 27 de mayo de 2002, publicado el 15 de agosto de 2002; 110-2004 del 17 de agosto de 2004, publicado el 22 de septiembre de 2004; 111-2004 del 6 de agosto de 2004, publicado el 22 de septiembre de 2004; 129-2004 del 21 de septiembre de 2004, publicado el 24 de septiembre de 2004; y 263-2010 del 2 de diciembre de 2010, publicado el 19 de enero de 2011.

Es de destacar que, por disposición constitucional, corresponde al titular del Poder Ejecutivo ejercer la supervisión, vigilancia y control de las instituciones bancarias, aseguradoras y financieras por medio de la CNBS (Artículo 245, atribución 31). Legalmente, la CNBS es una entidad desconcentrada de la Presidencia de la República, con independencia funcional, presupuestaria y facultades administrativas suficientes para asegurar la habilidad técnica y financiera necesaria para el cumplimiento de sus objetivos.

Compete a la CNBS la supervisión de las actividades financieras, de seguros, previsionales, de valores y demás relacionadas con el manejo, aprovechamiento e inversión de los recursos captados del público; y de otras instituciones financieras y actividades determinadas por el Presidente de la República en Consejo de Ministros.

La gobernanza de la CNBS conlleva su integración por tres miembros propietarios que deben reunir requisitos de idoneidad, honorabilidad, experiencia y competencia, necesarios para desempeñar el cargo; son nombrados por el Presidente de la República, de una lista de seis candidatos propuestos por el Directorio del BCH[12].

La Ley dispone que el Directorio del BCH puede solicitar candidatos para ocupar los cargos de comisionados, a la Asociación Hondureña de Instituciones Bancarias (AHIBA). No obstante, con conocimiento de

---

[12] Ley de la Comisión Nacional de Bancos y Seguros y sus reformas.

causa puedo afirmar que, en la mayoría de los casos, la lista de candidatos propuesta por el Directorio es proporcionada por el titular del Poder Ejecutivo y que, en más de una ocasión, se ha incluido a personas que no reúnen todos los requisitos profesionales, o que no cuentan con la experiencia necesaria para cumplir tan importante rol.

La Presidencia de la CNBS corresponde al Comisionado que designe el Presidente de la República y, en caso de ausencia temporal, debe ser sustituido por el Comisionado que designe el Presidente de la Comisión. En caso de ausencia definitiva de cualquiera de los otros comisionados, el Presidente de la República debe proceder al nombramiento dentro de los restantes tres candidatos de la lista propuesta por el BCH[13].

Los requisitos fundamentales para ser miembro de la CNBS son: ser hondureño, mayor de treinta años, estar en el libre ejercicio de los derechos civiles, ostentar título profesional de nivel universitario, ser de reconocida honorabilidad, competencia y notoria experiencia en asuntos bancarios, de seguros, financieros, de auditoría o legales.

La Ley de la CNBS también señala quiénes no pueden ser miembros:

a. Las personas que tengan cuentas pendientes con el Estado.

b. Los que sean directa o indirectamente contratistas o concesionarios del Estado.

c. Quienes sean miembros de las Juntas Directivas de los partidos políticos o desempeñen cargos o empleos públicos remunerados o de elección popular, excepto de carácter docente, cultural y los relacionados a la asistencia social.

d. Los cónyuges o parientes dentro del cuarto grado de consanguinidad o segundo de afinidad del Presidente de la República, de los Designados a la Presidencia de la República, de los Secretarios de Estado, de los Presidentes o Gerentes de las instituciones descentralizadas o desconcentradas del Estado o del Jefe del Estado Mayor Conjunto de las Fuerzas Armadas.

e. Los miembros de las juntas directivas o de los consejos de administración de empresas mercantiles o de las instituciones supervisadas, o empleados o funcionarios de estas o dueños del veinte por ciento (20%) o más de su capital social.

f. Quienes formen parte de empresas dedicadas a la realización de auditorías externas en las sociedades supervisadas o que

---

13 Véase Organigrama de la CNBS en: https://www.cnbs.gob.hn/files/DPI/ORGANIGRAMA_
CNBS.pdf

les proporcionen otros servicios.

g. Los que hayan sido declarados fallidos o quebrados, aunque hayan sido rehabilitados o sujetos a procedimientos de quiebra.

h. Los que sean absoluta o relativamente incapaces.

i. Los deudores morosos directos o indirectos y aquellos cuyas obligaciones hubiesen sido absorbidas como pérdidas por cualquier institución de las supervisadas por la CNBS.

j. Los condenados por delitos que impliquen falta de probidad o hayan sido condenados por delitos dolosos.

k. Quienes hubieren sido directores o administradores, asesores, gerentes o funcionarios de instituciones supervisadas por la CNBS que hubieren sido declaradas en liquidación forzosa o sometidas al mecanismo extraordinario de capitalización, siempre y cuando la Comisión informe que hubieren contribuido al deterioro patrimonial de la institución.

l. Las personas a quienes se les haya comprobado judicialmente participación en lavado de activos y otras actividades ilícitas.

m. Quienes hayan sido sancionados administrativa o judicialmente por su participación en faltas graves a las leyes y normas aplicables a instituciones supervisadas, en especial, la intermediación financiera sin autorización y, en general, por delitos de carácter financiero.

En concreto, a la CNBS le compete, con base en normas y prácticas internacionales, ejercer, por medio de las superintendencias, la supervisión, vigilancia y control de las instituciones bancarias públicas y privadas, aseguradoras, reaseguradoras, sociedades financieras, asociaciones de ahorro y préstamo, almacenes generales de depósitos, bolsas de valores, puestos o casas de bolsa, casas de cambio, fondos de pensiones e institutos de previsión, administradoras públicas y privadas de pensiones y jubilaciones y cualesquiera otras que cumplan funciones análogas a las señaladas en la Ley.

De lo anterior se colige que la supervisión que ejerce la CNBS no se limita a las instituciones del sistema financiero, sino que abarca una amplia gama de instituciones del mercado financiero.

Cabe resaltar que, en el caso del BCH, la vigilancia y control de la CNBS se debe limitar a las operaciones bancarias que este realice; es decir, que no abarca las decisiones de política monetaria, crediticia y cambiaria, ni otras actividades exclusivas del accionar de toda banca central.

Los miembros de la CNBS tienen la condición de funcionarios públicos, sus nombramientos son de cuatro (4) años y pueden ser nombrados para nuevos períodos. En el ejercicio de sus funciones, la CNBS tiene amplias facultades desarrolladas en su ley especial, que también regula cuándo cesarán en sus cargos los miembros de esta.

Las sesiones de la CNBS son determinadas por su Reglamento Interno; actualmente se celebran semanalmente, y las decisiones ordinarias se toman por simple mayoría. Sin embargo, en casos excepcionales determinados por el Reglamento, se requiere unanimidad, adoptándose las decisiones mediante resolución; corresponde al Presidente la representación judicial y extrajudicial.

Los miembros de la CNBS y sus funcionarios y empleados tienen la obligación de guardar la más estricta reserva sobre los documentos e información de las instituciones supervisadas que sean de su conocimiento, y son responsables por los daños y perjuicios que ocasione la revelación de los mismos, salvo aquellos informes, documentos y datos que la CNBS deba proporcionar para dar cumplimiento a mandatos judiciales o disposiciones legales, y a obligaciones nacidas de los convenios internacionales sobre intercambio de información que celebre con instituciones análogas y, en particular, la que suministre al BCH.

La CNBS cuenta con las superintendencias como órganos técnicos especializados, por medio de las cuales cumple su cometido. Los superintendentes son nombrados por la CNBS por un período de cinco (5) años y pueden ser nombrados por un nuevo período.

En general, el personal de la CNBS debe ser nombrado previo el cumplimiento de un proceso de selección, aunque, como ya lo hemos señalado, muchas veces el criterio político resulta determinante, lo que no se justifica en instituciones de esta naturaleza, dado el carácter técnico de sus funciones.

En cuanto al financiamiento de su presupuesto, este es cubierto hasta en un cincuenta por ciento (50%) por el BCH y, el resto, por las demás instituciones supervisadas de manera proporcional.

Los asuntos que conoce la CNBS que no son de naturaleza estrictamente bancaria o mercantil, se deben tramitar de acuerdo con lo prescrito en la Ley de Procedimiento Administrativo y, supletoriamente, por el Código Procesal Civil; se destaca que, contra los actos administrativos dictados por la CNBS que han sido objeto de ataque judicial en la vía contencioso-administrativa, no procede, durante su ventilación o trámite, que se decrete la suspensión del acto impugnado.

Las comunicaciones que dirija la CNBS a las instituciones supervisadas, así como los informes de las inspecciones realizadas, deben ser sometidas al conocimiento del Consejo de Administración o Junta Directiva correspondiente, debiendo constar en acta.

La CNBS, a través de su Unidad de Inteligencia Financiera (UIF), también desempeña un importantísimo rol en la lucha contra el delito de lavado de activos y financiamiento del terrorismo, pues la UIF es la encargada de solicitar, recibir, analizar e informar al Ministerio Público sobre aquellos eventos que sean considerados como posibles casos de delitos relacionados con las materias antes descritas.

En conclusión, la CNBS juega un papel trascendental para el buen funcionamiento del mercado financiero y, por ende, para la economía del país; consecuentemente, debe fortalecerse cada vez más, en procura de que siempre cuente con personal capacitado y de experiencia que asegure, en gran medida, la estabilidad financiera de las instituciones que legalmente supervisa.

Cabe resaltar que según la página web de la CNBS, a junio de 2025 su nivel directivo representa el más alto grado de la estructura de la Institución y está conformado por un Comisionado Presidente y dos Comisionados Propietarios, a cuyo órgano colegiado se le denomina Pleno de Comisionados. En cuanto a su nivel misional, la estructura de la CNBS la integran la Superintendencia de Bancos y Otras Instituciones Financieras, la Superintendencia de Seguros, la Superintendencia de Pensiones y Valores, la Gerencia Legal, la Gerencia de Riesgos y la Gerencia de Estudios Económicos, Regulación, Competencia e Innovación Financiera. En su nivel de apoyo incluye la Unidad de Resolución Bancaria, la Dirección de Despacho de Comisionados, la Secretaría General, la Dirección de Imagen Institucional, Comunicación y Protocolo, la Gerencia Administrativa, la Gerencia de Tecnologías de Información y Comunicaciones, la Gerencia de Protección al Usuario Financiero, la Gerencia de Educación e Inclusión Financiera y Género, la Unidad de Inteligencia Financiera, la Dirección de Planeamiento y Evaluación de la Gestión y la Unidad de Auditoría Interna.

A junio de 2025 la supervisión de la CNBS se extendía a quince (15) bancos comerciales, tres (3) bancos estatales, nueve (9) sociedades financieras, una (1) oficina de representación, doce (12) compañías de seguros, tres (3) procesadoras de tarjetas de crédito, cuatro (4) fondos privados de pensiones, cinco (5) fondos públicos de pensiones, una (1) bolsa de valores, seis (6) casas de bolsa, cuatro (4) almacenes generales de depósito, dos (2) casas de cambio, cinco (5) organizaciones privadas de desarrollo financieras, dos (2) centrales de riesgo privadas, dos (2) sociedades clasificadoras de riesgo, cuatro (4) sociedades remesadoras de dinero, una (1) administradora de fondos de garantía recíproca, un (1) proveedor de precio, el Régimen de Aportaciones Privadas (RAP), una (1) institución no bancaria que brinda servicios de pago utilizando dinero electrónico y dos (2) sociedades de otros sectores.

Resumen de los Acuerdos y Principios de Basilea

Los Acuerdos de Basilea son directrices elaboradas a finales de 1974 por el Comité de Basilea, formado por los gobernadores de los bancos centrales del G-10, para evitar riesgos sistémicos en situaciones de pánico bancario o bank run, que surgieron en las turbulencias financieras registradas en los mercados de divisas. En el origen del Comité se encuentra la idea adquirida en ese momento de que los problemas de alguna entidad se propagan fuera de sus fronteras con rapidez.

Es importante indicar que, aunque estos acuerdos carecen de vinculación jurídica y que cada país, por su propia iniciativa y normativa legal decide retomarlos y cumplirlos, lo cierto es que los documentos de Basilea han sido aprobados por los gobernadores y supervisores de las mayores economías del mundo, y son la base o el parámetro de la supervisión de las entidades del mercado financiero en el orbe, incluyendo por supuesto a Honduras.

Estos documentos giran en torno de cuatro temas principales:

1) Principios sobre la actividad transfronteriza y cooperación entre supervisores.
2) Medidas de adecuación del capital.
3) Principios básicos.
4) Gestión de riesgos y otros aspectos.

Existen tres acuerdos prolongados en el tiempo y modificados con base en la experiencia desarrollada:

Basilea I: En 1988 se estableció un acuerdo mínimo de capitales basado únicamente en el riesgo de crédito. En términos simples, se estableció que el capital mínimo debe ser, al menos, el 8% de los activos ponderados por su riesgo.

Basilea II: Publicado en junio de 2004, se sostiene en tres pilares:

Pilar I. Requerimiento mínimo de capital analizando en profundidad el riesgo de crédito, el riesgo de mercado y el operativo.

Pilar II. Proceso de supervisión bancaria basado en principios de vigilancia de coeficientes mínimos de capital, control de estrategias de cálculo de riesgos y su supervisión, seguimiento y obtención de información, revisión de control interno y anticipación en la intervención en caso de ser necesario.

Pilar III. Disciplina de mercado basada en el suministro de la información de forma clara y transparente sobre políticas de gestión de riesgos, suficiencias de capital y exposiciones a riesgo con carácter de temporalidad frecuente.

Basilea III: Medidas encaminadas y relacionadas con efectos de aumento de la calidad del capital, mejora en la detección de riesgos bajo determinadas exposiciones, aumento de los requerimientos de capital, constitución de colchones de capital, definición de la ratio de apalancamiento y mejora en la gestión de riesgos y en las ratios de liquidez.

El Comité de Basilea está formado por 27 miembros (Alemania, Arabia Saudita, Argentina, Australia, Bélgica, Brasil, Canadá, China, España, Estados Unidos, Francia, Holanda, Hong Kong, India, Indonesia, Italia, Japón, Corea, Luxemburgo, México, Reino Unido, Rusia, Singapur, Sudáfrica, Suecia, Suiza y Turquía) y reúne a los bancos centrales de estos países cuatro veces al año.

1.3 Las centrales de riesgo

Las centrales de riesgo o buró de créditos son entidades que recolectan y consolidan información de los usuarios del sistema financiero. Así, trata de abarcar el mayor universo posible de datos y personas.

El objetivo de una central de riesgo es clasificar a los individuos según la probabilidad de impago. Con ese propósito, evalúa el registro de los préstamos vigentes y pasados en bancos y otras empresas.

Las centrales de riesgo, además de la información financiera, consignan información demográfica del público como edad, sexo, nivel de educación, entre otros.

Características de una central de riesgo

Las características que más destacan son las siguientes:

Puede ser una institución pública o privada. En este caso, usualmente se requiere la autorización y supervisión de un regulador estatal.

Recibe información de clientes de bancos, aseguradoras y otras entidades del sistema financiero. Además, puede obtener datos de las empresas de servicios públicos (agua, luz y telecomunicaciones).

Brinda reportes a las instituciones financieras para que puedan evaluar con mayor precisión a los individuos que se acercan a pedir un crédito. Con los registros del buró se podrá conocer, por ejemplo, si el solicitante mantiene deudas pendientes con otras compañías.

El usuario tiene derecho a acceder gratuitamente a la información consignada sobre él o ella en las centrales de riesgo cada cierto tiempo, por ejemplo, seis meses. El plazo depende de la legislación de cada país.

El buró, usualmente, no muestra todo el historial crediticio de los usuarios. Pueden consignarse datos, por ejemplo, de los últimos cinco años.

Si se reporta un dato erróneo sobre el deudor, este tiene derecho a pedir una rectificación a la central de riesgo. En algunas circunstancias, el usuario puede verse obligado a llamar a la intervención del regulador estatal para la corrección correspondiente.

En caso de que exista una deuda impaga, el prestatario puede cancelarla y luego presentar una carta de no adeudo para limpiar su historial.

Difícilmente, el usuario obtendrá financiamiento si no cuenta con una buena calificación en las centrales de riesgo.

Clasificación de la central de riesgo

La clasificación de los deudores que realiza la central de riesgo varía según la institución. Por ejemplo, pueden separarse en grupos por cada color del semáforo: verde, amarillo y rojo, yendo de menor a mayor riesgo.

Otro tipo de clasificación más elaborada divide a los usuarios en cinco categorías:

Normal: Si no existe un retraso en el pago de cuotas mayor a treinta días.

Con problemas potenciales: Si el deudor reporta una demora de entre 31 y 60 días.

Deficiente: Si el prestatario ya presenta un retraso de entre 61 y 120 días.

Dudoso: Cuando el atraso del deudor es de entre 121 y 365 días.

Pérdida: Si el moroso ha demorado más de 365 días. En este caso, la deuda comienza a considerarse incobrable.

Los plazos presentados en el ejemplo anterior son aplicables, particularmente, a préstamos de largo plazo como las hipotecas. Para créditos más pequeños, cada categoría debería tolerar menos días de morosidad.

1.4 La Central de Información Crediticia de la CNBS

La Central de Información Crediticia (CIC), popularmente conocida como "Central de Riesgo" de la CNBS, solo registra la información crediticia que le envían las instituciones supervisadas por dicha institución.

Es oportuno informar que, además de la CIC de la CNBS, existen otras centrales privadas de información crediticia, como EQUIFAX y

TRANSUNION, que registran, además de la información de las entidades del sistema financiero nacional, datos de créditos en almacenes y tiendas del comercio hondureño, así como de empresas de servicios públicos, entre otros.

En concreto, la Central de Información Crediticia es el sistema administrado por la CNBS, mediante el cual se consolida la información proporcionada por las instituciones supervisadas de todas las personas naturales y jurídicas que adquieren compromisos u obligaciones crediticias con ellas, en su calidad de deudores, codeudores, avales o fiadores.

Este sistema permite a las instituciones financieras supervisadas obtener la información de carácter crediticio de cada persona; las instituciones financieras realizan estas consultas para efecto de sus análisis de crédito.

En la CIC se encuentra la información en detalle sobre los saldos, situación o estatus de la deuda (vigente, morosa, vencida, ejecución judicial y castigada), reflejando así el historial del comportamiento de pago de las obligaciones; esto permite a las instituciones financieras evaluar el riesgo crediticio de los deudores, para tomar decisiones en el otorgamiento de créditos.

Cabe acotar que la información crediticia reportada a la CIC solo se puede proporcionar a la persona que le pertenece o, en su defecto, a un representante autorizado o apoderado legal debidamente acreditado; el reporte confidencial de deudor se solicita a la Gerencia de Protección al Usuario Financiero (GPUF) de la CNBS.

La información se reporta a la CIC a partir del momento en que la institución financiera supervisada otorga el crédito a la persona.

1.5. Instituciones supervisadas por la CNBS

De conformidad con el comunicado publicado por la CNBS en su página web, al 30 de junio de 2025, las instituciones supervisadas por dicho ente son las siguientes:

Bancos comerciales

Banco de Honduras, S.A.
Banco Atlántida, S.A.
Banco de Occidente, S.A.
Banco Cuscatlán Honduras, S.A.
Banco Financiera Centroamericana, S.A. (FICENSA)
Banco Hondureño del Café, S.A.
Banco del País, S.A.
Banco Financiera Comercial Hondureña, S.A. (FICOHSA)

Banco Lafise Honduras, Sociedad Anónima
Banco Davivienda Honduras, Sociedad Anónima
Banco Promérica, S.A.
Banco de Desarrollo Rural Honduras, S.A. (BANRURAL)
Banco Azteca de Honduras, S.A.
Banco Popular, S.A. y
Banco de América Central Honduras, S.A. (BAC/CREDOMATIC).
Oficinas de Representación
Laad Americas, N. V.
Bancos estatales
Banco Central de Honduras (limitándose a la vigilancia y control de las operaciones bancarias que este realiza).
Banco Nacional de Desarrollo Agrícola (BANADESA) y
Banco Hondureño para la Producción y la Vivienda (BANHPROVI).

Sociedades financieras

Financiera Codimersa, S.A.
Leasing Atlántida, S.A.
Financiera Credi Q, S.A.
Financiera Solidaria, S.A. (FINSOL)
Corporación Financiera Internacional, S.A. (COFINTER)
Financiera Popular Ceibeña, S.A.
Compañía Financiera, S.A. (COFISA)
Financiera Insular, S.A.
Financiera Microcrédito Honduras, S.A. y
Organización de Desarrollo Empresarial Femenino Financiera, S.A. (ODEF)
Fondos Privados de Pensiones
Administradora de Fondos de Pensiones Atlántida, S.A.
Administradora de Fondos de Pensiones Ficohsa, S.A.
Administradora de Fondos de Pensiones y Cesantías BAC/Pensiones Honduras, S.A. y
Administradora de Fondos Privados de Pensiones y Cesantías Occidente, S.A.

Instituciones de Seguros

Seguros Bolívar Honduras, S.A. (SEGUROS DAVIVIENDA)
Pan American Life Insurance Company
MAPFRE/Seguros Honduras, S.A.
Interamericana de Seguros, S.A. (FICOHSA SEGUROS)
Seguros Continental, S.A.
Seguros Atlántida, S.A.

Seguros Crefisa, S.A.
Seguros Equidad, S.A.
Seguros del País, S.A.
Seguros Lafise (Honduras), S.A.,
Seguros Banrural Honduras, S.A. y
Assa Compañía de Seguros Honduras, S.A.
Organizaciones Privadas de Desarrollo Financieras
Fundación Microfinanciera Hermandad de Honduras, OPDF (HERMANDAD)
Asociación Familia y Medio Ambiente, OPDF (FAMA)
Fundación para el Desarrollo de Honduras Visión Fund, OPDF (FUNED)
Proyectos e Iniciativas Locales para el Autodesarrollo Regional de Honduras, OPDF (PILARH) y
Fondo para el Desarrollo Local de Honduras, OPDF (CREDISOL)

Bolsas de Valores y Casas de Bolsa

Bolsa Centroamericana de Valores, S.A.
Casa de Bolsa de Valores, S.A. (CABVAL)
Promociones e Inversiones en Bolsa, S.A. (PROBOLSA)
Fomento Financiero, S.A.
Casa de Bolsa Atlántida, S.A.
Promotora Bursátil, S.A. (PROBURSA) y
Lafise Valores de Honduras, S.A.

Fondos Públicos de Pensiones

Instituto Hondureño de Seguridad Social
Instituto de Previsión Militar
Instituto de Jubilaciones y Pensiones de los Empleados y Funcionarios del Poder Ejecutivo
Instituto Nacional de Previsión del Magisterio
Instituto de Previsión Social de los Empleados de la Universidad Nacional Autónoma de Honduras

Almacenes Generales de Depósito

Almacenes de Depósito, S. A.
Compañía Almacenadora, S. A.
Almacenes Generales de Depósitos de Café, S. A.
Almacenadora Hondureña, S. A.

Centrales de Riesgo Privadas

TransUnion Honduras-Buró de Crédito, S. A.
Equifax Honduras- Central de Riesgo Privada, S. A.

Sociedades Clasificadoras de Riesgo

Moody's Local CR Calificadora de Riesgo, Sociedad Anónima
Pacific Credit Rating, S. A. de C. V.

Sociedades Remesadoras de Dinero
Correo y Remesas Electrónicas, S. A.
Servigiros Remesadora, S. A.
Remesadora El Hermano Lejano Express, S. A.
Remesadora Loveo, S. A.

Administradoras de Fondos de Garantía Recíprocas

Confianza Sociedad Administradora de Fondos de garantía Recíproca, S. A. de C. V.

Instituciones no Bancarias que Brindan Servicios de Pago Utilizando Dinero Electrónico (INDEL)

Dinero Electrónico, S. A.

Casas de Cambio

Roble Viejo, S. A.
Corporación de Inversiones Nacionales, S. A. (en proceso de disolución y liquidación voluntaria)

Otras Instituciones Financieras

Régimen de Aportaciones Privadas

Proveedores de Precio

Proveedor Integral de Precios Centroamérica, S. A.

Otros Sectores

Centro de Procesamiento Interbancario
Superintendencia de Cooperativas de Ahorro y Crédito

1.6 Personas que han ejercido la Presidencia y los más altos cargos de la CNBS

El primer presidente, de 1996 a 1998, fue el abogado Enrique Flores Valeriano (QDDG); lo acompañaron como miembros propietarios el Licenciado Fernando Vega Montoya y el abogado Ramiro Lozano Landa; el Licenciado Darío Abelardo Paz Casco se desempeñó como miembro suplente y secretario a.i. También fungió como miembro suplente el Licenciado Emilio Mazier Alvarado.

En el periodo 1998-1999 fungió como presidente el Licenciado Fernando Vega Montoya. De 1999 a 2002 ocupó el cargo el Licenciado Gonzalo Carías Pineda (QDDG). De 2002 a 2006 presidió el ente supervisor del sistema financiero la Doctora Ana Cristina Mejía de Pereira, y fungieron como comisionados la Doctora Rosalinda Cruz de Williams y el Licenciado Jorge A. Castellanos Ruiz.

Para el periodo 2006-2009 fue nombrado Comisionado presidente el Licenciado Gustavo Adolfo Alfaro Zelaya, y como comisionados los licenciados Daniel Alfredo Figueroa Castellanos y Roberto Zelaya. Cabe acotar que, de febrero a julio de 2009, estuvo a cargo de la presidencia el abogado Milton Jiménez Puerto; y de agosto de 2009 a febrero de 2010, se desempeñó como Comisionado presidente el Licenciado José Luis Moncada Rodríguez.

De 2010 a 2014 fue nombrada Comisionada presidente la abogada Vilma Cecilia Morales Montalván, desempeñándose como comisionados los licenciados Jorge A. Castellanos y David Palao.

A partir de 2014 se desempeñó como titular de la CNBS la abogada Ethel Suyapa Deras Enamorado (en el cargo por dos periodos consecutivos), acompañada por los comisionados José Adonis Lavaire y Roberto Carlos Salinas; posteriormente, en sustitución de este último, se sumó el Licenciado Evasio Asencio Rodríguez. En la actualidad (2025) funge como presidente de la CNBS el ingeniero Marcio Giovanny Sierra Discua y como comisionados propietarios la Licenciada Alba Luz Valladares O'Connor y el Doctor Esdras Josiel Sánchez Barahona.

1.7 El Consejo Centroamericano de Superintendentes de Bancos, de Seguros y Otras Instituciones Financieras

Fue creado por Acuerdo adoptado en la Tercera Reunión de Superintendentes de Bancos, de Seguros y de Otras Instituciones Financieras celebrada en San Pedro Sula, el 28 de julio de 1976.

En sus inicios, el Consejo estuvo conformado por las Superintendencias de Honduras, Guatemala, El Salvador, Nicaragua y Costa Rica. El ingreso de Panamá y República Dominicana se aprobó en la reunión del Consejo celebrada el 18 de febrero de 1999. Por otra parte, la Superintendercia Financiera de Colombia se incorporó en julio de 2012.

En 1998, los miembros del Consejo suscribieron el Acuerdo 01-1998, por medio del cual se aprobaron las reformas al Acuerdo de creación original. En la reunión celebrada el 24 y 25 de agosto de 2000 en Panamá, se aprobaron los nuevos estatutos y se propuso la formalización de esta agrupación; su personería jurídica se inscribió el 15 de noviembre de 2000, como una asociación sin fines de lucro, de duración indefin da, independiente de partidos políticos, sin fueros ni privilegios, y con el fin primordial de promover el entendimiento y el intercambio entre los miembros de la asociación en un plano profesional, académico y técnico.

Para facilitar el desempeño de sus labores, el Consejo cuenta con una secretaría ejecutiva, un órgano administrativo y técnico que, hasta julio 2011, estuvo a cargo del personal de la institución que ostentaba la Presidencia del Consejo. En febrero de 2011, con el fin de potenciar su labor, la Asamblea General del Consejo le confirió el carácter de permanente y escogió como sede la República de Panamá. La Secretaría Ejecutiva permanente inició labores en su sede partir de septiembre del mismo año.

Destacan como objetivos del Consejo:

a. Mantener y propiciar una estrecha cooperación e intercambio de información entre las Superintendencias, en todos aquellos aspectos que persigan facilitar y mejorar las labores que a cada una competen, mediante la celebración de convenios o acuerdos que se suscriban al efecto, de conformidad con la Ley de cada país asociado;

b. Impulsar toda actividad que tienda a armonizar nomenclaturas contables, estadísticas, legislación, métodos de trabajo y prácticas usuales relacionadas con las actividades de las instituciones que se encuentren bajo fiscalización, supervisión o control de la Superintendencia;

c. Realizar estudios conjuntos sobre temas de interés para tecnificar la Supervisión de las actividades que desarrollan las instituciones bajo la jurisdicción de las Superintendencias;

d. Organizar programas para capacitación de personal de las Superintendencias, con el fin de mejorar las técnicas y métodos empleados en el desempeño de sus funciones;

e. Propiciar y realizar conferencias, seminarios, cursos y

cualquier labor docente, para elevar el nivel técnico del personal de las Superintendencias;

f. Recopilar y publicar estadísticas regionales y cualquier información de tipo general que se considere de interés para los países de la región, así como para las entidades que se encuentren bajo fiscalización, supervisión o control de las Superintendencias.

g. Asesorar a las Superintendencias cuando estas lo soliciten;

h. Colaborar en el campo de su competencia y en la forma que se estime pertinente, con los organismos de integración económica centroamericana y de otras regiones a solicitud de estos;

i. En general, realizar todo tipo de actividades que se considere de beneficio para las instituciones que representan los miembros que integran la Asociación.

2. El Fondo de Seguro de Depósitos (FOSEDE)

El Fondo de Seguro de Depósitos (FOSEDE) es una entidad desconcentrada de la Presidencia de la República, adscrita al Banco Central de Honduras, respecto de los cuales funciona con absoluta independencia técnica, administrativa y presupuestaria, como un sistema de protección al ahorro, con la función principal de garantizar la restitución de los depósitos en dinero efectuados por el público en los Bancos Privados, en las Asociaciones de Ahorro y Préstamo y en las Sociedades Financieras debidamente autorizadas, que hayan sido declaradas en liquidación forzosa, de conformidad con la Ley.

En principio, los recursos de que puede disponer para cumplir su cometido corresponden a las aportaciones que, conforme a la ley especial que lo regula, deben efectuar las instituciones del sistema financiero nacional.

Como antecedentes históricos se acota que, mediante Decreto Ley No. 17095, publicado en el Diario Oficial La Gaceta núm. 27,807 del 16 de noviembre de 1995, el Congreso Nacional promulgó la Ley de Instituciones del Sistema Financiero que, en su Artículo 41, establecía que los depositantes y la estabilidad del sistema financiero serían garantizados por un seguro de depósitos, y que, para tal fin, se emitiría la ley correspondiente.

A través del Decreto No. 148-99, publicado en La Gaceta núm. 28,982 del 30 de septiembre de 1999, el Congreso Nacional promulgó la

Ley Temporal de Estabilización Financiera, mediante la cual se creó el FONDO DE GARANTÍA DE DEPÓSITOS (FOGADE); este tenía por objeto garantizar la restitución de los depósitos en dinero efectuadas por el público en los Bancos Privados, Asociaciones de Ahorro y Préstamo y en las Sociedades Financieras debidamente autorizadas, que fueran declaradas en liquidación forzosa de conformidad con la Ley; funcionaría con base en el Artículo 30 de la referida Ley, hasta que se creara el ente administrador del Seguro de Depósitos a que se refería el Artículo 41 de la Ley de Instituciones del Sistema Financiero.

El FOSEDE comenzó sus operaciones en junio de 2001, y sus actividades están definidas y reguladas principalmente por la Ley de Seguro de Depósitos en Instituciones del Sistema Financiero, contenida en el Decreto No. 53-2001, publicado en La Gaceta núm. 29,490 del 30 de mayo de 2001 y sus reformas.

El FOSEDE es una institución integrante de la red de seguridad financiera que existe en el país para el sector financiero, que está conformada adicionalmente por el Banco Central de Honduras y la Comisión Nacional de Bancos y Seguros, realizando su trabajo en forma coordinada y con independencia.

El FOSEDE actúa por medio de una Junta Administradora, con las funciones y atribuciones establecidas en su Ley. La Junta Administradora está integrada de la forma siguiente: a) Un Presidente Ejecutivo, designado por el Presidente de la República, quien la preside; b) El Presidente o el Vicepresidente del Banco Central de Honduras; c) Un Comisionado propietario, designado por la Comisión Nacional de Bancos y Seguros; d) Dos (2) representantes de la Asociación Hondureña de Instituciones Bancarias (AHIBA); y, e) Un representante del Consejo Hondureño de la Empresa Privada (COHEP).

La principal finalidad del Fondo de Seguro de Depósitos es ser un sistema de protección del ahorro, para garantizar la restitución de los depósitos en dinero efectuados por el público en las instituciones miembros que hayan sido declaradas en liquidación forzosa de conformidad con la ley; se aplica mediante el pago de las sumas aseguradas a los depositantes de las instituciones del sistema financiero, constituyendo, con el mecanismo de restitución de depósitos que lleva a cabo la Comisión Nacional de Seguros, los medios para procurar la estabilidad del sistema financiero.

La suma máxima garantizada por el Seguro de Depósitos por depositante y por institución financiera aportante fue originalmente de ciento cincuenta mil lempiras (L150,000.00), fijada por la Ley, y cuya equivalencia en dólares estadounidenses al 30 de mayo de 2001, fecha de entrada en vigencia de la Ley del Fondo de Seguro de Depósitos en Instituciones del Sistema Financiero, era de USD 9,632.92. A partir de esta equivalencia, la Junta Administradora del FOSEDE fija, en enero de cada año, y mediante resolución general, el ajuste en el monto anual en lempiras del monto asegurado, utilizando el tipo de cambio de venta del dólar del BCH al cierre del ejercicio fiscal anterior.

El Seguro de Depósitos cubre, dentro del límite asegurado, los saldos en moneda nacional o extranjera mantenidos en las instituciones aportantes del sistema financiero, debidamente autorizadas para captar recursos del público, por personas naturales o jurídicas, en concepto de depósitos a la vista, depósitos de ahorro, depósitos a plazo o a término, cualquiera que sea la denominación que se utilice. Esta cobertura incluye los cheques certificados, los cheques de caja, los giros bancarios y otros documentos de similar naturaleza, pero únicamente cuando estos títulos valores se hayan emitido con cargo a los saldos que presenten las cuentas de depósitos garantizados, y que no hubieren sido cobrados por los beneficiarios.

El Seguro de Depósitos también garantiza, en la forma y límites indicados, los valores que, de haberse optado por el rescate, correspondieren como saldos a favor del titular o beneficiarios de las Pólizas de Capitalización vigentes a la fecha en que la institución emisora fuere declarada en liquidación forzosa.

Preguntas frecuentes sobre el FOSEDE

P. ¿Cuáles obligaciones depositarias están garantizadas y amparadas por el FOSEDE?

R. Los saldos en moneda nacional y extranjera, hasta por las sumas amparadas por la cobertura del Seguro de Depósitos, mantenidos por personas naturales o jurídicas en las instituciones que conforman el sistema financiero a que se refiere la Ley de Seguro de Depósitos en Instituciones del Sistema Financiero, por los conceptos siguientes:

- Depósitos a la vista, depósitos de ahorro, depósitos a plazo o a término, cualquiera sea la denominación que se utilice;
- Cheques certificados, cheques de caja, giros bancarios u otros documentos de similar naturaleza, cuando estos títulos valores se hubiesen emitido con cargo a cuentas de depósitos garantizados;
- Los valores que, de haberse optado al rescate, correspondieren al titular o beneficiario de pólizas de capitalización vigentes a la fecha de la liquidación forzosa;
- Los depósitos que hayan realizado los titulares para efectuar operaciones lícitas de comercio internacional, siempre que la

operación tenga una efectiva contrapartida en otra entidad financiera extranjera que así lo acredite y no se trate de depósitos excluidos de conformidad con lo dispuesto en la Ley de Seguro de Depósitos en Instituciones del Sistema Financiero.

P. ¿Qué obligaciones depositarías están excluidas de la cobertura del Seguro de Depósitos?
- Las captaciones por emisión de obligaciones colocadas por las instituciones del sistema financiero a través del mercado de valores;
- Los depósitos de empresas o entidades jurídicas que pertenezcan al mismo grupo económico de la institución afectada;
- Los depósitos de directores o consejeros, gerentes generales, representantes y operadores legales, comisarios, el auditor interno y de los accicnistas que posean el diez por ciento (10%) o más del capital accionario y de quienes ejerzan materialmente funciones directivas en la institución afectada y los que pertenecieran a los cónyuges, compañeros o compañeras de hogar de aquellos;
- Los de las personas naturales o jurídicas, cuyas relaciones con la institución declarada en liquidación forzosa hayan contribuido al deterioro patrimonial de la misma, conforme a lo señalado en los informes de la Comisión Nacional de Bancos y Seguros; y,
- Los de las personas naturales y jurídicas con recursos provenientes de la comisión de un delito o falta, conforme a lo señalado en sentencia firme u orden judicial correspondiente.

P ¿Cuál es el monto de la cobertura del Seguro de Depósitos?
R. La suma máxima garantizada por el FOSEDE, por depositante y por institución financiera aportante, es la cantidad que resulta al inicio del año en base a determinar el equivalente en lempiras del monto en dólares estadounidenses fijado en 9,632.92, utilizando el tipo de cambio de venta del dólar del BCH al cierre del ejercicio fiscal del año anterior.

P ¿Quiénes son los depositantes amparados por la cobertura del Seguro de Depósitos?
R. Las personas naturales y jurídicas nacionales o extranjeras, titulares de obligaciones amparadas por el Seguro de Depósitos denominadas en moneda nacional o extranjera.

P ¿Cuándo procede el pago de la cobertura del Seguro de Depósitos?
R. La cobertura del seguro establecida se hará efectiva en el caso de que la Comisión Nacional de Bancos y Seguros resuelva el proceso de

liquidación forzosa de una institución aportante al Fondo de Seguro de Depósitos.

P ¿Existe algún plazo para requerir el pago de la cobertura del Seguro de Depósito?

R. La cobertura del Seguro de Depósitos se hará efectiva bajo la responsabilidad del Liquidador nombrado por la CNBS quien, para cumplir con esta responsabilidad, procederá mediante la ejecución del procedimiento de restitución establecido en la Ley del Sistema Financiero, que se deberá ejecutar en un plazo máximo de treinta días. El Liquidador podrá pagar el monto de la cobertura del Seguro de Depósitos directamente a cada beneficiario, o a través de la transferencia del monto de la cobertura del seguro a una institución del sistema financiero.

P Una vez iniciado el proceso de liquidación forzosa de una institución del Sistema Financiero, ¿cuándo cobraré la cobertura del Seguro de Depósitos?

R. El cobro de la cobertura del Seguro de Depósitos se podrá exigir a partir de la publicación en el Diario Oficial *La Gaceta,* de la Resolución en la que la CNBS resolvió el proceso de liquidación forzosa, siempre y cuando se haya cumplido con el proceso de legalización de la obligación.

P ¿Cómo se puede determinar si una obligación depositaria está garantizada por FOSEDE?

R. Por Ley, las instituciones del sistema financiero deben informar claramente al público, en los avisos o anuncios publicitarios, su condición de aportante al FOSEDE y si el instrumento que ofrece al público está amparado por la cobertura del Seguro de Depósitos.

P ¿Cómo se determina la cobertura del Seguro de Depósitos, si se tienen depósitos en más de una institución del sistema financiero?

R. La cobertura del Seguro de Depósitos es por depositante y por institución financiera; las obligaciones depositarias tienen cobertura del Seguro de Depósitos en cada institución aportante al FOSEDE hasta la suma máxima garantizada.

P ¿Qué debo entender, para los fines del Seguro de Depósitos, por depósitos mancomunados?

R. Los depósitos mancomunados son aquellos constituidos por dos o más personas naturales o jurídicas, y que, para retirar los saldos de los recursos acreditados en el depósito, se requiere la firma de todas las personas consignadas en la cuenta de depósitos.

P ¿Qué sucede en el caso de los depósitos mancomunados?
R. En este caso el FOSEDE pagará a todos los titulares del depósito hasta la suma máxima garantizada, siempre que en la institución sometida al proceso de liquidación forzosa no se encuentre documentación expresa de una distribución distinta. En todo caso, se adicionará el valor recibido que resulte por el depósito o depósitos mancomunados a otros depósitos que pudieran tenerse en la institución, a efecto de que el monto a pagar por depositante no exceda el monto máximo asegurado.

P. ¿Qué sucede si se tienen varios depósitos en una misma institución del sistema financiero?
R. El FOSEDE da cobertura de la garantía por persona natural y jurídica en cada una de las instituciones del sistema financiero, y paga hasta la suma máxima de la cobertura, una vez que se ha procedido a sumar todos los depósitos garantizados.

P ¿Cómo determina el FOSEDE quién es el dueño o propietario de los depósitos?
R. La Comisión determinará quién es el dueño del depósito, con base en los registros de la institución del sistema financiero. El depositante deberá identificarse con su tarjeta de identidad y, además, presentar el documento original que lo acredita como depositante de esa institución; por ejemplo, la libreta de ahorro, el documento de depósito a plazo fijo, etc.

P ¿Qué procede cuando el titular de un depósito con cobertura del Seguro de Depósitos sea a la vez deudor por cualquier concepto de la institución del sistema financiero que ha sido declarada en liquidación forzosa?
R. Se procede inmediatamente a la compensación de los saldos; de resultar un valor no cubierto del saldo del préstamo, este se mantendrá y se cobrará al deudor bajo las condiciones pactadas con la institución.

P. ¿Las obligaciones depositarias continúan devengando intereses cuando se decide la liquidación forzosa de una institución del sistema financiero?
R. Por ministerio de la Ley del Sistema Financiero, dejarán de devengar intereses frente a la masa de acreedores, todos los depósitos, deudas y demás obligaciones de la institución del sistema financiero a

favor de terceros[14].

CAPÍTULO III: EL SISTEMA BANCARIO PRIVADO DE HONDURAS

1 Historia y marco legal

1.1 Antecedentes históricos de la banca

Se dice que los bancos se inventaron antes que el dinero. La historia de la banca comienza con el primer prototipo de banco de comerciantes en la Mesopotamia, que hacía préstamos de granos a los agricultores y negociantes que transportaban bienes entre las ciudades desde aproximadamente 2000 a. C. en Fenicia, Asiria y Babilonia. Posteriormente, en la Antigua Grecia y durante el Imperio romano, los prestamistas agregaron dos innovaciones importantes: aceptaban depósitos y cambiaban dinero. Existe evidencia arqueológica de préstamos monetarios en este período en la antigua China y la India.

En el sentido moderno del término, la banca tuvo sus inicios en las ricas ciudades del norte de Italia, como Florencia, Venecia y Génova, a finales del periodo medieval y principios del Renacimiento. Las familias Bardi y Peruzzi dominaron la banca en la Florencia del siglo XIV y establecieron sucursales en otras partes de Europa. Quizás el banco italiano más famoso fue el Medici, fundado por Juan de Medici[15].

Los grandes descubrimientos, las constantes guerras y las revueltas populares obligaron a los príncipes a demandar grandes cantidades de dinero para abastecer a sus ejércitos y sostener las cruzadas, que emprendían constantemente; la población, por su parte, también demandaba dinero, hasta que llegó el momento en que se carecía del mismo, y aparecieron los sustitutos: letras de cambio, pagarés y otros documentos; es decir, la moneda bancaria. A estos problemas se agregó el mercantilismo que, junto con el exceso del crédito, llevaron a Europa a una nueva crisis. Los genoveses fueron los únicos banqueros que resistieron a la crisis, pues crearon el primer sistema Clearing europeo de base internacional, que fue el progenitor de la Unión Europea de Pagos. Cuatro veces al año se reunían alrededor de 60 genoveses con libros que utilizaban para registrar cuentas deudoras y acreedoras del resto de Europa y las analizaban, para realizar las operaciones de pago.

En 1587 se constituyó el Banco de Rialto, pero debido a la mala

---

[14] Véase: http://www.fosede.hn
[15] Véase en Wikipedia: Historia de la Banca.

administración, el banco se endeudó, por lo que tuvo que fusionarse con el Banco del Giro, que fue fundado en 1619 y desapareció definitivamente en 1806.

En 1593, en Milán, se creó el Banco de San Ambrosio, que inicialmente prestó excelentes servicios financieros y comerciales; pero suspendió sus pagos en 1650, fue reconstruido en 1662 y liquidado en forma definitiva durante la invasión napoleónica. La mayoría de los bancos, inicialmente, habían sido Montes de Piedad, que luego se fueron fusionando con otros Montes para dar paso a las instituciones bancarias. El desarrollo de la banca se extendió desde el norte de Italia a toda Europa y tuvieron lugar innovaciones importantes en Ámsterdam, durante la República de los Países Bajos en el siglo XVI, y en Londres, en el siglo XVII.

Otros bancos reconocidos por sus funciones son: 1609, el Banco de las Divisas de Ámsterdam; 1619, el Banco de Hamburgo; 1620, el Banco de Rotterdam; 1621, el Banco Público de Núremberg; 1640, el Banco de San Salvador de Nápoles; 1656, el Banco de Riksbank de Suecia; 1694, el Banco de Inglaterra; 1700, los bancos de Generale y Royale; 1703, el Banco Wiener Stadtbank de Austria; 1754, el Banco de Nobleza y, 1768, el Banco de los Asignados.

Inglaterra fue el país que adquirió mayor experiencia en funciones bancarias, gracias a la habilidad de la Reina Isabel I (1533-1603), que promovió la industria y el comercio, bajo los consejos de Sir Thomas Gresham (1519-1579), el primer banquero economista inglés. A finales del siglo XVII surgió el Banco de Inglaterra, cuyo nombre oficial fue The Governor and Company of the Bank of England (1694); se basaba en una ley que instituía nuevos impuestos, y que aseguraba a quienes anticiparan al Estado 1,200,000 libras esterlinas, a cuenta de dichos impuestos, las prerrogativas de comerciar con letras de cambio y metales preciosos, de conceder préstamos sobre mercancías, de emitir billetes de cambio y recibir depósitos.

En 1844 se estableció la primera centralización bancaria y se prohibió establecer nuevos bancos emisores. El Banco de Inglaterra, el más importante, dejó de ser banco
privado para convertirse en el primer Banco Central y de Emisión.

Uno de sus aportes más importantes fue la emisión de billetes como sustitutos del dinero metálico. Al Banco de Inglaterra se le deben grandes innovaciones como los cheques, las notas de caja, las letras de cambio y los pagarés.

Otro hecho importante en Europa fue la intervención del Estado en las actividades bancarias, mediante el control directo de las entidades encargadas de emitir billetes y otras funciones propias de los bancos centrales; también la nacionalización de bancos comerciales y la reglamentación de la actividad bancaria; y en Rusia, debido a que se implantó el comunismo en 1917, la actividad bancaria se declaró monopolio del Estado.

La historia de la banca tomó un nuevo rumbo a inicios del siglo XX. En 1920, Estados Unidos de América desplazó a Inglaterra en cuestiones bancarias, debido al dominio del dólar sobre la libra esterlina. El primer banco importante de los Estados Unidos (First Bank of the United States), se creó en 1791; cumplió funciones propias de banco central y cesó en 1811. En 1816 se fundó el Second Bank of United States, que no fue muy exitoso, y tuvo un período de vida de veinte años; dos años más tarde se creó el Sistema de Bancos Nacionales y se estableció una moneda nacional uniforme[16].

En 1913 se instaló un sistema que dividía al país en doce distritos, cada cual con su Federal Reserve Board (Junta de la Reserva Federal), con sede en Washington; después de una serie de problemas se declaró un feriado bancario en 1933 para reorganizar el sistema, que se reinició con la creación de la Federal Deposit Insurance Corporation; es decir, un régimen de seguros para los depositantes.

Durante el siglo XX, el desarrollo de las telecomunicaciones y la informática produjo cambios fundamentales en las operaciones bancarias; los bancos se multiplicaron en tamaño y alcance geográfico, y surgieron productos como las tarjetas de crédito, el cajero automático, la banca electrónica y digital.

Hoy día, los bancos se encuentran hasta en los pueblos más lejanos y sus servicios incluyen a todas las clases sociales. Por su medio, se pueden hacer diversas operaciones como cobros, transferencias, envío de remesas, pagos de impuestos, de servicios públicos, etc. Las tarjetas de plástico son el medio de pago más cómodo y seguro para un gran número de usuarios y, desde luego, un beneficio para las entidades financieras. Los bancos se han estructurado de tal manera, que incluso algunos se especializan en sectores específicos (comercio exterior, inversiones, ahorro, préstamos, vivienda, crédito para el consumo, leasing, actividades agropecuarias, garantías, etc.).

Así, la banca mundial ha evolucionado al ritmo de los cambios tecnológicos, del desarrollo de las economías y en función de las nuevas necesidades que estos cambios representan para las personas. Actualmente la competencia se ha convertido en un reto, sobre todo para

---

[16] Breve Reseña Histórica del Surgimiento de la Banca, en: www.economía.unam.mx

los que no pueden superar las adversidades. La mayoría de las instituciones bancarias recurre a las fusiones, que son una alternativa para las que no logran superar las malas jugadas que se presentan en la vida social, económica y cultural, situaciones inesperadas y mucho menos incluidas en los planes preventivos.

1.2 Historia de la banca privada en Honduras

La historia de la banca privada hondureña se remonta a 1889, cuando el Estado autorizó la fundación y operación de dos bancos comerciales: el Banco Centroamericano y el Banco Nacional Hondureño, ambos con facultades para emitir billetes; estos se fusionaron el 10 de octubre del mismo año, para fundar lo que hoy se conoce como Banco de Honduras, con un capital inicial de 400,000 lempiras.

Posteriormente, en la Costa Norte y bajo la influencia del desarrollo de la industria bananera, en especial de la Vaccaro Brothers and Company, en 1912, en la ciudad de La Ceiba, departamento de Atlántida, se fundó el Banco Atlántida, con facultades para abrir sucursales en la Costa Norte, específicamente en los departamentos de Atlántida, Yoro y Colón, y emitir dinero con la firma del Ministro de Hacienda.

El 31 de enero de 1913 surgió el Banco de Comercio, con facultades para emitir billetes; fue liquidado en 1917, al ser comprado por el Banco Atlántida. Desde 1917 hasta 1950, solo circularon en el país los billetes emitidos por el Banco de Honduras y el Banco Atlántida.

Hasta ese momento el sistema monetario de Honduras se inscribía en el patrón plata y constaba de dos aspectos: la emisión de monedas metálicas con el peso y la ley de la legislación de 1879, y la emisión de papel moneda por los bancos privados con las restricciones contenidas en cada concesión en particular.

En 1917 se fundó la sociedad anónima "EL Ahorro Hondureño", sociedad de ahorro y seguros que, en 1960, se convirtió en banco comercial bajo la denominación de Banco El Ahorro Hondureño, S.A. En 1948 abrió sus puertas al público en Tegucigalpa la institución Banca Capitalizadora Hondureña, S.A.

Más tarde incursionó en el mercado bancario hondureño el Banco la Capitalizadora de El Salvador, después surgió el Banco la Capitalizadora Hondureña (BANCAHSA), que con los años se fusionó con El Ahorro Hondureño S.A., dando lugar al surgimiento del Banco BGA, cuyas acciones mayoritarias fueron adquiridas por el Grupo Banistmo de Panamá que, al ser vendido, se transformó en el Banco HSBC, actualmente Davivienda.

En la década de 1960 se instalaron el Banco de América, el Banco de Londres y Montreal Limitado y el Banco de los Trabajadores; también el Banco la Financiera Hondureña (BANFINAN), que años después fue declarado en quiebra y siguió el tortuoso camino previsto en tal caso para las empresas mercantiles en nuestro Código de Comercio.

Años después, el sector cafetalero impulsó la creación del BANHCAFE y aparecieron otras instituciones como el Banco FICENSA y el Banco Mercantil (BAMER), ahora BAC Honduras; el Instituto de Previsión Militar (IPM) auspició la fundación del Banco de las Fuerzas Armadas (BANFFAA) y la familia Átala fundó FICOHSA; también fueron autorizados para operar el BANCOMER, OCCIDENTE, BANPAIS, PROMERICA, LAFISE, BANHCRESER, CAPITAL, BANPRO, BANCORP, SOGERIN, CONTINENTAL, BANEXPO, BANCO UNO, AZTECA, PROCREDIT, POPULAR, BANRURAL, y FUTURO se transformó en banco.

La historia de la banca privada hondureña recoge eventos de impacto a los que amerita hacer referencia. Entre 1998 y 2003, el sistema financiero nacional sufrió pérdidas multimillonarias por la crisis de instituciones bancarias y organizaciones financieras declaradas en liquidación forzosa; los casos más sonados fueron los del Banco Corporativo (BANCORP), Banco Hondureño de Crédito y Servicios (BANHCRESER) y Banco Capital, en cuyo proceso de liquidación el Estado hondureño tuvo que hacer uso de recursos públicos para reembolsar parte de sus ahorros a los cuentahabientes y evitar un caos en la economía.

Cabe señalar que, desde la fundación del primer banco privado, Honduras registra una gran cantidad de casos de desaparición de instituciones financieras, la mayoría por quiebras y liquidaciones, por causas casi siempre ligadas a la corrupción, fraudes, estafas e ineficacia administrativa.

El caso es que, a mediados de la década de 1990, las autoridades estatales iniciaron un proyecto de reforma del sistema financiero nacional, influenciado por organismos internacionales de crédito, supuestamente para mejorar las prácticas económicas y la seguridad financiera de los Estados y la región, conforme a los Acuerdos de Basilea que, en sus diversas versiones y facetas, se han constituido en la Biblia o parámetro a seguir por la banca estatal y comercial, así como por los entes internacionales de supervisión bancaria.

Sin embargo, se afirma que la reforma financiera en América Latina, y particularmente en Honduras, no obtuvo los resultados esperados, pues desató excesos que provocaron sobreendeudamiento en algunos sectores productivos. Es así como, entre 1994 y 1996 —a raíz de la apertura concedida por las autoridades como parte de la reforma financiera y los Acuerdos de Basilea—, se crearon BANCORP, BANHCRESER y CAPITAL.

La crisis de estas tres instituciones se produjo por varios factores: desde el mal manejo administrativo y operativo, el desconocimiento del negocio por los "nuevos banqueros accionistas" y la deficiente supervisión y fiscalización estatal, hasta el rol de complicidad sospechosa que jugó el Poder Judicial al facilitar, con sus resoluciones, que varios productos financieros creados sin sustento técnico, continuaran sirviendo como instrumentos para captar recursos de un público atraído por la promesa ilusoria de exorbitantes intereses. Esta vorágine arrastró a incautos y no tan ingenuos inversionistas, a lo que se sumó la caída internacional de los precios de algunos productos, la sostenida pérdida de competitividad del sistema productivo en el mercado internacional, la elevación de las tasas reales de interés y los daños del huracán Mitch.

En el caso del BANCORP, su liquidación forzosa obedeció a la mala administración, ya que no pudo garantizar el cumplimiento de sus obligaciones con los depositantes y otros acreedores, pues sus socios y directivos se sobregiraron por unos 68,9 millones de dólares en concepto de fideicomisos sin respaldo ni garantía alguna.

En lo que atañe al Banco Hondureño de Crédito y Servicios, S.A. (BANHCRESER), la CNBS, por Resolución No. 451/13-06-2001, emitida el 13 de junio de 2001, lo declaró en liquidación forzosa. En la misma fecha, mediante Resolución No. 156-6/2001, el Directorio del BCH le canceló la autorización para operar como institución de intermediación financiera. Según informes de la CNBS, a la fecha de la declaratoria de la liquidación forzosa, el BANHCRESER había alcanzado niveles de insolvencia e iliquidez insostenibles, debido principalmente a la acumulación de créditos y otros activos no recuperables; en consecuencia, el patrimonio había desaparecido y el coeficiente de adecuación de capital no era el requerido.

El 20 de diciembre de 2002, la CNBS, mediante Resolución No. 1052/20-12- 2002 declaró al Banco Capital, S.A. en liquidación forzosa, al registrar un índice de adecuación de capital inferior al 60% del nivel fijado por la misma Comisión, establecido en 10%, colocándolo en una situación grave de insolvencia. Es de destacar que el 16 de mayo de 2002, la CNBS había informado a la Junta Administradora del FOSEDE y al BCH que el Banco Sogerin, S.A. estaba en una situación similar de insolvencia y que, con base en los estudios realizados, se había establecido un inminente riesgo de crisis sistémica. Por lo consiguiente, la CNBS recomendó adoptar, para ambos bancos, el mecanismo extraordinario de capitalización[17] previsto en el Artículo 45 reformado de la Ley de Seguros de Depósitos en Instituciones del Sistema Financiero.

Así, la Junta Administradora del FOSEDE, la CNBS y el BCH —después de los análisis correspondientes y de haber informado al Presidente de la República—, mediante resolución conjunta, adoptada con fundamento en el Decreto 53-2001 y sus reformas, resolvieron aplicar el mecanismo extraordinario de capitalización al Banco Capital y al Banco Sogerin.

La decisión se tomó considerando que, de acuerdo con los informes de la CNBS, ambos bancos habían incurrido en causales de liquidación forzosa pero que, con la aplicación simultánea a las dos instituciones del procedimiento de la liquidación forzosa y de restitución de depósitos, era inminente el riesgo sistémico con graves perjuicios al mercado financiero, a la economía nacional y a un alto costo fiscal.

El caso más reciente es el del Banco Continental, S.A., ya que el 17 de junio de 2015, la CNBS notificó al representante legal del mismo el informe sobre la evaluación a la solvencia, cumplimiento del marco legal, gestión integral de riesgos, crédito, liquidez, tecnológico, lavado de activos y financiamiento al terrorismo, respecto del cual, en su oportunidad, se formularon los descargos correspondientes.

El 7 de octubre de 2015 el Departamento del Tesoro de los Estados Unidos publicó en su página web un comunicado oficial indicando que el Banco Continental S.A. había servido como parte integral en operaciones de lavado de activos. Esto implicaba que todos los activos de las entidades que estaban bajo jurisdicción estadounidense, o que obraban en control de personas estadounidenses, estaban congelados, y las personas estadounidenses tenían prohibido realizar transacciones con ellos; es decir, se generó un aislamiento comercial inmediato con las empresas de ese país.

Como consecuencia, los bancos corresponsales estadounidenses le cancelaron al Banco Continental S.A. las corresponsalías y la operatividad de las tarjetas Visa y Master Card, entre otras medidas. Debido a estos hechos, y ante el congelamiento de los recursos que Banco Continental mantenía en los Estados Unidos —que lo colocaban en una situación de insolvencia—, la CNBS, mediante Resolución SB No. 1034/09-10-2015 del 9 de octubre de 2015, determinó declarar al

---

[17] Mecanismo que, excepcionalmente, y para evitar crisis sistémicas, permite el fortalecimiento de instituciones del sistema financiero privado a través de la inyección de recursos públicos.

Banco Continental S.A. en liquidación forzosa.

Nombre	Fecha de fundación	Causa de cierre o desaparecimiento
Banco Centroamericano	1888	Primer banco de Honduras
Banco Nacional Hondureño	1888	Se fusionó con el Banco Centroamericano para crear el Banco de Honduras.
Banco de Honduras, S.A.	2 de octubre de 1889	Primer banco privado
Banco El Ahorro Hondureño, S.A. (BANCAHORRO)	6 de febrero de 1960	Se fusionó con BANCAHSA
Banco la Capitalizadora Hondureña, S.A. (BANCAHSA)	1 de junio de 1948	Fusionado con El Ahorro Hondureño, S.A. y nació BGA.
Banco Nacional de Fomento (BANAFOM)	1950	Se convirtió en BANADESA
Casa Propia, Asociación de Ahorro y Préstamo, S.A.	-	Quiebra en 2003. Adquirido por Banco Atlántida, S.A.
Banco del Comercio, S.A. (BANCOMER)	1 de agosto de 1952	Cerrado
Banco Sogerin, S.A.	1 de noviembre de 1969	Adquirido por Banco del País, S.A. (BANPAIS) el 4 julio de 2003.
La Constancia, Asociación de Ahorro y Préstamo, S.A.	1977	Adquirido por Banco del País, S.A. (BANPAIS) en 2006.
La Vivienda, S.A.	1981	Adquirido por BGA
Banco de las Fuerzas Armadas, S.A. (BANFFAA)	8 de agosto de 1979	Adquirido por Banco del País, S.A. (BANPAIS) el 30 de septiembre de 2003.
Banco Mercantil, S.A. (BAMER)	14 de febrero de 1980	Se fusionó con Banco Credomatic (BAC).
Banco de la Exportación, S.A. (BANEXPO)	15 de julio de 1993	Se convirtió en Banco UNO

Banco Uno, S.A.	2002	Se fusionó con Banco Cuscatlán y adquirido por Citi.
Banco de la Producción, S.A. (BANPRO)	1 de noviembre de 1993	Cierre en 2004
Banco Corporativo, S.A. (BANCORP)	14 de julio de 1994	Liquidado en 2000
Banco Hondureño de Crédito y Servicio, S.A. (BANHCRESER)	4 de abril de 1994	Liquidado en 2001
Banco Capital, S.A.	1 de diciembre de 1996	Liquidado en 2002
Banco Futuro, S.A.	1 de julio de 1997	Se convirtió en Banco LAFISE
Banco Grupo el Ahorro Hondureño, S.A. (BGA)	2000	Adquirido por HSBC Bank (Honduras).
Banco Citibank de Honduras	2003	Adquirido el 8 de abril de 2014 por Grupo Financiero FICOHSA.
Banco HSBC	2007	Adquirido el 6 de diciembre 2012 por Banco Davivienda.
Banco Procredit Honduras	2014	Pasó a denominarse Banrural, al adquirir este el 100% de su participación accionaria.
Banco Continental (Honduras)	2015	Aplicación de la Ley Kingpin a sus propietarios. Estado liquidación forzosa.

Al 30 de junio de 2025, la CNBS ejerce labores de supervisión y vigilancia sobre tres instituciones bancarias estatales y quince bancos privados, conforme el siguiente detalle:

Bancos públicos
• Banco Central de Honduras (únicamente respecto de las operaciones bancarias)
• Banco Nacional de Desarrollo Agrícola (BANADESA)
• Banco Hondureño para la Producción y la Vivienda (BANHPROVI)

Bancos privados
• Banco de Honduras, S.A.
• Banco Atlántida, S.A.
• Banco de Occidente, S.A.
• Banco Cuscatlán Honduras, S.A.
• Banco Financiera Centroamericana, S.A. (FICENSA)
• Banco Hondureño del Café, S.A.
• Banco del País, S.A.
• Banco Financiera Comercial Hondureña, S.A. (FICOHSA)
• Banco Lafise Honduras, S.A.
• Banco Davivienda Honduras, S.A.
• Banco Promerica, S.A.
• Banco de Desarrollo Rural Honduras, S.A. (BANRURAL)
• Banco Azteca de Honduras, S.A.
• Banco Popular, S.A.
• Banco de América Central Honduras, S.A. (BAC/ CREDOMATIC)

De conformidad con el Informe de Estabilidad Financiera que genera el BCH a través de su Subgerencia de Estudios Económicos, al finalizar el año 2019, el sistema bancario acumulaba un saldo de activos totales de L 514,206.4 millones, equivalente a un alza anual de 9.9% (10.0% en 2018).

En cuanto a los indicadores financieros, el conjunto de Bancos Comerciales (BC) subió en 0.3 puntos porcentuales (pp) su Índice de Adecuación de Capital (IAC), situándose en 13.7%. Los indicadores que miden la rentabilidad también manifestaron ascensos en 2019 y de igual manera, la eficiencia operativa mejoró en referencia a lo indicado en 2018.

El sistema bancario cuenta con seis instituciones de capital de origen nacional, las cuales representan el 56.4% del patrimonio total, y nueve entidades constituidas con capital extranjero; estas últimas han aumentado su presencia en el mercado local, con un crecimiento de 0.5 pp con respecto a diciembre de 2018. Los BC mantienen una importante proporción de activos dentro del Sistema Financiero Nacional (SFN), al alcanzar 89.0% de participación (88.9% al cierre del año previo). Asimismo, las instituciones bancarias generan gran parte de los puestos de trabajo (85.7% del SFN), al emplear a 21,733 personas.

Por otra parte, ocho de los quince BC con operaciones en Honduras tienen presencia en la región, dos de ellos con capital de origen nacional. Ficohsa inició

operaciones en Panamá en 2011 como banco, y en 2013 comenzó en ese país Ficohsa Tarjetas. En 2012 amplió su presencia al establecerse en Guatemala como entidad bancaria y emisor de tarjetas de crédito y en 2017, con la adquisición del 100.0% de las acciones de Seguros Alianza, consolidó sus servicios de seguros; además, adquirió Citibank Nicaragua en 2015.

BANCATLÁN, por su parte, desarrolla actividades en El Salvador desde 2017, a partir de la compra del 99.0% de las acciones de Banco ProCredit por medio de Inversiones Financieras Atlántida S.A., una empresa subsidiaria de Inversiones Atlántida, S.A. (INVATLÁN), Holding del Grupo Financiero Atlántida de Honduras. INVATLÁN cuenta con una administradora de Fondos de Pensiones (Confía), banca (Banco Atlántida), casa de corredores de bolsa (Atlántida Securities) y una gestora de fondos de inversión (Atlántida Capital). También incursionó en Nicaragua el 1 de noviembre de 2019, como entidad bancaria. Por otra parte, en Panamá y El Salvador participa la mayoría de las instituciones bancarias que paralelamente operan en Honduras (Promerica, Bac-Credomatic, Azteca, BANPAÍS, Davivienda, Lafise y Banrural).

1.3 Ley del Sistema Financiero

La Ley del Sistema Financiero (LSF) está contenida en el Decreto No. 1292004, publicado en el Diario Oficial La Gaceta del 24 de septiembre de 2004; varios de sus artículos han sido reformados a través del Decreto No. 160-2016, publicado el 29 de diciembre de 2016.

El antecedente inmediato de esta Ley fue la Ley de Instituciones del Sistema Financiero, contenida en el Decreto No. 170-95, publicado en La Gaceta del 16 de noviembre de 1995, que a su vez derogó la Ley para Establecimientos Bancarios emitida el 1 de septiembre de 1955.

La Ley del Sistema Financiero es una ley especial que regula la organización, autorización, constitución, funcionamiento, fusión, conversión, modificación, liquidación y supervisión de las instituciones del sistema y grupos financieros.

Como ya se apuntó, de conformidad con la LSF, tienen la condición de instituciones del sistema financiero: a) Los bancos públicos y privados; b) Las asociaciones de ahorro y préstamo; 3) Las sociedades financieras; d) Cualquiera otras que se dediquen en forma habitual y sistemática a las actividades indicadas en la LSF, previa autorización de la CNBS.

El régimen legal de las instituciones del sistema financiero se rige por la LSF y en lo aplicable, por la Ley de la CNBS, la Ley del BCH, Ley de Seguro de Depósitos en Instituciones del Sistema Financiero, Ley Monetaria, y por los reglamentos y resoluciones emitidos por la CNBS y el BCH.

Las instituciones públicas del sistema financiero se rigen por sus leyes especiales y, supletoriamente, por las leyes, reglamentos y resoluciones antes señaladas. Lo no previsto en las leyes, reglamentos y resoluciones mencionadas quedará sujeto a lo dispuesto en el Código de Comercio y, en su defecto, por las demás leyes de la República.

En cuanto a su forma social, las instituciones privadas del sistema financiero deben constituirse como sociedades anónimas de capital fijo, dividido en acciones nominativas, pudiendo ser los socios fundadores personas naturales o jurídicas.

Hay que tener presente que el capital fijo es el monto mínimo establecido en el contrato social, integrado con las aportaciones de los socios, mientras que el variable es aquel que es susceptible de ser aumentado o disminuido, sin mayores formalidades, que la resolución tomada en asamblea de socios que así lo decida y su correspondiente protocolización ante Notario.

Actualmente la CNBS es la institución encargada de autorizar el establecimiento de las instituciones del sistema financiero, requiriéndose un dictamen favorable (vinculante) del BCH, basado en las condiciones macroeconómicas para el establecimiento de nuevas instituciones. Cuando estaba vigente la Ley de Instituciones del Sistema Financiero, que fue derogada por la LSF, era el BCH el que tenía atribuida la facultad de autorizar las instituciones del sistema financiero, previo dictamen de la CNBS.

Sin perjuicio de señalar que la CNBS, a través de un reglamento de requisitos mínimos que ha emitido contempla mucha más información requerida, la LSF establece que, con la solicitud, que deberá contener el nombre, nacionalidad y domicilio de cada uno de los organizadores, se debe acompañar la siguiente documentación:

a. Proyecto de escritura pública de constitución y de los estatutos.
b. Estructura financiera y administrativa, los planes técnicos y las operaciones que se propone realizar la institución proyectada.
c. El estudio económico y financiero que demuestre la factibilidad de la nueva institución.
d. El certificado de depósito o de custodia que demuestre que el diez por ciento (10%) por lo menos, del capital mínimo de la sociedad proyectada, se ha depositado en el BCH o que se ha invertido en títulos valores del Estado.
e. El origen de los fondos a ser utilizados en el desembolso del capital mínimo requerido.
f. Los demás documentos e informaciones que se determine en el reglamento respectivo.

Aparte del dictamen que debe rendir el BCH, la CNBS debe evaluar las bases de financiación, organización, gobierno y administración, viabilidad, idoneidad, honorabilidad, experiencia y responsabilidad de los organizadores y eventuales funcionarios de la entidad proyectada, a fin de determinar si con ello se garantizan racionalmente los intereses que el público podría confiarles.

El plazo para resolver la solicitud señalado por la LSF es de noventa (90) días hábiles siguientes a la fecha en que la CNBS reciba el dictamen emitido por el BCH, aunque en la realidad se tarda mucho más que ese plazo e incluso años, en gran medida por los requerimientos de subsanación o información adicional que generalmente formula el ente supervisor.

Una vez autorizada una nueva institución del sistema financiero, debe empezar a operar a más tardar dentro de los seis (6) meses siguientes a la notificación de la resolución de autorización; este plazo puede ser prorrogado previa solicitud justificativa ante la CNBS pues, de lo contrario, dicho ente debe revocar la autorización concedida.

Cualquier modificación de la escritura pública de constitución y de los estatutos de las instituciones del sistema financiero requiere autorización expresa de la CNBS, incluyendo fusiones, conversiones, adquisiciones y traspasos de activos o pasivos, en el entendido que la existencia legal de este tipo de instituciones comenzará a partir de la fecha de inscripción de la correspondiente escritura de constitución en el Registro Mercantil.

La transferencia de acciones con derecho a voto de las instituciones supervisadas, requiere autorización de la CNBS, cuando se transfiera un porcentaje de acciones mediante las cuales un accionista de manera individual, o varios accionistas pertenecientes a un mismo grupo económico, alcance (n) o rebase (n) una participación directa o indirecta igual o superior al diez por ciento (10%) del capital social, y cuando siendo las acciones transferidas, un porcentaje menor al diez por ciento (10%) del capital, dicha transferencia pueda implicar un cambio de control en la institución.

La administración de las instituciones del sistema financiero debe estar a cargo de un Consejo de Administración o Junta Directiva, correspondiendo la representación legal al Presidente. Los miembros y el gerente deben ser personas idóneas, solventes y de reconocida honorabilidad, debiendo acreditarse ante la CNBS que la mayoría tiene conocimientos y experiencia en el negocio bancario y financiero; y al menos una quinta parte de los miembros deben ser capaces de ejercer dicho cargo con propiedad e independencia profesional respecto de la administración y de los accionistas mayoritarios. En casos justificados previstos en la LSF, los miembros del Consejo de Administración o Junta Directiva pueden ser removidos por la CNBS.

La LSF incorpora taxativamente las obligaciones del Consejo de Administración o Junta Directiva, así como los impedimentos para ser miembro de este, enfatizando que el Gerente General y demás funcionarios y empleados serán civil, administrativa y penalmente responsables por sus acciones y omisiones en el cumplimiento de sus deberes y atribuciones.

Compete a la CNBS fijar, mediante resolución general, el capital mínimo de las instituciones del sistema financiero, previo dictamen favorable del BCH, cuya revisión y actualización puede efectuarse cada dos años, aunque en circunstancias extraordinarias y previo dictamen del BCH, dichas revisiones y actualizaciones pueden efectuarse en períodos menores a dos años.

La CNBS, mediante Circular No. 027/2018 del 4 de diciembre de 2018, comunicó a las instituciones del sistema financiero nacional y al BCH su Resolución GES No.1035/03-12-2018, que fija el capital mínimo para los Bancos en SEISCIENTOS MILLONES DE LEMPIRAS (L600,000,000.00); para las Asociaciones de Ahorro y Préstamo en CIENTO VEINTE MILLONES DE LEMPIRAS (L120,000,000.00); para las Sociedades Financieras OCHENTA Y CINCO MILLONES DE LEMPIRAS (85,000,000.00), y esta última suma para cualesquiera otras instituciones que, conforme a la LSF, sin ser bancos, asociaciones de ahorro y préstamo o sociedades financieras, sean autorizadas como instituciones del sistema financiero por la CNBS, en virtud de sus actividades habituales y sistemáticas.

La Circular señala, entre otras cosas, que las instituciones del sistema financiero cuyo capital suscrito y pagado sea inferior a los montos antes indicados, deberán acordar el aumento necesario para dar cumplimiento a dichos capitales mínimos en Asamblea General Extraordinaria de Accionistas, debiendo ajustarse a los mismos en un plazo de dos años, contados a partir de la entrada en vigencia de la resolución referida en el párrafo precedente, haciendo efectivo al menos el cincuenta por ciento (50%) de ese incremento, dentro de los primeros doce meses.

Las instituciones del sistema financiero están obligadas a clasificar sus activos de riesgo con base en su grado de recuperabilidad y a crear las reservas de valuación apropiadas de conformidad con los lineamientos y periodicidad que establezca la CNBS, atendiendo la opinión del BCH.

Todo aumento o disminución de capital requiere la autorización del ente supervisor y, en cuanto a la distribución de utilidades, previo a la celebración de la asamblea, el Consejo de Administración o Junta Directiva debe poner en conocimiento de la CNBS el proyecto de distribución de utilidades, que podrá solicitar modificaciones u objetar dicho proyecto dentro de los 15 días hábiles siguientes a la fecha de su presentación; si no resuelve dentro de dicho plazo, se entenderá que lo aprueba y el proyecto podrá ser sometido a la aprobación de la asamblea.

En cuanto a la liquidez, la CNBS debe establecer las normas prudenciales necesarias para salvaguardarla, considerando los plazos y monedas de las operaciones activas y pasivas, debiendo el BCH por su parte, establecer los mecanismos necesarios para adecuar la liquidez a las necesidades de la economía.

En ese sentido, las normas prudenciales en materia bancaria se refieren a una serie de estándares mínimos que se les imponen a las entidades que realizan intermediación financiera, a los fines de practicar una regulación más eficiente sobre las mismas y promover prácticas financieras saludables. Estas normas recogen las recomendaciones propuestas por el Comité de Basilea que se han clasificado en Basilea I, II y III.

Por otro lado, para fines ilustrativos, se hace ver que las operaciones activas comprenden las distintas modalidades de crédito, clasificadas por créditos directos e indirectos. Los primeros son aquellos en los que el banco desembolsa dinero al cliente y, en consecuencia, le cobra una tasa de interés. En cambio, mediante los créditos indirectos, el banco garantiza al cliente ante un tercero y, por tanto, le cobra una comisión. Estos son algunos ejemplos:

- Créditos directos: pagarés, descuentos de letras y facturas, factoring, créditos de exportación, arrendamientos financieros, créditos para activos fijos.
- Créditos indirectos: cartas fianza, avales, cartas de crédito de importación.
- Por el contrario, las operaciones pasivas consisten en los procedimientos en que el banco crea sus propios fondos para realizar las operaciones activas. Son las diversas fuentes de financiamiento de la entidad financiera. En otras palabras, comprenden la movilización de los recursos requeridos para financiar sus operaciones. Se pueden clasificar en:
- Depósitos del público (a la vista, ahorros, depósitos a plazo)
- Obtención de préstamos de otras entidades (bancos y corresponsales)
- Emisión de instrumentos de deuda (certificados de depósito, bonos)

Las instituciones del sistema financiero deben mantener el encaje en la forma y proporción que fije el BCH, tomando en cuenta las condiciones internas del país y el entorno internacional, especialmente el regional; los depósitos constituidos en el BCH para cumplir con el encaje son inembargables, y es responsabilidad de la CNBS revisar la posición de encaje de las instituciones y, en su caso, aplicar las sanciones correspondientes.

Para tener en claro qué es y cómo funciona el encaje, es menester recordar que la función principal de los intermediarios financieros (bancos, asociaciones de ahorro y préstamo y sociedades financieras) es captar recursos del público y, con ellos, otorgar préstamos. Debido a la naturaleza de su negocio, las instituciones del sistema financiero deben mantener parte de sus fondos en activos líquidos, activos de reserva, para cubrir retiros de fondos por parte de sus clientes. Es así como, con el fin de disminuir el riesgo de los depósitos del público en el sistema financiero, el BCH determina que los activos de reserva no pueden estar por debajo de un valor mínimo, que depende del monto de depósitos que reciba el intermediario.

En síntesis, el encaje bancario es un porcentaje de los recursos que deben mantener congelados los intermediarios financieros que reciben captaciones del público; reservas que pueden mantener en efectivo en sus cajas, o en sus cuentas en el BCH, encaje que puede ser diferenciado en función del tipo de instrumentos, según lo establezca el BCH.

El encaje es utilizado principalmente para regular la cantidad de liquidez en la economía; es decir, que puede ser utilizado indirectamente por el BCH para aumentar o disminuir la cantidad de dinero que circula en la economía. No obstante, es también un instrumento para garantizar a los depositantes, en buena medida, la disponibilidad de sus recursos.

Las principales operaciones que están facultados a realizar los bancos son las siguientes:

- Recibir depósitos a la vista, de ahorro y a plazo fijo, en moneda nacional o extranjera.
- Previa inscripción en el Registro Público de Mercado de Valores que al efecto lleva la CNBS, emitir bonos generales, comerciales, hipotecarios y cédulas hipotecarias a tasas de interés fijo o variable, en moneda nacional o extranjera.
- Emitir títulos de capitalización.
- Emitir títulos de ahorro y préstamo para la vivienda familiar.
- Conceder todo tipo de préstamos en moneda nacional o extranjera.
- Aceptar letras de cambio giradas a plazo que provengan de operaciones relacionadas con la producción o el comercio de bienes o servicios.
- Comprar títulos-valores en moneda nacional o extranjera, excepto los emitidos por el mismo banco.
- Realizar operaciones de factoraje. El Factoraje Financiero es una transacción derivada de un contrato, a través de la cual una empresa vende sus cuentas por cobrar o facturas a una compañía financiera, con el fin de que la empresa emisora pueda recibir dinero en efectivo más rápido de lo que lo haría si realiza la cobranza por sí misma. Esto ayuda a que la empresa tenga liquidez de inmediato, al recibir el pago por esa factura a crédito.
- Descontar letras de cambio, pagarés y otros documentos que representen obligaciones de pago.
- Aceptar y administrar fideicomisos. Conforme el Código de Comercio de Honduras que data de 1950, "el fideicomiso es un negocio jurídico en virtud del cual se atribuye al banco autorizado para operar como fiduciario la titularidad dominical sobre ciertos bienes, con la limitación, de carácter obligatorio, de realizar solo aquellos actos exigidos para cumplimiento del fin lícito y determinado al que se destinen".
- Mantener activos y pasivos en moneda extranjera.
- Realizar operaciones de compraventa de divisas.
- Emitir, aceptar, negociar y confirmar cartas de crédito y créditos documentados.
- Contraer créditos u obligaciones, en moneda nacional o extranjera, con el Banco Central y con otros bancos o instituciones del sistema financiero del país o del extranjero.
- Asumir otras obligaciones pecuniarias de carácter contingente

mediante el otorgamiento de avales y otras garantías en moneda nacional o extranjera.

- Recibir valores y efectos para su custodia y prestar servicios de cajas de seguridad y transporte de monedas u otros valores.
- Actuar como agentes financieros; comprar y vender, por orden y cuenta de sus clientes, acciones, títulos de crédito y toda clase de valores.
- Actuar como agentes financieros para la emisión de títulos-valores seriales o no, conforme a lo establecido en las disposiciones legales.
- Efectuar cobros y pagos por cuenta ajena, siempre que sean compatibles con el negocio bancario.
- Actuar como depositarios de especies o como mandatarios.
- Realizar operaciones de emisión y administración de tarjetas de crédito.
- Efectuar operaciones de compraventa de divisas a futuro.
- Realizar operaciones de arrendamiento financiero.
- Realizar emisiones de valores con arreglo a la Ley para ser colocados por medio de las bolsas de valores.
- Emitir deuda subordinada, productos financieros indexados al dólar, productos derivados, prestar servicios de asesoría técnica o consultoría para estructuración de servicios financieros.
- Cualquier otra operación, función, servicio o emisión de un nuevo producto financiero que tenga relación directa e inmediata con el ejercicio profesional de la banca y del crédito, que previamente apruebe la CNBS.
- La LSF también establece las siguientes prohibiciones a los bancos:
- Conceder créditos con el objeto de habilitar al prestatario para pagar total o parcialmente el precio de acciones de la propia institución prestamista.
- Conceder préstamos con garantía de las acciones del propio banco.
- Otorgar garantías o contraer obligaciones por montos indeterminados.
- Realizar inversiones únicas o acumulativas en acciones por un monto igual o mayor al veinticinco por ciento (25%) del capital social de la institución emisora, ni en conjunto el veinte por ciento (20%) del capital y reservas del correspondiente banco.
- Otorgar créditos en cuenta corriente sin contrato escrito.
- Otorgar créditos a personas naturales o jurídicas domiciliadas en el extranjero para ser utilizados fuera del territorio nacional, sin previa autorización del Banco Central, salvo cuando se trate de créditos otorgados a ciudadanos hondureños para la adquisición de terreno,

construcción, compra o mejoras de viviendas en Honduras (existe una normativa específica emitida por el BCH que regula lo anterior).

- Invertir más de cuarenta por ciento (40%) de su capital y reservas de capital en mobiliario, equipo y bienes raíces. En dicho porcentaje no se incluirán los bienes adquiridos en dación en pago o en remate judicial por pago de deudas.

- Invertir más del diez por ciento (10%) de su capital en gastos de organización e instalación. Tales gastos deberán quedar amortizados en un período no mayor de cinco (5) años.

- Otorgar préstamos o garantías y realizar las demás operaciones de crédito, incluyendo la adquisición de bonos o títulos de deuda, a una misma persona natural o jurídica por un monto superior al veinte por ciento (20%) del capital y reservas de capital del banco. El porcentaje anterior podrá incrementarse hasta un treinta por ciento (30%) del capital y reservas del banco, si se le presta a un mismo grupo económico y las empresas que lo conforman se dedican a actividades cuyo flujo de efectivo sea independiente, sin exceder los préstamos a una misma actividad de veinte por ciento (20%) del capital y reservas de capital del banco. Se podrá otorgar préstamos a una misma persona natural o jurídica hasta el cincuenta por ciento (50%) del capital y reservas del capital del banco si cuenta con garantías suficientes. Compete a la CNBS establecer las normas que determinen el tipo de garantías que se considerarán suficientes y los criterios para determinar su valor. Se exceptúan de lo anterior las operaciones de garantías por obligaciones relacionadas con la ejecución de contratos por el sector público o privado, siempre y cuando la Comisión conceda la autorización respectiva atendiendo a la naturaleza de las contragarantías ofrecidas.

- Realizar operaciones con partes relacionadas en condiciones significativamente más favorables que las pactadas habitualmente.

- Se consideran partes relacionadas la persona natural o jurídica o grupos de ellas, que guardan vínculos directos o indirectos, por propiedad o gestión ejecutiva, con las instituciones financieras, o de parentesco en segundo grado de consanguinidad y primero de afinidad con los integrantes de las instituciones financieras.

- Contratar deudas subordinadas sin acreditar su origen o procedencia. Se aclara que la deuda subordinada es aquella obligación en dinero, cuyo pago del principal e intereses se ubica en un orden de prelación inferior al de las demás obligaciones de la institución emisora, y se documenta mediante instrumentos representativos de deuda subordinada o mediante contratos de deuda subordinada, que cumplan con las condiciones o características detalladas en la normativa de la CNBS sobre la materia.

Las instituciones del sistema financiero deben vender dentro de un plazo no mayor de dos (2) años los bienes que sean activos eventuales, entendidos estos como aquellos bienes muebles e inmuebles, así como los demás bienes garantizadores señalados en la Ley de Garantías Mobiliarias, adquiridos en concepto de recuperación de obligaciones a favor de las instituciones del sistema financiero, ya sea por dación en pago o mediante remate judicial.

Las operaciones de fideicomiso que realicen las instituciones del sistema financiero se rigen por la LSF, el Código de Comercio y por las resoluciones sobre la materia que emita la CNBS y el BCH, en el ámbito de sus competencias, estableciéndose la prohibición de que con los fideicomisos que se constituyan, se efectúen operaciones de intermediación financiera o que comprometan de cualquier forma el patrimonio o los activos propios de la institución o que le sean prohibidas o desnaturalicen la figura del fideicomiso. Esto último fue lo que en el pasado realizaron dolosamente algunas de las instituciones que fueron declaradas en liquidación forzosa.

En lo que respecta a las tasas de interés, la LSF dispone que las mismas serán determinadas en libre negociación entre las instituciones del sistema financiero y sus clientes en función de las condiciones prevalecientes en el mercado; sin embargo, cuando las circunstancias económicas lo justifiquen, el BCH deberá regularlas, mediante la emisión de disposiciones transitorias de carácter general.

Las tarifas y comisiones que se cobrarán con motivo de la prestación de servicios financieros serán libremente establecidas, sin perjuicio de las que, en materia cambiaria, emita el BCH; sin embargo, cuando no se dieran condiciones de libre competencia la CNBS podrá regularlas, mediante la emisión de disposiciones transitorias de carácter general.

Como ya lo indiqué, otro tipo de instituciones del sistema financiero nacional lo constituyen las asociaciones de ahorro y préstamo, que son las entidades privadas cuya principal actividad es la intermediación financiera con el objeto de promover la vivienda y actividades conexas, así como otras necesidades crediticias de sus ahorrantes, pudiendo realizar las siguientes operaciones:

- Recibir depósitos de ahorro y a plazo fijo en moneda nacional o extranjera.
- Conceder préstamos para estudios, diseño, construcción, compra, ampliación, reparación mejoramiento y transformación de viviendas o para la cancelación de gravámenes originados en la adquisición de

aquéllas.

- Conceder préstamos con garantía hipotecaria, prendaria u otras que la CNBS califique como satisfactorias, destinados al mejoramiento urbano o para la urbanización de terrenos que se destinarán a la construcción de viviendas.
- Conceder préstamos a sus ahorrantes para la compra de terrenos destinados a la construcción de viviendas.
- Conceder préstamos con garantía no hipotecaria para el financiamiento de otras necesidades relacionadas con la vivienda.
- Conceder préstamos a sus depositantes para fines no relacionados con la vivienda. Estos préstamos no podrán exceder en su conjunto del cincuenta por ciento (50%) de la cartera crediticia.
- Efectuar operaciones de compraventa de divisas, previa autorización del BCH.
- Adquirir créditos hipotecarios de otras instituciones del sistema financiero o de otras entidades.
- Invertir en valores emitidos o garantizados por otras instituciones del sistema financiero del país hasta una suma que no podrá exceder del veinte por ciento (20%) del capital y reservas de capital de la respectiva asociación.
- Constituir en los bancos del sistema, depósitos a la vista o a plazo.
- Emitir bonos o cédulas hipotecarias a tasas de interés fijas o variables, en moneda nacional o extranjera.
- Emitir títulos de ahorro y préstamo para la vivienda familiar y títulos de capitalización.
- Administrar fideicomisos relacionados con el desarrollo de programas de vivienda y construcciones complementarias.
- Descontar y ceder créditos hipotecarios y operar en líneas de redescuentos especiales relacionados con su finalidad principal.
- Realizar cobros por cuenta ajena en moneda nacional.
- Descontar letras de cambio, pagarés y otros títulos valores.
- Asumir otras obligaciones pecuniarias de carácter contingente mediante el otorgamiento de avales, fianzas y otras garantías en moneda nacional relacionadas directamente con la construcción.
- Recibir depósitos de ahorro no en cuenta, de prestatarios a los cuales se les financien proyectos habitacionales.
- Contratar la realización de cobros por cuenta ajena.
- Emitir obligaciones bursátiles de conformidad con la Ley.
- Realizar operaciones de emisión y administración de tarjetas de crédito.
- Cualquier otra operación, función, servicio o producto financiero

compatible con el desarrollo y promoción de la vivienda, conforme a las normas generales emitidas por la CNBS.

- Es de apuntar que actualmente no opera en el mercado ninguna asociación de ahorro y préstamo, aunque sí hubo varias en el pasado, y el marco jurídico posibilita su existencia.
- Por otra parte, la LSF hace referencia a un tercer tipo de instituciones del sistema financiero, que identifica como Sociedades Financieras, que están facultadas para realizar las siguientes operaciones:
- Conceder todo tipo de préstamos y realizar inversiones en moneda nacional y extranjera.
- Recibir depósitos en cuenta de ahorros y a plazo en moneda nacional y extranjera por períodos mayores a treinta (30) días.
- Emitir títulos seriales o no, sin cumplir los requisitos a que se refieren los artículos 454 y 989 del Código de Comercio.
- Contratar la realización de cobros por cuenta ajena.
- Realizar otras operaciones que determine la CNBS, conforme la naturaleza de estas sociedades.
- Emitir obligaciones bursátiles de conformidad con la Ley.

Lo referente a las operaciones con partes relacionadas compete normarlo al BCH, oída la opinión de la CNBS; por lo consiguiente, existe un reglamento que regula fundamentalmente el otorgamiento de préstamos, descuentos, avales y demás operaciones de crédito, comisiones, gratificaciones o bonificaciones de cualquier clase que las instituciones del sistema financiero otorguen a sus accionistas mayoritarios, directores, comisarios, funcionarios y parientes por consanguinidad o afinidad de los directores, funcionarios y comisarios, respectivamente.

Asimismo, está debidamente reglamentado el otorgamiento de préstamos, descuentos, avales y demás operaciones de crédito a las sociedades en que los accionistas mayoritarios, directores, comisarios y funcionarios de las instituciones del sistema financiero tengan participación mayoritaria o estén en situación de ejercer o ejerzan en esas sociedades, control o influencia significativa e incluso, la LSF otorga a la CNBS la potestad de que ciertas operaciones se presuman que involucran a partes relacionadas, en el entendido que las infracciones a la normativa especial que rige tales operaciones es sancionada drásticamente por la CNBS.

En línea con lo acotado, los accionistas mayoritarios, directores, gerentes generales o su equivalente y sus partes relacionadas por gestión o propiedad, de cualquier institución del sistema financiero, no pueden adquirir bienes de la misma institución, excepto cuando se trate de una venta efectuada mediante subasta. La venta de bienes de las instituciones del sistema financiero a funcionarios y empleados deberá ser aprobada por su Junta Directiva o Consejo de Administración, debiendo reportarse a la CNBS en los próximos quince (15) días después de la aprobación.

En otro orden de ideas, es pertinente tener presente que constituyen el gobierno corporativo de las instituciones del sistema financiero, el conjunto de normas que regula las relaciones internas entre la Asamblea de Accionistas, el Consejo de Administración o Junta Directiva, la gerencia, funcionarios y empleados, así como entre la institución del sistema financiero, la institución supervisora y el público.

En lo atinente a lo que la LSF denomina Grupo Financiero, debe entenderse que es el constituido por una o más instituciones del sistema financiero. Además, podrá estar integrado por una o más de las instituciones siguientes: casa de cambio, almacenes generales de depósito, instituciones de seguros, de reaseguros, emisoras y/o administradoras de tarjetas de crédito, arrendadoras, casas de bolsa, depósitos centralizados de custodia, mecanismos de compensación y liquidación de valores, administradoras de fondos de pensiones, remesadoras, sociedades administradoras de fondos mutuos, sociedades dedicadas al descuento de documentos y otras con propósitos y actividades financieras similares. Cabe indicar que corresponde a la CNBS determinar los casos en que las instituciones del sistema financiero supervisadas deben consolidar su estado financiero con otras instituciones sujetas o no a su supervisión, cuando funcione de hecho como un grupo financiero, estando en boga la supervisión basada en riesgos.

En nuestro mercado, algunas de las instituciones bancarias privadas forman parte de un grupo financiero, respecto de las cuales la CNBS debe ejercer supervisión sobre una base individual y consolidada, entendida como la verificación, fiscalización, vigilancia y control que realiza sobre las sociedades pertenecientes a un grupo financiero domiciliadas en el país o en el extranjero, con la finalidad de que los riesgos de todas las sociedades del grupo sean evaluados y controlados sobre una base individual y global.

La LSF se refiere, además, a las entidades fuera de plaza (entidades off shore), concebidas como aquellas dedicadas a la intermediación financiera u otra actividad desempeñada por alguna de las sociedades miembros de un grupo financiero, constituidas o registradas bajo leyes de un país extranjero, que realizan sus actividades principalmente fuera de dicho país. Es así como, por la recurrencia a este tipo de entidades por parte de algunos bancos fallidos, la Ley es rigurosa al establecer en forma expresa una serie de obligaciones y prohibiciones respecto de operaciones con este tipo de instituciones.

En cuanto al régimen de sanciones, la LSF conceptualiza el término "falta financiera" como toda acción u omisión que contravenga los preceptos de dicha Ley, de la Ley de la CNBS, Ley del BCH y de los reglamentos, resoluciones y demás disposiciones que emitan dichas instituciones en el ámbito de sus respectivas competencias que no constituya ilícito penal, configurándose la falta financiera cuando la acción y omisión se lleve a cabo sin que medie dolo o culpa. Todo lo anterior sin perjuicio y con independencia de los delitos financieros contemplados en la legislación penal.

Cuando quien cometa la falta financiera sea una persona natural, será responsable, sin perjuicio de la responsabilidad y de las sanciones que también puedan recaer sobre la persona jurídica.

Las faltas financieras, dependiendo de su gravedad, pueden ser sancionadas por la CNBS a través de amonestaciones, prohibiciones y multas administrativas, y la remoción de pleno derecho del infractor. La remoción de los funcionarios y empleados de las instituciones del sistema financiero, ordenada por la CNBS, deberá fundamentarse en una causal justa de despido. En este caso, la CNBS notificará la resolución a la institución supervisada para que, como patrono, proceda de inmediato a ponerle fin al contrato o relación de trabajo, sin perjuicio de los derechos que la Ley otorga a los trabajadores.

Para la imposición de las sanciones administrativas, por las faltas financieras cometidas por las instituciones del sistema financiero, la CNBS debe tomar en cuenta los criterios de valoración siguientes: 1) La gravedad de la infracción;2) La amenaza o el daño causado; 3) El efecto de la sanción administrativa en la reparación del daño a los accionistas o a los directamente perjudicados; 4) Los indicios de intencionalidad; 5) La duración de la conducta; y, 6) La reincidencia y habitualidad.

La última reforma de la LSF incorporó medidas correctivas de acción temprana que deben aplicarse cuando no se configure ninguna de las causales de resolución a que se refiere dicha Ley, y las incorpora taxativamente en su Artículo 103, incluyendo además varias medidas correctivas que la CNBS puede imponer.

En el caso que una institución del sistema financiero haya sido sometida a la medida de acción temprana, consistente en la presentación de un plan de regularización, este será aprobado o rechazado por la CNBS y deberá contener las acciones, procedimientos, responsabilidades, metas e indicadores de medición para verificar su adecuado cumplimiento, especificándose las fechas en que deben alcanzarse las metas mínimas en cada una de las fases del plan, cuya ejecución no debe exceder de sesenta (60) días hábiles, prorrogables justificadamente hasta por una vez.

Las instituciones del sistema financiero están sujetas al proceso de Resolución, entendido como el conjunto de procedimientos y medidas llevado a cabo por la Autoridad de Resolución para resolver la situación de una institución del sistema financiero, cuya situación financiera se considera inviable; es decir, que afronta la imposibilidad de seguir operando como negocio en marcha, o sea razonablemente previsible que se encontrará en estado de inviabilidad en un futuro próximo, configurando una o más de las causas de resolución previstas en la Ley.

La CNBS es la única Autoridad de Resolución, siendo las causales que pueden dar inicio al proceso, las siguientes:

- El incumplimiento de las medidas correctivas establecidas en el plazo establecido por la CNBS.
- Si la institución no presentare, subsanare o incumpliese el Plan de Regularización o los plazos concedidos para el mismo.
- La presentación de un índice de adecuación de capital inferior al setenta por ciento (70%) del nivel mínimo requerido por la CNBS.
- Cuando el capital de la institución supervisada sea inferior al mínimo legalmente requerido.
- Encontrarse la institución en incumplimiento de sus obligaciones líquidas, vencidas y exigibles o que sea razonablemente previsible que se encontrará en ese estado.
- El incumplimiento de los requerimientos prudenciales establecidos, de manera que se encuentre en estado de inviabilidad.
- Incurrir en malas prácticas de gestión que puedan debilitar la situación financiera de la institución, poner en serio peligro los intereses de los depositantes o la pérdida del valor de los activos de la misma.
- El incumplimiento por parte de la Casa Matriz de una sucursal extranjera en la dotación de capital requerido.
- Cuando se compruebe que se ha proporcionado información falsa en aspectos relevantes que determinaron el otorgamiento de la autorización.
- Cuando se tenga motivos racionales de que la institución, sus accionistas o directores sean sujetos de acciones penales que generen pérdida de la confianza, de negocios o la continuidad de los mismos.
- Cuando los negocios de la institución sean conducidos en forma que pongan en peligro su continuidad o la estabilidad del sistema financiero.

- El incumplimiento reiterado de la LSF, resoluciones e instrucciones emitidas por la CNBS y el BCH, así como la demás legislación aplicable.
- El incumplimiento reiterado de lo establecido en su instrumento de constitución social.
- Cuando no se apliquen los procedimientos contables y de registro de operaciones exigidos, con el propósito de ocultar su verdadera situación patrimonial.

Durante el procedimiento de Resolución, la CNBS puede determinar la suspensión temporal del pago total o parcial de las obligaciones a cargo de la institución por un plazo máximo de veinte (20) días prorrogables.

De igual manera, durante el referido procedimiento, la CNBS nombrará un Administrador Oficial con amplias facultades, que puede ser un funcionario o empleado de la misma CNBS o persona extraña a ella, quien debe reunir los requisitos establecidos en la LSF para ser miembro de la Junta Directiva o del Consejo de Administración de una institución del sistema financiero.

Al finalizar el procedimiento, si las razones que motivaron su inicio subsisten, la CNBS dispondrá, entre otras opciones, la liquidación forzosa y cancelación de la autorización para operar.

A diferencia de la quiebra contemplada en nuestro Código de Comercio, la liquidación forzosa, si bien es un procedimiento complejo, resulta ser mucho más expedito y efectivo que la primera.

La CNBS puede aplicar como medidas de Resolución la recapitalización, las fusiones y adquisiciones, la transferencia total o parcial de activos y pasivos de la institución, pudiendo utilizar las figuras del banco puente, gestor de activos y fideicomisos; y, la liquidación forzosa. También es legalmente factible la adopción de otro tipo de medidas de carácter excepcional, cuando la institución sometida al procedimiento de Resolución sea de importancia sistémica, que es aquella cuyo deterioro de su situación financiera o fracaso, tendría graves efectos sobre la estabilidad financiera del país.

Desde el punto de vista estrictamente jurídico, contra las medidas que involucra el procedimiento de Resolución, solo cabe interponer la acción de Amparo ante la Corte Suprema de Justicia, dentro de las veinticuatro (24) horas siguientes a su notificación que, de ser admitida a trámite, no puede dar lugar a la suspensión del acto reclamado, siendo hábiles todos los días y horas.

El proceso de Resolución recogido en la última reforma de que fue objeto la LSF, viene a ser la respuesta de avanzada para afrontar los problemas críticos de las instituciones del sistema financiero moderno, nutriéndose de las múltiples experiencias de instituciones financieras fallidas que se han presentado durante las últimas décadas en el ámbito internacional.

En caso de que la CNBS opte por la declaración de liquidación forzosa de una institución del sistema financiero al cumplirse los supuestos previstos en la LSF para tal efecto, contra la resolución que se dicte procede el recurso de Reposición dentro de las veinticuatro (24) horas a la notificación, debiendo ser resuelto en un plazo similar; en caso de resolverse desfavorablemente, procederá únicamente el recurso de Amparo ante la Corte Suprema de Justicia dentro de las veinticuatro (24) horas siguientes a su notificación.

Una vez declarada la liquidación, la CNBS debe proceder al nombramiento de uno o más liquidadores por el tiempo que sea necesario, pudiendo también encomendar la administración del proceso a uno o varios fiduciarios, quienes asumirán la representación legal de la Institución, que conservará su personalidad jurídica para los efectos previstos en la LSF.

Un aspecto por destacar es que, resuelta por la CNBS la liquidación forzosa de una institución del sistema financiero, quedan suspendidos hasta por seis (6) meses los términos de prescripción de todo derecho o acción de que sea titular la institución, y los términos en los juicios o procedimientos en que la misma sea parte, iniciados antes de la resolución.

Los activos de la institución del sistema financiero declarada en liquidación forzosa se deben aplicar al pago de las obligaciones pendientes de la institución, el cual se hará de acuerdo con los procedimientos y el orden de prelación siguiente:

1) El liquidador o liquidadores separarán de los activos recibidos, los necesarios para atender el pago de las obligaciones laborales.

2) El liquidador o liquidadores procederán al pago de los depósitos, ya sea mediante el pago directo o por medio de transferencias de activos y/o pasivos a otras instituciones del sistema financiero.

3) Procederá el pago de las obligaciones correspondientes a los préstamos por iliquidez recibidos del BCH u otras obligaciones bancarias, si las hubiere.

4) El o los liquidadores, atendiendo a las disponibilidades, pagarán los fondos recaudados de terceros por pago de servicios públicos, impuestos, otros contratos, depósitos en

garantía por cartas de crédito, giros y transferencias, cheques de caja y otras obligaciones similares.

5) Si hubiere remanente, debe pagarse al Fondo de Seguro de Depósito (FOSEDE), cuando este haya pagado los depósitos garantizados o apoyado a las medidas de resolución.

6) De haber remanente procederán a cancelar las demás deudas de la institución de acuerdo con la graduación que establece el Artículo 1676 del Código de Comercio.

Si cumplido lo anterior aún quedaren valores del activo en poder del liquidador o liquidadores, este o estos, en su caso, constituirán una provisión suficiente para pagar los créditos que se encontraren en litigio.

Si quedare algún remanente, se destinará al pago total o parcial de los intereses sobre los pasivos de la Institución, cuyo devengo quedó suspendido en virtud de la liquidación forzosa. La tasa de interés a pagar no podrá ser superior a la que estaba pactada en el momento de declararse la liquidación.

Efectuados todos los pagos referidos, y depositada en una institución del sistema financiero una provisión para los pasivos que no hubieren sido reclamados, y siempre que se contare con fondos suficientes para este efecto, el liquidador comparecerá ante el Juez competente, presentando el balance final, acompañado de un informe que explique los resultados de la liquidación y un proyecto de distribución de los fondos remanentes, siguiendo el procedimiento especial previsto en la LSF, de manera que cuando se haya distribuido todo el activo de la institución en liquidación, la CNBS dictará resolución declarando disuelta y liquidada la institución, cumpliendo con las publicaciones de ley y la inscripción de la resolución en el Registro Mercantil.

Es así que, declarada la liquidación forzosa de una institución del sistema financiero, en el mismo acto o con posterioridad, la CNBS deberá adoptar como medida preferencial y en defensa de los depositantes, la formación de una o más unidades patrimoniales excluidas del patrimonio de la institución en liquidación forzosa, que considere apropiada o apropiadas para ser adquiridas por otra u otras instituciones del sistema financiero, estableciendo la LSF las medidas a adoptar.

El fideicomiso que se constituya con los activos excluidos emitirá participaciones que podrán ser de varias categorías, confiriendo distintos derechos a sus tenedores, según su orden de privilegio para el cobro. La entidad o entidades fiduciarias del fideicomiso referido deberán ser seleccionadas por la CNBS entre las demás instituciones del sistema financiero.

El proceso de restitución finalizará cuando se haya completado la transferencia de activos y pasivos descrita en la LSF, la cual deberá ocurrir como máximo en el plazo de treinta (30) días contados desde la notificación de la resolución de la CNBS que decreta la liquidación forzosa de la institución del sistema financiero. Los activos y pasivos no excluidos por el liquidador para el proceso de restitución conformarán, una vez deducidos los gastos del proceso, el patrimonio residual de la institución en liquidación, en el entendido de que las transferencias de activos, pasivos, los pagos y servicios que se realicen con ocasión de los procedimientos de restitución estarán exentos de cualquier tributo.

La liquidación voluntaria también está prevista en la LSF de tal suerte que, si los accionistas de una institución solvente del sistema financiero, reunidos en asamblea, deciden poner fin a sus operaciones, lo informarán al BCH y propondrán a la CNBS un programa para liquidar sus negocios. Con la solicitud de aprobación del programa en referencia, los accionistas de la institución del sistema financiero deberán presentar suficientes garantías para el cumplimiento de todas sus obligaciones con terceros. En este caso, la Asamblea General Extraordinaria de Accionistas de la institución del sistema financiero nombrará el liquidador o liquidadores.

En la resolución que emita la CNBS, aprobando el programa de liquidación voluntaria, cancelará la autorización para operar. La solicitud se tramitará una vez verificado el cumplimiento de todas las obligaciones que tenga la institución del sistema financiero por multas y aportes pendientes de pago al FOSEDE, a la CNBS, al BCH y a otras instituciones del Estado, si las hubiere.

Autorizada la liquidación voluntaria, la institución del sistema financiero deberá publicar la resolución emitida en dos (2) diarios de circulación nacional y en el Diario Oficial La Gaceta. Asimismo, deberá remitir a cada depositante, acreedor o persona interesada, un aviso notificándole la liquidación voluntaria dentro de los veinte (20) días hábiles siguientes a la fecha en que la resolución de la Comisión sea notificada a la institución del sistema financiero.

Concedida la autorización para su liquidación voluntaria, la institución del sistema financiero solicitante cesará en sus operaciones, y sus facultades quedarán limitadas a las estrictamente necesarias para llevar a cabo la liquidación voluntaria, cobrar sus créditos, reembolsar a los depositantes, pagar a sus acreedores y, en general, finiquitar todos sus negocios.

Los tribunales no podrán decretar embargo o cualquier otro tipo de medida precautoria contra los bienes, derechos o acciones de una institución del sistema financiero. El embargo solo podrá ser decretado una vez que la sentencia haya adquirido el carácter de firme.

Las hipotecas registradas a favor de las instituciones del sistema financiero protegen el derecho de estas por el término de treinta y cinco (35) años, no obstante, lo establecido en el Código Civil. Los plazos de extinción, prescripción, registro y conservación del derecho del acreedor hipotecario a favor de las instituciones mencionadas serán también de treinta y cinco (35) años.

Es importante tener en cuenta que los depósitos de dinero en una institución del sistema financiero que figuren a nombre de personas que no hayan hecho nuevos depósitos ni retirado parte de los ya efectuados o de sus intereses, o que en cualquier forma permanezcan sin ser reclamados durante veinte (20) años, contados a partir del último depósito u orden de pago, pasarán, junto con los productos de dichos bienes, a propiedad del Estado.

Finalmente, señalo que la CNBS está en la obligación de publicar trimestralmente la lista de las instituciones del sistema financiero autorizadas.

2. Las instituciones bancarias que operan en el sistema financiero hondureño

2.1 Banco Atlántida, S.A. (BANCATLAN)

En 1899 el joven Salvador D'Antoni, en representación de su suegro y socio Joseph Vaccaro, llegó a las Islas de la Bahía para abastecerse de frutas y venderlas en los mercados de Nueva Orleans. Comenzó a probar suerte comercializando banano, lo que les dejó tan buenas ganancias, que decidieron trasladarse a la ciudad de La Ceiba para asegurar el abastecimiento de la fruta. Al llegar se instalaron en Salado Barra donde, en 1901, fundaron la Vaccaro Brothers & Company, que años más tarde pasó a ser la Standard Fruit Company.

En ese tiempo solo existía un banco comercial en Honduras con sede en Tegucigalpa, por lo que los socios Vaccaro-D'Antoni vieron la necesidad de un banco en la zona norte y dieron los primeros pasos para materializar la idea. El nombre del banco obedece al departamento donde nació, uno de los más productivos del país en el sector agrícola. Según fuentes consultadas, los socios fundadores fueron 29, incluyendo tres mujeres.

El Banco Atlántida fue fundado el 10 de febrero de 1913; inició operaciones en La Ceiba, departamento de Atlántida, y en agosto del mismo año el Estado lo acreditó como la primera institución autorizada para la emisión oficial de billetes en Honduras por 37 años. El Decreto de creación fue aprobado por el Congreso Nacional en 1912, pero inició operaciones hasta el año siguiente, con un capital fundacional de un millón de lempiras, dividido en 5000 acciones conforme a las leyes vigentes en ese tiempo[18].

Se afirma que en 1913 el Banco Atlántida emitió los primeros billetes, denominados "pesos", y continuó emitiéndolos hasta 1950, cuando se fundó el BCH. En enero de 1954 la oficina principal del Banco fue trasladada a Tegucigalpa, y desde 1966 hasta 1974 estuvo asociado con el que en ese tiempo era uno de los tres bancos más grandes del mundo: el Chase Manhattan Bank, N.A. de New York.

A finales de 1914 inició un proceso de expansión en todo el territorio hondureño con la instalación de sucursales en las principales ciudades del país. En 1950, el Banco Atlántida se transformó y comenzó una nueva era, enfocado en la innovación y diversificación de servicios.

---

[18]www.bancatlan.hn

156

Atiende a consumidores individuales, pymes y grandes corporaciones a través de una variedad de productos y servicios financieros y una plataforma de banca electrónica multicanal, construyendo además una sólida relación con una extensa red de bancos corresponsales a escala internacional, asegurando así las transacciones de sus clientes.

Actualmente es un banco con cobertura nacional, con amplia participación de mercado y con una posición relevante en el segmento corporativo; su red incluye 188 agencias, 24 autobancos y más de 900 Agentes Atlántida, que tienen presencia en los 18 departamentos del territorio hondureño, con enfoque en la banca de personas, de empresas, PYME y fiduciaria.

Banco Atlántida es una empresa subsidiaria de Inversiones Atlántida S.A. (INVATLAN), holding del Grupo Financiero Atlántida, que cuenta con operaciones de banca, seguros, administradora de pensiones, leasing y compañía almacenadora.

Desde la adquisición de AFP Confía en 2015, el proceso de expansión le ha permitido a INVATLAN, por medio de Inversiones Financieras Atlántida, tener en El Salvador un complemento de compañías financieras para brindar soluciones integrales. En 2017 Banco Atlántida llegó a El Salvador para integrarse al sistema bancario, tras la compra del Banco ProCredit, y el grupo continúa en expansión, buscando nuevas oportunidades de inversión en América Latina.

Banco Atlántida es en la actualidad, junto a Banco Ficohsa, uno de los dos bancos más grandes de Honduras, en función de su capital social, activos y pasivos, patrimonio y penetración en el mercado.

2.2 Banco de América Central Honduras S.A. (BAC/ CREDOMATIC)

En 1980, mediante Instrumento Público No. 3, un grupo de empresarios hondureños fundó el Banco Mercantil, S.A. (BAMER), que operó con éxito durante muchos años en el mercado nacional.

No obstante, por medio del Instrumento Público No. 16 del 3 de marzo de 2008, se protocolizó el Acta de la Asamblea General Extraordinaria de Accionistas celebrada el 21 de septiembre de 2007, en Tegucigalpa, en la que se acordó la fusión por absorción del Banco de América Central Honduras, S.A. por el Banco Mercantil, S.A., que absorbió los activos y pasivos del primero.

En la misma Asamblea se acordó reformar la escritura social y los estatutos de la sociedad absorbente, incluyendo el cambio de la denominación social del Banco Mercantil, a Banco de América Central de Honduras, S.A., lo cual entró en vigor a partir del 1 de abril de 2008.

En concreto, como producto de la compra del Banco de América Central (BAC), cuyo 49,99 por ciento pertenecía a GE Money —división financiera de General Electric de los Estados Unidos—, surgió en Honduras la institución bancaria denominada inicialmente BAC/BAMER, con activos de 1.517 millones de dólares y una cartera crediticia de 899 millones de dólares.

Como ya se dijo, la figura jurídica que posibilitó la operación fue la fusión, que permitió complementar las actividades de los dos bancos, pues BAC se había dedicado principalmente al crédito para personas, consumo y vivienda, y BAMER al crédito corporativo para la mediana y pequeña empresa.

Amerita destacar que los inicios del Grupo BAC Credomatic se remontan a más de medio siglo atrás, cuando en 1952 se fundó el Banco de América Central, en Nicaragua, que en la década de 1970 incursionó en el negocio de tarjetas de crédito, mediante las empresas Credomatic[19].

A mediados de los años ochenta, el Grupo decidió ingresar en otros mercados de la región, empezando por Costa Rica, con la adquisición de lo que hoy se conoce como Banco BAC San José. En la década de 1990 se concretó la expansión hacia los demás mercados centroamericanos, fortaleciendo así la presencia del Grupo en toda la región.

En 2004 el Grupo inició operaciones de tarjetas de crédito en México y, un año más tarde, se llevó a cabo una alianza estratégica por medio de la cual GE Consumer Finance (subsidiaria de GE Capital Corporation), adquirió el 49,99% del capital de BAC Credomatic, una sociedad que controlaba indirectamente el 100% de BAC International Bank.

A mediados de 2009, GE Capital Corporation aumentó su participación accionaria al 75%, y se convirtió así en el accionista mayoritario. No obstante, a raíz de un cambio de estrategia a escala mundial, GE decidió concentrarse en la actividad industrial (infraestructura, tecnología y salud) y menos en actividades de banca privada y comercial.

Como resultado, en julio de 2010, el Grupo Aval de Colombia —conformado por el Banco de Bogotá, el Banco de Occidente, el Banco AV Villas, el Banco Popular y el Fondo de Pensiones AP Porvenir— suscribió un contrato de compraventa de acciones con GE Consumer Finance relativo a la adquisición del 100% de las acciones del Grupo BAC Credomatic. En diciembre de 2010, después de obtener las aprobaciones de las superintendencias de entidades financieras de cada país, el proceso de compra culminó exitosamente.

---

[19] www.baccredomatic.com

2.3 Banco Azteca de Honduras S.A.

Banco Azteca Honduras nació en octubre de 2007. Debido al trabajo conjunto con Tiendas Elektra, que ya operaba en el país desde 1997, inició operaciones atendiendo la creciente demanda de compras al crédito. La escritura pública de constitución fue formalizada en el Instrumento No. 93, autorizado por el Notario José O. Rodríguez Vásquez en fecha 28 de marzo de 2007, estableciendo su domicilio en la ciudad de Tegucigalpa[20].

El objetivo del banco es colocar créditos a corto plazo, mediante préstamos de bienes de consumo y préstamos personales, dirigidos a la población de clase media baja, con respaldo de garantías prendarias y fiduciarias para el sector de la economía informal, así como la captación de recursos a la vista con diferentes plazos de vencimiento.

Para realizar sus operaciones utiliza en forma conjunta las instalaciones de la empresa relacionada, la Comercializadora EKT, S.A. de C.V., que se dedica a la compra y venta de electrodomésticos, reproductores de sonido y muebles para el hogar. Tiene presencia en 17 departamentos y 52 municipios. Banco Azteca Honduras forma parte del Grupo Salinas, con orígenes en México, que opera un conjunto de empresas en Latinoamérica. El modelo de negocios del Grupo es de exportación, y actualmente está presente en México, El Salvador, Guatemala, Panamá y Perú.

2.4 Banco Davivienda Honduras, S.A.

Banco Davivienda Honduras S.A. forma parte del Grupo Financiero Davivienda, constituido en Honduras en 2012, y ofrece una amplia gama de servicios financieros.

Sus antecedentes históricos se remontan a finales de 1947, cuando nació la Capitalizadora Hondureña, S.A., institución de crédito especializado, dedicada al ahorro sistemático mediante la emisión de pólizas de ahorro y capitalización, que destinaba sus recursos a préstamos para vivienda[21].

En 1959, los accionistas de la compañía de seguros El Ahorro Hondureño S.A. fundaron el Banco Ahorro Hondureño (BANCAHORRO), al cual le traspasaron toda su cartera de depósitos de ahorro.

En 1968 la Capitalizadora Hondureña fue autorizada para

---

[20] www.bancoazteca.com.hn
[21] www.davivienda.com.hn

convertirse en banco comercial, denominándose Banco la Capitalizadora Hondureña S.A., BANCAHSA, y amplió sus servicios y productos.

En 1970 se fundó en Honduras la primera Asociación de Ahorro y Préstamo, denominada Asociación de Ahorro y Préstamo "LA VIVIENDA", con sede en Tegucigalpa; su objetivo principal era financiar viviendas a personas, como entidad especializada, tendiendo al redescuento de las hipotecas. En 1971 se fundó en la zona norte, con el mismo propósito, LA VIVIENDA DE SULA, con sede en San Pedro Sula. El 7 de febrero del año 2000 se consumó la fusión por absorción de BANCAHSA y BANCAHORRO, empresas hermanas y complementarias en sus mercados. Esta operación produjo el nacimiento del Banco Grupo El Ahorro Hondureño, S.A. (BGA).

En 2001, el grupo de accionistas mayoritarios de BGA y Seguros El Ahorro Hondureño buscaron un socio estratégico que aportara capital, tecnología y nuevas ideas para modernizar y fortalecer la institución, e iniciaron negociaciones con Banistmo de Panamá. En abril de 2002, las empresas que conformaban el Grupo El Ahorro Hondureño pasaron a formar parte del Grupo Banistmo; no obstante, se continúa usando el nombre comercial de BGA. En 2003, las referidas asociaciones de ahorro y préstamo que se habían fusionado fueron absorbidas por BGA.

En 2006 HSBC, de capital inglés, firmó un acuerdo para adquirir el Grupo Banistmo radicado en Panamá. En 2007 se develó la marca HSBC para todo el país, y todas las sucursales visten la nueva marca HSBC.

El 24 de enero de 2012, HSBC anunció el acuerdo de vender todas sus operaciones en Costa Rica, El Salvador y Honduras a Banco Davivienda S.A., un grupo colombiano, por un total de USD 801 millones en efectivo. El 7 de diciembre de 2012 —después de varios meses de haber anunciado la venta de las operaciones de HSBC Honduras—, se oficializaron las aprobaciones regulatorias pertinentes para la transferencia de acciones y el cambio de nombre de las sociedades que conformaban el Grupo Financiero HSBC Honduras, al Banco Davivienda Honduras S.A. A partir del 10 de diciembre de 2012 se develó la marca Davivienda para todo el país, y todas las sucursales vistieron con la marca Davivienda.

2.5 Banco de Desarrollo Rural Honduras, SA. (BANRURAL)

BANRURAL
el amigo que te ayuda a crecer

Como antecedente se señala que fue constituido mediante Escritura Pública No. 26 en la ciudad capital de Honduras, el 20 de abril de 2007, con la denominación social de Banco Procredit Honduras, S.A.; esta fue modificada a Banco de Desarrollo Rural Honduras, S.A., lo que autorizó la CNBS mediante

Resolución No. 1590/26-11-2014, del 26 de noviembre de 2014.

Su finalidad principal es realizar operaciones propias de un banco comercial, de ahorro, de crédito empresarial, microcrédito y pequeña empresa, de crédito hipotecario, de capitalización, de fideicomiso, de ahorro y préstamo, de vivienda familiar y cualquier otra operación o servicio que tenga relación directa o inmediata con el ejercicio profesional de la banca y el crédito; integra su capital con inversiones privadas y multisectoriales, promoviendo el desarrollo del micro, pequeño y mediano empresario, con énfasis en el sector rural[22]

2.6 Banco del País, S.A. (BANPAIS)

Banco del País inició operaciones en 1992 en San Pedro Sula; al principio orientó la atención al segmento corporativo, y tiempo después amplió su oferta de servicio a personas naturales.

En su trayectoria institucional se registran las adquisiciones de tres entidades: Banco Sogerin, Banco de las Fuerzas Armadas y La Constancia, Asociación de Ahorro y Préstamo, con las que alcanzó mayor base patrimonial y posicionamiento en el mercado nacional[23].

Desde 2007 forma parte de la Corporación Banco Industrial de Guatemala, uno de los grupos financieros más grandes de Centroamérica. Ofrece un servicio financiero especializado a personas naturales y jurídicas, con una oferta que comprende especiales condiciones y beneficios, a través de diversos canales.

Cuenta con una amplia red de agencias, ventanillas, autobancos y BP Cajeros ATM, para brindar soluciones integrales mediante diversos productos de financiación, inversión y aseguramiento.

2.7 Banco Financiera Centroamericana, S.A. (FICENSA)

Banco FICENSA fue constituido mediante Instrumento Público No. 11, autorizado el 23 de febrero de 1974 ante los oficios del Notario Ramón Ovidio Navarro; actualmente desempeña un papel activo en el mercado, participando en créditos por montos elevados de inversión en sectores como energía, agroindustria, comercio, manufactura, desarrollos inmobiliarios y pymes.

También participa en varios créditos sindicados con otros bancos, y continúa colocando en el mercado de valores los Bonos Corporativos

---

[22] www.banrural.com.hn
[23] www.banpais.hn

Banco FICENSA, tanto en moneda nacional como extranjera. Una de sus fortalezas es su significativa incursión en la banca corporativa, sin dejar de lado la cartera en banca de vivienda y consumo[24].

2.8 Banco Financiera Comercial Hondureña, S.A. (FICOHSA)

En 1991, por iniciativa de un grupo de empresarios emprendedores y visionarios, se creó la empresa Financiera Comercial Hondureña S.A., cuyo éxito conllevó a que se gestionara su transformación en una institución bancaria; ello dio lugar a la fundación del Banco Ficohsa, que abrió sus puertas al público el 18 de julio de 1994[25].

En 2005, la CNBS autorizó la constitución y operación del Grupo Financiero Ficohsa, conformado por las empresas:

• Banco Ficohsa
• Ficohsa Seguros
• Ficohsa Casa de Cambio
• Ficohsa Casa de Bolsa

Debido a su éxito, optó por extenderse a escala regional. En 2011, constituido como banco internacional, abrió sus puertas en Panamá donde, en 2013, inició operaciones Ficohsa Tarjetas.

En 2012 comenzó operaciones en Guatemala como banco y emisor de tarjetas de crédito. El crecimiento del Grupo continuó en 2014 con la adquisición de la operación de Tarjetas de Citibank en Honduras y, en 2015, con la adquisición de Citibank Nicaragua.

Banco Ficohsa es, junto a Banco Atlántida, uno de los dos bancos más grandes de Honduras en función de su capital social, cartera de activos y pasivos, patrimonio y cobertura de mercado.

2.9 Banco de Honduras, S.A.

El Banco de Honduras fue uno de los primeros de carácter privado que se fundó en el país a finales del siglo XIX, cuando el Estado de Honduras autorizó la creación de bancos comerciales; los primeros fueron el Banco Centroamericano y el Banco Nacional Hondureño, ambos con facultad de emitir billetes. Con la fusión de estos dos entes nació el Banco de Honduras, S.A. en octubre de 1889, con un

---

[24] www.ficensa.com
[25] www.ficohsa.com

capital de 400,000 lempiras[26].

Estuvo ligado a la empresa estadounidense Rosario Mining Company, que explotaba yacimientos mineros en el sector de San Juancito, Tegucigalpa y sus alrededores. Uno de sus mayores accionistas fue el magnate Washington S. Valentine, un empresario estadounidense que, además, era copropietario de la Rosario Mining Company y promotor del Ferrocarril Nacional de Honduras que funcionaba en la Costa Norte. El Banco de Honduras fue el primero en aceptar "papel moneda china", debido a la inmigración de este colectivo asiático al país, que generaba potencial económico y comercial a finales del siglo XIX y principios del XX.

The First National City Bank de Nueva York llegó a Honduras en octubre de 1965, cuando adquirió la mayoría de las acciones del Banco de Honduras. Así, Citi se estableció en Honduras desde ese año y genera unos 150 empleos a través de su banca corporativa y de inversión.

El Banco de Honduras opera como una subsidiaria de Citibank, N.A. Cuenta con dos sucursales, una en Tegucigalpa y otra en San Pedro Sula, y con unas 170 localidades a través de la extensión de la red de depósitos y pago de servicios a nivel nacional. Entre los clientes de Citi se cuentan empresas corporativas, del sector público e instituciones financieras.

2.10 Banco Hondureño del Café, S.A. (BANHCAFE)

El Banco Hondureño del Café, S.A. (BANHCAFÉ) fue creado mediante Decreto Ley No. 931 del 7 de mayo de 1980, como una sociedad anónima de capital variable, por un período indeterminado; inició operaciones el 4 de mayo de 1981.

Originalmente, su finalidad principal fue atender las necesidades financieras del sector cafetalero en lo concerniente a la producción, industrialización y comercialización del café. Actualmente opera como banco general, realizando las actividades propias de la banca comercial[27].

De acuerdo con las modificaciones efectuadas en octubre de 2001, sobre el contenido del Artículo No. 5 de la Ley de Instituciones del Sistema Financiero, el Banco cambió su denominación social de Banco Hondureño del Café, S.A. de C.V., a Banco Hondureño del Café, S.A.

Mediante el Artículo 182 del Decreto No. 129/2004 del 24 de septiembre de 2004, que contiene la Ley del Sistema Financiero, se derogó el Decreto No. 931 de mayo de 1980, con lo que la Junta

---

[26] www.citibank.com
[27] www.banhcafe.hn

163

Directiva del Banco Hondureño del Café, S.A. quedó autorizada para elaborar y presentar ante la CNBS un contrato societario y estatutos sociales, que fueron aprobados por esta entidad y entraron en vigor a partir del 9 de marzo de 2005.

BANHCAFÉ atiende todos los sectores del mercado financiero, conservando su conocimiento y dedicación al sector agrícola, y ofreciendo productos y servicios enfocados en las necesidades específicas de sus clientes; es decir, que nace con una identidad agropecuaria hacia un sector que involucra cerca de una quinta parte de los productores del agro y que, durante sus años de existencia, ha adaptado su estructura funcional a un esquema por el que se proyecta a la sociedad hondureña, ofreciendo más de 35 servicios agrupados en ocho categorías (cuentas de ahorro y cheques, inversiones, fideicomisos, operaciones de crédito, servicios automatizados, servicios internacionales, recepción de pagos de servicios públicos, microfinanzas y otros).

Su base accionaria es de carácter gremial y responde a una asamblea de 44,000 accionistas, de los cuales más del 84% son productores de café y, cerca del 12%, exportadores y torrefactores.

2.11 Banco LAFISE Honduras, S.A.

Inicialmente es necesario referirnos a Latin American Financial Services (LAFISE), una entidad financiera creada en 1985 para ofrecer servicios financieros en Centroamérica y el Caribe.

La función inicial de LAFISE fue servir a las empresas centroamericanas y del Caribe en sus transacciones de monedas extranjeras y en la libre convertibilidad entre las monedas de la región, así como facilitar el acceso a los mercados de capital, mediante la creación y comercialización de instrumentos financieros bursátiles y accionarios. Ha desempeñado un papel importante en el desarrollo de los mercados bursátiles centroamericanos, siendo socio fundador en la mayoría de los países de la región.

En 1990, LAFISE creó la División de Finanzas Corporativas para atender las necesidades de ingeniería financiera de las empresas que requieren invertir o realizar alianzas estratégicas para mejorar su competitividad, como parte del proceso de globalización de los mercados.

En 1991, el Grupo LAFISE inició operaciones en Nicaragua, bajo el nombre de Banco de Crédito Centroamericano (BANCENTRO), convirtiéndose en uno de los principales bancos del país, con una extensa cobertura en el territorio nicaragüense. En la actualidad cuenta con representación en todos los países de Centroamérica, República Dominicana, Venezuela, México, Miami, Panamá y Colombia.

En Honduras, el Banco LAFISE inició operaciones en junio de 2004 y, como parte de la estrategia de expansión del Grupo Financiero Regional, adquirió el 70% de las acciones de Banco Futuro. Es preciso señalar que el Directorio del BCH, según Resolución No. 209-4-97 del 16 de abril de 1998, autorizó a Futuro, Asociación de Ahorro y Préstamo, S.A. su transformación a Banco Futuro, S.A.

El 7 de enero de 2005, el Banco LAFISE cambió su razón social a Banco LAFISE Honduras, S.A. En el mismo año, LAFISE Investment adquirió más acciones de Banco Futuro, por lo que el porcentaje de participación fue del 90%. Como resultado, el 18 de marzo de 2005, la Asamblea General de Accionistas modificó la denominación social de Banco Futuro, S.A. a Banco LAFISE, S.A., que fue protocolizada mediante Instrumento No. 56 del 21 de junio de 2005.

La adquisición de Futuro por parte de LAFISE significó un impacto positivo sobre el mercado financiero del país, al combinar ambas líneas de negocios. Con la integración del Banco LAFISE Honduras al Grupo LAFISE, se fortalecieron las operaciones bancarias en la región, permitiendo realizar operaciones muy complejas de financiamiento a grandes industrias pertenecientes a corporaciones multinacionales que operan en el área.

Banco LAFISE Honduras, S.A. provee productos y servicios de banca universal; entre sus objetivos destaca el incentivo del ahorro libre, financiamiento de sectores productivos, soluciones ágiles para la banca de consumo y servicios que fomentan el comercio exterior, así como la promoción de medios de pago electrónicos[28].

2.12 Banco de Occidente, S.A.

El Banco de Occidente S.A. nació en 1951 en la ciudad de Santa Rosa de Copán, gracias a un grupo de ciudadanos encabezados por el licenciado Jorge Bueso Arias, que visualizaron la necesidad de contar en el Occidente del país con una institución bancaria que promoviera el desarrollo económico y social de aquella rica y productiva región[29].

Su creación fue autorizada mediante el Acuerdo No. 500 de la entonces Secretaría de Hacienda y Crédito Público, y la escritura constitutiva fue autorizada por el Notario Julio M. Rendón, en Santa

---

[28] www.lafise.com
[29] www.bancodeoccidente.hn

Rosa de Copán, el 4 de agosto de 1951. Inició operaciones con un capital de 100 mil lempiras, dividido en 1000 acciones con valor de cien lempiras cada una. Además, incorporó los depósitos y la cartera de préstamos de Casa Bueso, empresa que por largo tiempo desempeñó funciones bancarias en la zona.

Durante los primeros diecinueve años de su vida operacional, el Banco de Occidente solo funcionó con la oficina de su sede; es decir, la de Santa Rosa de Copán. Sin embargo, hacía operaciones crediticias en toda la región occidental y en la Costa Norte. Inició su expansión hasta en 1970, con la sucursal de San Pedro Sula. Actualmente tiene presencia en casi todos los departamentos del país; cuenta con 9 sucursales y 170 oficinas, por medio de las cuales genera empleos y satisface las necesidades bancarias de las comunidades donde se ha establecido.

2.13 Banco Promerica, SA.

Banco Promerica, S.A. es una sociedad privada autorizada el 6 de julio de 2000, mediante Resolución No. 213-7/2000 del Directorio del Banco Central de Honduras. Su escritura constitutiva fue formalizada mediante Instrumento No. 10, en Tegucigalpa, MDC, el 3 de agosto de 2000.

El Banco Central de Honduras aprobó la licencia de operación por su sinergia con bancos filiales en el área centroamericana, cuya orientación es ofrecer a los empresarios de la región servicios globalizados. Banco Promerica abrió operaciones al público el 16 de enero de 2001 en Tegucigalpa y San Pedro Sula, simultáneamente, con la visión de ofrecer un servicio personalizado y eficiente en todas sus transacciones. Sus oficinas principales funcionan en Tegucigalpa.

El banco forma parte del Grupo Promerica, cuyos orígenes se remontan a noviembre de 1991, cuando Ramiro Ortiz Mayorga, junto con 133 socios provenientes de diversas actividades económicas en Nicaragua, fundó Banpro Grupo Promerica[30].

A Banpro Grupo Promerica le siguieron Banco Promerica Costa Rica (1992), Banco Promerica El Salvador (1996), Banco Promerica República Dominicana, Banco Promerica Ecuador (2000), Banco Promerica Honduras (2001), Grupo Promerica en Panamá (2002), Banco Promerica Guatemala (2007) y St. Georges Bank Grupo Promerica en Islas Caimán.

---

[30] www.bancopromerica.com

2.14 Banco Popular, S.A.

De conformidad con la Resolución No. 029/11-01-2005 de la CNBS, y en cumplimiento a lo acordado en la Sexta Asamblea General Extraordinaria de Accionistas del 29 de julio de 2004, se autorizó la constitución de una Asociación de Ahorro y Préstamo en forma de sociedad anónima de capital fijo, que se denominaría Popular, Asociación de Ahorro y Préstamo para la Micro, Pequeña y Mediana Empresa, S.A.

La Asociación fue creada con su domicilio legal en Tegucigalpa, Municipio del Distrito Central, pudiendo establecer y cerrar sucursales y agencias u otros medios de prestación de servicios financieros en cualquier lugar del país o en el extranjero, de acuerdo con las leyes y reglamentos vigentes.

Previa autorización de las autoridades competentes, mediante Instrumento Público No. 9 del 25 de enero de 2008, Popular Asociación de Ahorro y Préstamo para la Micro, Pequeña y Mediana Empresa, S.A., se convirtió en banco comercial y cambió su denominación social por Banco Popular Cóvelo, S.A.

Mediante Instrumento No. 36 del 21 de julio de 2011, Banco Popular Cóvelo, S.A. modificó su denominación social a Banco Popular, S.A., de conformidad con la Resolución GE No. 1131/28-06- 2011, emitida por la CNBS.

Su actividad principal es la intermediación financiera, incluyendo el financiamiento a la micro y pequeña empresa, y cualquier otro servicio, operación o producto financiero que esté relacionado con los fines de la sociedad y del sistema financiero nacional, de conformidad con lo establecido en la Ley del Sistema Financiero vigente y las resoluciones, normas y reglamentos que emita en su oportunidad el Banco Central de Honduras y la Comisión Nacional de Bancos y Seguros[31].

2.15 Banco Cuscatlán Honduras, S.A.

Mediante Decreto Legislativo No. 131 del 8 de noviembre de 1966, se aprobó la Ley del Banco de los Trabajadores. En noviembre de 2010, mediante Decreto 245-2010, el Poder Legislativo adecuó al Banco de los Trabajadores en su forma social, convirtiéndose en una sociedad anónima; esta transformación societaria permitió la capitalización por parte de nuevos accionistas, como: 49 Cooperativas de Ahorro y Crédito Federadas y tres

---

[31] www.bancopopular.hn

instituciones afines: Equidad Compañía de Seguros S.A., Redes Tecnológicas y FACACH[32].

La modificación de la Escritura de Constitución y Estatutos del Banco de los Trabajadores, S.A. fue aprobada por la CNBS mediante Resolución GE No. 075/ 13-01-2011 del 13 de enero de 2011. La cláusula primera de este instrumento establece que la sociedad es de carácter anónima y girará bajo la denominación del Banco de los Trabajadores, a la que se le agregarán las palabras de sociedad anónima o la abreviatura S.A. El instrumento fue registrado en el Registro de Comerciantes Sociales del Registro Mercantil de Francisco Morazán, en el folio 76 y tomo 745, con fecha 15 de abril de 2011.

En el año 2023 Inversiones Cuscatlán Centroamérica se convierte en el accionista mayoritario de la operación de Banco de los Trabajadores en Honduras, pasando a denominarse Banco Cuscatlán Honduras, S. A.

---

[32] www.bantrat.hn

3. La Asociación Hondureña de Instituciones Bancarias (AHIBA)

AHIBA
ASOCIACIÓN HONDUREÑA
DE INSTITUCIONES
BANCARIAS

La Asociación Hondureña de Instituciones Bancarias (AHIBA) es una organización sin fines de lucro, de duración indefinida, que agrupa actualmente 15 bancos comerciales que operan en Honduras. Se fundó el 24 de septiembre de 1956, y sus miembros fundadores son:

• Banco de La Propiedad S.A., representado por don Fernando Villar
• El Ahorro Hondureño, S.A., por don Roberto A. Zelaya
• La Capitalizadora Hondureña, por don Raúl Zelaya S. y,
• Aseguradora Hondureña S.A., por don Marco Agurcia

El propósito de la AHIBA es tutelar y coadyuvar al desarrollo del sistema bancario privado, en un espíritu de libre empresa y sana competencia. Entre las actividades que lleva a cabo, se encuentran las siguientes:

• Auspiciar y procurar la vigencia de un sistema legal, económico y financiero que garantice la estabilidad y el desarrollo de la actividad bancaria privada en el país.
• Estudiar y discutir la política económica, específicamente la política monetaria, crediticia y cambiaria, proponiendo las modificaciones que se consideren convenientes, procurando para tal efecto coordinar las relaciones entre la banca privada, las autoridades monetarias, bancarias y financieras del país.
• Propugnar por la modernización de las prácticas bancarias y de los instrumentos financieros para propiciar el ahorro y estimular la inversión.
• Fomentar las relaciones entre los bancos miembros y el fortalecimiento de las relaciones con otras asociaciones similares del exterior, además de entidades y organizaciones financieras internacionales.
• Propiciar y efectuar todas las gestiones orientadas a resolver de manera armoniosa los problemas que surgieren entre sus miembros.
• Mantener una comunicación permanente y fluida con los demás organismos representativos del sector privado vinculados a la actividad económica y financiera del país y procurar la búsqueda de acciones conjuntas.
• Mantener un registro actualizado de todas las leyes, decretos y resoluciones relacionadas con las actividades bancarias, económicas y financieras.
• Promover la capacitación bancaria integral a través de la realización

de cursos, seminarios, conferencias y divulgación de material bancario seleccionado, por sí o por medio de las personas o instituciones que considere convenientes, orientada la capacitación a la superación profesional y técnica del personal de los bancos miembros.
- Representar a los bancos miembros, ante los organismos y autoridades nacionales bancarias y monetarias correspondientes y entidades nacionales y extranjeras en cualquier gestión relativa al funcionamiento de la banca.

Patrocinar o apoyar cualquier iniciativa que tenga por objeto el mejoramiento de las condiciones económicas, sociales y morales en que se desenvuelva la actividad económica en general y la bancaria en especial[33].

Presidentes en los últimos años

Presidente: José Arturo Alvarado
Período: 1994-1997
Institución miembro: Banco FICENSA

Presidente: Jacobo ÁTALA
Período: 1997-1999
Institución miembro: Banco Mercantil, S.A.

Presidente: Vicente Williams
Período: 1999-2000
Institución miembro: Banco Futuro, S.A.

Presidente: Federico Álvarez
Período: 2000-2001
Institución miembro: Banco El Ahorro Hondureño, S.A.

Presidente: Camilo Átala
Período: 2001-2002
Institución miembro: Banco Ficohsa

Presidente: Roque Rivera
Período: 2002-al 2023
Institución miembro: Banco FICENSA

---

[33] Véase: https://ahiba.hn

Presidente: Manuel Venancio Bueso
Período: 2023 a la fecha
Institución miembro: Banco de Occidente

La Junta Directiva de la AHIBA la conforman altos ejecutivos representantes de ocho de los bancos miembros. Los cargos tienen una duración de dos años con opción a ser reelectos. La elección de la Junta Directiva se lleva a cabo en la Asamblea General, por la Junta de Directores de la Asociación; actualmente (año 2025) está conformada de la siguiente forma:

Cargo	Nombre	Banco
Presidente	Manuel Venancio Bueso	Presidente Ejecutivo Banco de Occidente
Primer Vicepresiden	Mario Agüero Lacayo Bueso	Vicepresidente Banca Corporativa, Banco Atlántida
Segundo Vicepresiden	Javier Átala Faraj	Presidente Ejecutivo Banco Ficohsa
Secretario	Cesar Arturo Zavala	Gerente General, BANHCAFE.
Tesorero	Walter Mejía Trejo	Presidente Ejecutivo, Banco FICENSA
Vocal I	María del Rosario Selman	Presidente Ejecutivo, Banco del País
Vocal II	Carlos Handal	Presidente Ejecutivo Bac Honduras
Vocal III	Francisco José Llanes	Gerente General Banco Promerica

4. El Centro de Procesamiento Interbancario (CEPROBAN)

Ceproban
Centro de Procesamiento Interbancario

El CEPROBAN es una red de servicios financieros que empezó a funcionar en marzo de 2001, como resultado del interés de todos los bancos del sistema nacional para trabajar conjuntamente, a fin de mejorar los servicios financieros del país.

El primer paso fue procesar la Cámara de Compensación Electrónica de Cheques a nivel nacional, prestándole el servicio a varias instituciones gubernamentales para operar en línea con el sistema financiero. El primer cheque fue transmitido por la Cámara de Compensación el 26 de marzo de 2001.

La finalidad de la Cámara de Compensación es agilizar el sistema de pagos de todos los cheques emitidos por los cuentahabientes del sistema bancario de Honduras, mediante la transmisión electrónica de toda la información que contiene el cheque, para honrar su pago en tiempo.

Amerita destacar que la ACH PRONTO (Cámara de Compensación

Automatizada, por sus siglas en inglés) brinda el servicio de enviar transferencias desde las cuentas bancarias a cualquier otro banco del sistema financiero hondureño, utilizando los servicios de CEPROBAN. Las transferencias electrónicas propician, a largo plazo, la descongestión de las oficinas bancarias y facilitan el trabajo a las empresas, pues ya no tienen que exigir a sus empleados que abran cuentas en el mismo banco donde tienen la cuenta para pagar la nómina.

Beneficios de utilizar la ACH:

- Traslados entre cuentas, pago de préstamos y tarjetas de crédito.
- Transferencias interbancarias recibidas en tiempo real.
- Más rápido, seguro y confiable.
- Elimina la necesidad de utilizar cheques.
- Ahorra gastos operativos, tiempo y recursos.
- Las transacciones se pueden hacer desde la comodidad de la casa u oficina.
- Está disponible los 365 días del año.

Preguntas frecuentes

¿Qué es ACH PRONTO?

Es el sistema bancario utilizado para realizar transferencias de fondos y pagos entre bancos, con disponibilidad inmediata de fondos a cuenta.

¿Qué bancos participan en ACH PRONTO?

BCH, Atlántida, Cuscatlán, Occidente, Banco de Honduras, BANHCAFÉ, BANPAÍS, LAFISE, FICENSA, BAC, Promerica, Ficohsa, Davivienda, Banrural, Azteca, BANADESA y Banco Popular.

¿En qué moneda opera ACHPRONTO?

Las transferencias se pueden realizar en moneda nacional o en dólares estadounidenses.

¿En cuánto tiempo se refleja la transferencia en el banco beneficiario?

Las transacciones son aplicadas inmediatamente.

¿Cómo se puede comenzar a utilizar los servicios de ACH?

Si se tiene una cuenta de ahorros o cuenta corriente en cualquiera de las entidades financieras aliadas a CEPROBAN, se puede empezar a utilizar el servicio de ACH PRONTO solicitando previamente, en su banco de confianza, la autorización para hacer transferencias ACH[34].

---

[34] Véase: www.ceproban.hn/ach-pronto.php

5. La Federación Latinoamericana de Bancos (FELABAN)

La Federación Latinoamericana de Bancos es una institución sin fines de lucro, constituida en 1965 en la ciudad de Mar del Plata, Argentina. A través de sus respectivas asociaciones en 19 países del continente, agrupa a más de 623 bancos y entidades financieras de América Latina.

Objetivos de la Federación:

• Fomentar y facilitar el contacto, el entendimiento y las relaciones directas entre las entidades financieras de América Latina, sin considerar asuntos de política interna de cada país.

• Contribuir, por conducto de sus servicios técnicos, a la coordinación de criterios y a la unificación de usos y prácticas bancarias y financieras en general en Latinoamérica.

• Cooperar, dentro de las actividades que le son propias, al más eficaz desarrollo económico de los países latinoamericanos y al de los movimientos de integración económica en que participen. Propender, por todos los medios a su alcance, el desarrollo y bienestar de los países en que radiquen sus miembros.

• Propender por una mayor profundización financiera y mayor acceso de los grupos poblacionales de menor ingreso a los servicios financieros, como forma de contribuir a la disminución de la pobreza en los países latinoamericanos[35].

---

[35] www.felaban.net

6. Otras instituciones del sistema financiero hondureño

6.1 Las asociaciones de ahorro y préstamo

Desde el 13 de enero de 1976, las asociaciones de ahorro y préstamo que operaban en Honduras se regían por una ley especial; esta fue derogada por la Ley de Instituciones del Sistema Financiero, que pasó a regularlas. Más tarde, esta Ley fue derogada con la entrada en vigor de la Ley del Sistema Financ0iero (LSF), que engloba a todas las entidades que, legalmente, son consideradas instituciones del sistema financiero, incluyendo a las asociaciones de ahorro y préstamo; de estas, en la actualidad, no opera ninguna en el país.

En el pasado sí operaron instituciones de esta naturaleza; se enfocaban en promover ahorros y capitales destinados, fundamentalmente, al otorgamiento de préstamos para el sector vivienda; entre estas, se citan las siguientes:

- Casa Propia que, al afrontar problemas financieros, fue adquirida por el Banco Atlántida, S.A.
- La Vivienda y La Vivienda de Sula, que en 2003 fueron absorbidas por el Banco Grupo El Ahorro Hondureño (BGA), que luego pasó a ser Banco HSBC y actualmente Banco Davivienda, de capital colombiano.
- La Constancia, que en 2006 fue adquirida por el Banco del País, S.A.
- Futuro, que se transformó en Banco Futuro, y luego cambió a Banco LAFISE Honduras.

6.2 Las sociedades financieras
6.2.1 Financiera CODIMERSA, S.A.

FINANCIERA CODIMERSA Se constituyó mediante Instrumento Público No. 245 del 18 de marzo de 1995. Inició operaciones como sociedad financiera el 11 de septiembre de 1997, en Santa Rosa de Copán, siendo su principal accionista la Inmobiliaria CODIMERSA, una empresa que surgió en el departamento de Copán con la iniciativa de suplir la necesidad habitacional del mercado en aquel momento.

Financiera CODIMERSA S.A. tiene una sucursal en Corquín, Copán, y otra en Quimistán, Santa Bárbara; sus principales actividades son la colocación de recursos financieros en operaciones de crédito, y la captación de depósitos a plazo en operaciones de ahorro[36].

El capital inicial fue de diez millones de lempiras (L10,000,000.00),

---

[36] www.codimersahn.com

que se ha incrementado con las aportaciones de sus accionistas y la capitalización de utilidades. Cuenta con una estructura organizacional por áreas, que define claramente los niveles de autoridad y responsabilidad; está jerarquizada de la siguiente manera:

- Junta Directiva
- Presidente
- Gerente General
- Jefes de departamentos y encargados de agencia.

6.2.2 Leasing Atlántida, S.A.

Leasing Atlántida

El arrendamiento financiero es una alternativa financiera moderna, diseñada para adquirir todo tipo de activos productivos, necesarios para desarrollar diferentes actividades económicas.

Leasing Atlántida es una de las principales empresas en Honduras enfocadas en el arrendamiento financiero, con más de cuarenta años de experiencia en

el mercado nacional. Inició operaciones en 1978 y, desde entonces, ha liderado el mercado local de leasing. En 1998, el Banco Central de Honduras autorizó a la compañía para operar como Sociedad Financiera regulada, bajo el nombre de Arrendamientos y Créditos Atlántida S.A. (ACRESA)[37].

En su oportunidad, el Consejo de Administración autorizó a ACRESA para que se sumara al proceso de renovación de marca e imagen corporativa del Grupo Financiero Atlántida, presentando una nueva identidad: Leasing Atlántida.

Bajo este nuevo nombre, el producto estrella (Leasing) se fortaleció y consolidó con la marca (Atlántida). Como parte de su evolución, Leasing Atlántida se enfoca en mantenerse a la vanguardia en materia de tecnología y procesos.

En 2014, la CNBS emitió la Resolución GE No. 143/23-01-2014, que estandariza las operaciones de arrendamiento financiero en el país.

6.2.3 Financiera Credi Q, S.A.

CREDIQ

Se constituyó mediante Instrumento Público No. 17 del 3 de mayo de 1991, bajo la denominación social de Fondos Múltiples, S.A. de C.V., para operar como sociedad anónima de capital variable.

Posteriormente, mediante Resolución No. 158-5/99 del 21 de mayo de 1999, el Directorio del BCH la autorizó para operar como sociedad financiera, ajustada a la entonces vigente Ley de Instituciones

---

[37] https://leasingatlantida.com

del Sistema Financiero. Mediante Resolución No. 377-10/2003 del 23 de octubre de 2003, el BCH autorizó a Financiera Credi Q, S.A. el cambio de denominación social, pudiendo utilizar el nombre comercial de Credi Q.

La empresa es una subsidiaria de Inversiones Credi Q Business, S.A., domiciliada en la República de Panamá, que a su vez es subsidiaria del Grupo Q Holding Limited. Su finalidad principal es realizar toda clase de operaciones de inversiones, financiar operaciones comerciales y, en general, cualquier actividad de lícito comercio[38].

6.2.4 *Financiera Solidaria, S.A. (FINSOL)*

Nació con el propósito de apoyar el desarrollo del sector de la microempresa, en vista de la falta de acceso a recursos, principalmente a través del sistema financiero formal, que era el principal factor limitante para el crecimiento de la microempresa[39].

Para hablar de la historia de FINSOL S.A. es preciso resaltar la labor de su promotora, la Fundación Nacional para el Desarrollo de Honduras (FUNADEH), fundada el 15 de febrero de 1983, con el propósito de contribuir al crecimiento de los empresarios a través del financiamiento y la capacitación, para fortalecer sus habilidades de emprendedores.

Debido a su evidente crecimiento, surgió la necesidad de crear una entidad financiera regulada, que tuviera la facultad de captar recursos del público para financiar sus operaciones y garantizar la sostenibilidad de los programas. Es así como nació la Financiera Solidaria S.A. (FINSOL); inició operaciones en junio de 1999, con 13 agencias a nivel nacional, empleados capacitados y una cartera de crédito de 57 millones de lempiras.

Su escritura de constitución fue formalizada mediante Instrumento No. 92 del 6 de octubre de 1998, como una sociedad anónima con un capital de L10,000,000.00, formado por acciones comunes con un valor nominal de L1000.00 cada una, y ha sido objeto de varios aumentos de capital.

Por medio de la Resolución No. 338 del 10 de septiembre de 1998, el Directorio del BCH la autorizó para que operara como una sociedad financiera propiamente dicha. Por tanto, FINSOL es la institución pionera en someterse a un proceso de regulación. Especializada en atender el segmento de la microempresa, abrió el camino a la

---

[38] www.crediq com
[39] www.finsolhn.com

formalización de la industria del microcrédito en Honduras, lo que la llevó al siguiente paso: la intermediación financiera.

Sus actividades se orientan a apoyar financieramente a la micro y pequeña empresa, mediante el otorgamiento de todo tipo de préstamos. Además, realiza inversiones en moneda nacional y extranjera, recibe depósitos de ahorro y a plazo en moneda nacional y extranjera, emite bonos generales a tasas de interés fijo o variable en moneda nacional o extranjera, y contrae otra clase de obligaciones, entre otras operaciones sujetas al marco legal aplicable.

Desde su creación a la fecha, FINSOL registra grandes logros y un crecimiento destacado. Actualmente tiene 19 agencias ubicadas en las principales ciudades del país y una cartera de créditos de más de 500 millones de lempiras; el 63% de esta cartera corresponde a créditos otorgados a mujeres jefes de familia.

6.2.5 *Corporación Financiera Internacional S.A. (COFINTER)*

La Financiera Sólida y Solvente

Se constituyó mediante Instrumento Público No. 63 del 21 de agosto de 1991, por tiempo indefinido y con un capital inicial de L 750,000. Posteriormente, ha habido varias modificaciones a la escritura y al capital social.

Su finalidad es otorgar créditos, el descuento de documentos, la correduría de títulos valores y acciones, mandatos e intermediación financiera, y cualquier otra actividad que le permitan sus estatutos y la ley. Tiene su domicilio en Tegucigalpa[40].

Es del caso señalar que, según publicación del diario *Proceso Digital* del 9 de julio de 2018, la Financiera Popular Ceibeña se encontraba en proceso de liquidación voluntaria; había establecido un plan de devolución de depósitos, para lo cual presentó un cronograma de desembolsos ante la Comisión Nacional de Bancos y Seguros (CNBS).

De acuerdo con esta información, la Financiera decidió acogerse a la liquidación voluntaria establecida en el Artículo 154 de la Ley del Sistema Financiero. Sin embargo, en la publicación de las instituciones supervisadas a diciembre de 2019, que la CNBS realiza periódicamente en su página web, se sigue incluyendo a la Financiera Popular Ceibeña, lo que hace suponer que el proceso de liquidación voluntaria aún no ha concluido.

---

40   https://cofinter.hn/ sobre-nosotros/

6.2.6 Compañía Financiera S.A. (COFISA)

COFISA

Se constituyó como una sociedad anónima de capital variable mediante Instrumento Público No. 28 del 18 de julio de 1983; posteriormente se transformó en una sociedad anónima de capital fijo, según Instrumento Público No. 137 del 13 de octubre de 1994, de duración indefinida y con domicilio en San Pedro Sula, operando con agencias en otros sectores del país.

El objetivo principal de COFISA se orienta a conceder préstamos y realizar inversiones en moneda nacional y extranjera, recibir depósitos a plazo, emitir títulos, contraer y realizar otras operaciones financieras que permite la legislación aplicable a las sociedades financieras[41].

6.2.7 Financiera Insular, S.A.

Fue constituida el 28 de noviembre de 2002, según consta en el Testimonio de la Escritura Pública No. 90. Mediante Resolución No. 386-11/2002 del 21 de noviembre de 2002, el Directorio del BCH autorizó a la institución para que pudiera operar como sociedad financiera, bajo la denominación de Financiera Insular S.A., con un capital inicial de L30, 000,000.00, formado por 300,000 acciones comunes con un valor nominal de L100.00 cada una.

Su finalidad principal es conceder todo tipo de préstamos y realizar inversiones en moneda nacional o extranjera, recibir depósitos a plazo y emitir títulos seriales. Su domicilio está en el municipio de Roatán, Islas de la Bahía[42].

6.2.8 Financiera Microcrédito Honduras, S. A.

En 1989, la Fundación para la Asistencia Comunitaria Internacional, FINCA (por sus siglas en inglés: Foundation for International Community Assistance), abrió sus puertas en el mercado hondureño, primero como Organización No Gubernamental.

Honduras fue el segundo país de América Latina en contar con la presencia de FINCA, y así ejecutar las buenas prácticas de la Banca Comunal Tradicional o Village Banking, llegando a miles de personas con extrema necesidad de capital para desarrollar sus negocios y salir adelante.

En 2007, FINCA Honduras se convirtió en una institución financiera, que sirve a una amplia cartera de clientes con préstamos individuales y grupales. Actualmente tiene licencia otorgada por la CNBS para aceptar

---

[41] https://cofisa.hn/
[42] www.finisa.com.

depósitos; funciona en áreas rurales y urbanas, a través de 23 sucursales[43].

Mediante Resolución GEE No. 654/13-09-2024 de fecha 17 de septiembre de 2024 la CNBS autorizó el cambio de denominación social de Financiera Finca Honduras, S. A. a Financiera Microcrédito Honduras, S. A.

6.2.9 *Organización de Desarrollo Empresarial Femenino (ODEF) Financiera, S.A.*

Nació en 1985 como una Organización Privada de Desarrollo. Realiza actividades de desarrollo social en el área rural, en agricultura sostenible, ambiente y capacitación, todas dirigidas a mujeres.

En 1989 inició un pequeño programa de crédito llamado "Mujeres de Negocio", y en 1990 amplió la actividad crediticia a un producto llamado "Mejoramiento de Vivienda", en el área rural.

En 1992, ODEF realizó un proceso de cambio en busca de la autosostenibilidad mediante la expansión crediticia, iniciando el servicio de créditos a hombres. En 1996 se convirtió en una organización autosostenible.

En 2005, a raíz de la Ley Reguladora de Organizaciones Privadas de Desarrollo Financiero, creó su brazo financiero denominado Organización de Desarrollo Empresarial Femenino Organización Privada de Desarrollo Financiero (ODEF-OPDF); logró ese estatus en enero de 2005. La mayor accionista de la ODEF-Financiera es la ODEF Social.

En 2007, según información publicada por esta entidad, el número de clientes fue de 22,401, distribuidos en nueve departamentos y atendidos a través de 24 oficinas, con una cartera de L 421.8 millones de lempiras. En 2008 logró el estatus de ODEF Financiera S.A., con una visión más ambiciosa y una institución más estructurada.

La Organización de Desarrollo Empresarial Femenino Financiera, S.A. (ODEF Financiera, S.A.), fue constituida en 2008 mediante Instrumento Público No. 78. Fue autorizada para operar como sociedad financiera a través de la Resolución No. 092/22/2008, emitida por la CNBS. Su domicilio legal está en San Pedro Sula[44].

---

[43] www.finca.hn

[44] www.odeffinancierasa.hn

SEGUNDA PARTE: EL SISTEMA ASEGURADOR HONDUREÑO

CAPÍTULO I: HISTORIA Y MARCO LEGAL

1. Antecedentes históricos del Seguro

Edad Antigua

Las primeras formas de seguro datan de la Edad Antigua, en las civilizaciones griega, romana y babilónica. Con ello buscaban proteger tanto los intereses personales como de la comunidad, ya que vivían en pequeños grupos y, a través de la colaboración, hacían frente a las dificultades[45].

Los antecedentes del seguro se encuentran, en gran medida, entre los mercaderes babilónicos unos 3.000 años antes de Cristo quienes, para protegerse de accidentes o asaltos cuando atravesaban el país, empezaron a hacer uso del préstamo a la gruesa, que era aquel que, "bajo cualquiera condición, dependa el reembolso de la suma prestada y el premio por ella convenido, del feliz arribo a puerto de los efectos sobre que esté hecho, o del valor que obtengan en caso de siniestro"[46].

Hacia el año 2.250 a. C. esta práctica se legalizó y se conoció como parte del Código Hammurabi. Se basaba en la solidaridad vecinal y cubría cualquier contingencia imprevista, de manera que, según el acuerdo con el que se entraba al grupo, se podía reponer desde una nave hasta un animal muerto. Este sistema incluso preveía una indemnización a la esposa, en caso de fallecer el cónyuge.

Los hebreos contemplaban estas prácticas, como lo indica el Talmud de Babilonia, donde los trabajadores públicos se dedicaban a recaudar impuestos para crear un fondo comunitario destinado a hacer frente a contingencias que pudieran surgir.

En Grecia también existía una asociación llamada Eranoi, cuyo objetivo era socorrer a sus socios mediante cotizaciones de todos los agremiados. También había asociaciones de artesanos en las que, a través de una aportación, se aseguraban los funerales de los socios. Unos 1.000 años a. C., en Grecia se reguló que, en caso de averías y de verse obligados a lanzar la mercancía por la borda por riesgo de hundimiento, las pérdidas debían repartirse proporcionalmente entre todos los comerciantes.

Edad Media

La Edad Media estuvo marcada por el desarrollo y crecimiento

---

[45] Préstamos a la gruesa, guías jurídicas, en: wolterskluwers.es
[46] Véase en Wikipedia: La Historia de los Seguros.

comercial. En esta época aparecen los primeros seguros sobre la vida humana, debido a los viajes que se realizaban a través de los océanos. Los piratas se dedicaban a capturar a la tripulación y pedir un rescate y, si no lo obtenían, lanzaban a las personas al mar. Para poder garantizar el rescate, surgió este tipo de seguros. Más tarde se amplió la cobertura a fallecimiento en caso de naufragio, u otros incidentes que pudieran surgir durante el viaje.

En la época de las cruzadas el préstamo a la gruesa evolucionó hasta el punto de que se podía asegurar el buque y la carga, pagando una prima fija. Los gremios medievales, por su parte, formaron asociaciones con fines solidarios, para proteger a sus miembros contra pérdidas por incendio, inundaciones o robos.

Los primeros aseguradores eran personas físicas que asumían, individualmente, uno o varios riesgos. En este aspecto, los seguros de aquella época se podrían comparar con un juego de azar.

El seguro con ánimo de lucro tuvo su origen en Italia, en el siglo XIV, cuando los aseguramientos marítimos se hacían a través de préstamos. Era una forma de establecer las garantías de solidaridad de las expediciones. A esta época pertenece el primer contrato de seguro marítimo firmado en 1347, por el que se aseguró el buque Santa Clara, que hizo la ruta entre Génova y Mallorca. Estos contratos recibieron el nombre de pólizas.

En 1435 se promulgó la Ordenanza del Seguro Marítimo en Barcelona, la regulación más antigua que se conoce hasta la fecha.

Época Moderna

En este período, Carlos I de España dictó la primera ley que regula el carácter obligatorio del contrato de seguro marítimo. En este momento pasa de estar representado por una persona física, a ser respaldado por entidades pluripersonales y sociedades anónimas.

El 2 de septiembre de 1666 marca un antes y un después en el mundo de las aseguradoras. Ese día se produjo el gran incendio de Londres, que se extendió sin límites y arrasó gran parte de la ciudad. El resultado fue catastrófico: 12.300 casas y 87 iglesias destruidas, y miles de personas perdieron sus casas y negocios. El médico Nicholas Barbon dejó su profesión, y comenzó a reconstruir las viviendas arrasadas. Esto le llevó a crear su compañía aseguradora contra incendios en 1667, la Fire Office.

En Inglaterra, el seguro estaba asociado a los cafés donde se reunían comerciantes y hombres de negocios. Edward Lloyd era propietario de una cafetería llamada Lloyd's, ubicada en el sector financiero de

Londres. Tras encabezar varias reuniones, comenzó a publicar en 1698 las Lloyd's News, donde daba información de los viajes más recientes y de los mercados en el mundo, además de noticias sobre los cargamentos enviados y las pérdidas en el mar[47].

Se convirtió en una auténtica bolsa de seguros, y se creó la primera asociación de aseguradores particulares: Lloyd's Underwriters. La institución se convirtió en la sociedad anónima de aseguradoras más famosa del sector, que se dedica a reasegurar cualquier tipo de póliza. Hasta mediados del siglo XX, la compañía monopolizó todos los seguros marítimos de Inglaterra.

Durante el siglo XVII, el seguro de vida comenzó a desarrollarse con la dificultad de calcular el coste real de antemano. De ahí surgen las tontinas, el primer intento de utilizar las leyes de la probabilidad y el principio de la esperanza de vida para fijar las anualidades. Los miembros se asociaban y creaban un fondo de contribuciones. El total se invertía y, al final de cada año, se repartían los intereses entre los supervivientes. No tuvieron mucho éxito, pero fueron el germen del seguro de vida.

Por otra parte, en el siglo XVIII, cobran importancia las teorías de Galileo y Pascal sobre el cálculo de probabilidades, por lo que tanto las rentas vitalicias como las indemnizaciones se empiezan a calcular científicamente, teniendo en cuenta la edad y otros factores; esto dio origen a las tablas de mortalidad. La primera empresa que nació basándose en esta teoría es The Equitable Life Assurance Society, en 1762, en Inglaterra. La suma asegurada y el importe de la prima se fijaban al contratar la póliza.

En 1802 se creó en Toulouse (Francia) una gran mutual de seguros, que dio lugar al reaseguro, cuyo objetivo es distribuir los riesgos asumidos por los aseguradores. Se reservan la parte que pueden soportar, y el resto lo colocan en las entidades reaseguradoras. De esta forma, si ocurre un trágico accidente, no es una compañía la que tiene que hacer frente a todos los gastos, sino que están repartidos entre muchas.

En España también hubo un gran desarrollo de las compañías de seguros en el siglo XVIII, especialmente en el ámbito marítimo, en los seguros de incendio y de vida. Pero el gran impulso llegó en 1883, con la creación de una comisión de Reformas Sociales, con la que se asentó la base de la Ley de Accidentes de Trabajo, finalmente promulgada en 1900. Más tarde, en 1908, se creó el Instituto Nacional de Previsión, que fue el origen de lo que hoy conocemos como la Seguridad Social.

---

[47] Véase: https://www.ayaxsuscripcion.com/historia-de-lloyds/

2. El Seguro en Honduras

Antes de la independencia, la Corona española solía fundar en las provincias americanas entidades locales, simultáneamente con la metrópoli, o establecer sucursales de las que operaban en España.

En Centroamérica y el Caribe las actividades aseguradoras, por regla general, no nacieron con el concepto actual, sino hasta principios del siglo XX, de manos de entidades extranjeras, sobre todo estadounidenses y mexicanas. Las coberturas se limitaban, principalmente, al seguro marítimo y de incendio. En Costa Rica, Honduras y Nicaragua los seguros fueron una actividad intrascendente antes del siglo XX, y las leyes al respecto eran muy generales. En Honduras solo operaban entidades extranjeras hasta 1917, cuando se fundó la primera aseguradora: El Ahorro Hondureño, Compañía de Seguros.

En 1954, cuando se fundó la Aseguradora Hondureña, S.A., el Banco Central de Honduras, por medio de la Superintendencia de Bancos, inició la organización de sus funciones de inspección y vigilancia de compañías de seguros, que se oficializó por el Acuerdo 126 del 20 de enero de 1955. El 12 de abril de 1963 entró en vigor el Decreto Legislativo No. 28, que contenía la Ley de Instituciones de Seguros.

2.1 Marco Jurídico de los seguros en Honduras

En Honduras, lo concerniente a los seguros y reaseguros es regulado, fundamentalmente, por la Ley de Instituciones de Seguros y Reaseguros (LISR), emitida mediante el Decreto 22-2001 y vigente a partir del 1 de septiembre de 2001, que derogó la Ley de Instituciones de Seguros emitida mediante Decreto Legislativo No. 28, vigente desde el 12 de abril de 1963. El Código de Comercio también norma algunos tópicos sobre la materia.

La LISR regula la organización, funcionamiento, fusión, conversión, escisión, liquidación y supervisión de las instituciones que realizan actividades u operaciones de seguros y reaseguros. En tal sentido, es pertinente indicar que las instituciones de seguros se clasifican en tres grupos.

Al primero corresponden las que se dedican a operaciones de seguros sobre las personas, es decir, las que tienen como base la cobertura de riesgos relativos a la vida, invalidez o salud del asegurado o que le garanticen a él o a sus beneficiarios, después de transcurrido un determinado plazo, la obtención de una renta o capital u otras prestaciones. Al segundo grupo corresponden las instituciones que se dedican a operaciones de seguros de daños a los bienes o seguros patrimoniales y fianzas. Al tercer grupo corresponden las que operan en seguros del primero y segundo grupo; los seguros de accidentes personales podrán ser operados por instituciones de los tres grupos.

Toda institución de seguros que se organice en el país debe constituirse como sociedad anónima de capital fijo, dividido en acciones nominativas; los socios fundadores pueden ser personas naturales o jurídicas. Para solicitar el establecimiento de una institución de seguros, los interesados deben formular su petición ante el Banco Central de Honduras; esta debe contener el nombre, nacionalidad, experiencia profesional y domicilio de cada uno de los organizadores, y será acompañada de los siguientes documentos:

1) El proyecto de escritura pública de constitución y los estatutos;

2) La estructura financiera y administrativa, ramos de seguros, bases técnicas, pólizas y tarifas, y demás documentos referentes al tipo de operaciones que pretende realizar la institución; además, evidencias de contar con los contratos preliminares de reaseguro o retrocesión en su caso, que garanticen sus operaciones; y,

3) El estudio técnico, económico y financiero que demuestre la factibilidad de establecer la nueva institución y la viabilidad de operación de los ramos de seguro en que operará.

Antes de otorgar la autorización, el BCH debe contar con el dictamen de la CNBS, que deberá asegurarse, mediante las investigaciones que estime convenientes, de que el interés público y las condiciones económicas generales y locales justifican la autorización; que las bases de financiación, la organización, gobierno y administración, al igual que la idoneidad, honorabilidad, experiencia y responsabilidad de los organizadores y eventuales funcionarios, garantizan racionalmente la seguridad de los intereses que el público podría confiarles.

El BCH, por razones de conveniencia nacional, puede denegar la autorización para el establecimiento de una institución de seguros, fundamentando debidamente su resolución. La solicitud deberá ser resuelta dentro de los noventa (90) días hábiles siguientes a la fecha de su presentación. En el caso de que la información suministrada con la solicitud sea insuficiente o no esté debidamente sustentada, el plazo mencionado se calcula a partir de la fecha en que el solicitante corrija o complemente satisfactoriamente la solicitud.

La modificación de la escritura pública de constitución y de los estatutos, así como la ampliación de operaciones a otros ramos de seguro, fusión, escisión o conversión de las instituciones sujetas a la LISR, requieren la autorización del BCH, previo dictamen de la CNBS.

La denominación social de las instituciones de seguros debe ser original, y en ella se incluirán, en español, las palabras "seguros", "aseguradora", "reaseguro" o "reaseguradora", "afianzadora" o "reafianzadora", y en otros idiomas, cuando se trate de una institución extranjera domiciliada y autorizada en el país, o de una fusión con esta.

La fusión de las instituciones de seguros o reaseguros puede darse entre instituciones del mismo grupo; existe fusión cuando dos o más instituciones de seguros se disuelven sin liquidarse para integrar una nueva, o cuando una ya existente absorbe a otra u otras. La nueva institución de seguros o la incorporante, adquieren la titularidad de derechos y obligaciones de las instituciones disueltas.

Las instituciones de seguros que operen en determinado grupo podrán convertirse, con la autorización del BCH y previo dictamen de la CNBS, en otra institución de seguros que opere en cualquiera de los grupos previstos en la LISR; o bien en una institución afianzadora, reaseguradora o reafianzadora, para lo cual deberá modificar su finalidad social y cumplir con los requisitos legales exigidos para la nueva modalidad.

Otra figura singular regulada por la LISR es la escisión, que opera cuando una institución de seguros sin disolverse transfiere en bloque una o varias partes de su patrimonio a una o más sociedades existentes, o las destina a la creación de una o varias sociedades. También se considera que hay escisión cuando una sociedad se disuelve sin liquidarse, divide su patrimonio en dos o más partes, y las transfiere a varias sociedades existentes, destinándolas a la creación de nuevas sociedades.

La administración y representación de toda institución de seguros debe estar a cargo de un Consejo de Administración o Junta Directiva, cuyos miembros deberán ser personas idóneas, solventes y de reconocida honorabilidad. Además, por lo menos dos de ellas deberán acreditar una experiencia no menor de cinco (5) años en cargos técnicos, de dirección o administración de instituciones de seguros, o de haber realizado estudios universitarios en el ramo.

No pueden ser consejeros o directores de una institución de seguros:

1) Los socios, directores, comisarios, auditores externos, asesores, funcionarios y empleados de otra institución de seguros o de una sociedad dedicada al corretaje de seguros o reaseguros, o al ajuste o liquidación de siniestros.

2) Los deudores morosos y aquellos cuyas obligaciones hubiesen sido absorbidas como pérdidas por cualquier institución supervisada por la CNBS.

3) Los concursados, fallidos, quebrados y los que hayan participado culpable o dolosamente en sociedades que hubieren sido declaradas en liquidación forzosa, aunque

hayan sido rehabilitados, y los que tengan juicios pendientes de quiebra, o proceso de liquidación forzosa.

4) Quienes hayan sido condenados por delitos que impliquen falta de probidad contra el patrimonio o la Hacienda Pública.

5) Los cónyuges o los parientes hasta el cuarto grado de consanguinidad o segundo de afinidad, en una proporción que exceda del treinta por ciento (30%) del número de los consejeros o directores de la institución de seguros de que se trate.

6) Quienes se desempeñen como ejecutivos o funcionarios de la institución, salvo que se trate del gerente general, del presidente ejecutivo o de su equivalente, quienes no podrán fungir como Presidente de la Junta Directiva o Consejo de Administración.

7) Los funcionarios públicos por nombramiento o por elección.

8) Los agentes dependientes e independientes, los corredores, los representantes de sociedades de corretaje y los auxiliares de seguros o reaseguros.

9) Las personas que hayan participado en infracciones graves o reiteradas de las leyes.

10) Los que, por cualquier otra razón, sean legalmente inhabilitados para desempeñar dichas funciones.

Corresponde al BCH, mediante resolución general, fijar el capital mínimo de las instituciones de seguros, el cual deberá estar totalmente suscrito y pagado antes de que la institución de seguros o reaseguros inicie operaciones.

El BCH debe actualizar, cuando menos cada dos (2) años, el monto de los capitales mínimos, con base en el comportamiento de la economía y la situación del sector de seguros del país.

Congruente con lo indicado en el párrafo precedente, el Directorio del BCH, mediante Resolución No. 129-3/2025 del 27 de marzo de 2025 (Circular No. D-07/2025), dispuso mantener los montos de capitales mínimos de las instituciones de seguros y reaseguros autorizados mediante la Resolución No. 226-5/2022 del 12 de mayo de 2022, así:

a. Instituciones de Seguros del Primer Grupo: Noventa millones de lempiras (L90.0 millones).

b. Instituciones de Seguros del Segundo Grupo: Noventa millones de lempiras (L90.0 millones).

c. Instituciones de Seguros del Tercer Grupo: Ciento ochenta millones de lempiras (L180.0 millones).

d. Instituciones Reaseguradoras o Reafianzadoras: Doscientos cuarenta millones de lempiras (L240.0 millones).

Por otro lado, con autorización del BCH, el capital de las instituciones de seguros puede ser aumentado sobre el mínimo, o reducido hasta el mínimo legal.

Las instituciones de seguros deben constituir y mantener las reservas y provisiones técnicas necesarias para responder por el cumplimiento de las obligaciones derivadas de los contratos de seguros, fianzas o reaseguro.

Las instituciones de seguros y demás personas naturales o jurídicas sujetas a la LISR, deben enmarcar su publicidad dentro de los límites que el Código de Comercio establece para la actividad mercantil, con el fin de no incurrir en competencia desleal; pueden presentar al público comparaciones directas o indirectas de sus productos con respecto a los de otras instituciones, siempre que estas se basen en hechos reales y comprobados.

Las funciones de supervisión, vigilancia y control de las instituciones y demás personas sujetas a la LISR las ejerce la CNBS, por intermedio de la Superintendencia de Seguros. Las infracciones a lo dispuesto en la LISR, o en los reglamentos o resoluciones de la CNBS o del BCH, se sancionarán con multas que serán aplicadas por la CNBS, según lo dispuesto taxativamente en la indicada Ley.

En lo que atañe a las deficiencias administrativas y financieras en que puedan incurrir las instituciones sujetas a la LISR les resulta aplicable, con sus particularidades, las disposiciones de la Ley del Sistema Financiero.

Como apuntamos al inicio, el Código de Comercio de Honduras también regula algunos aspectos atinentes a los seguros, sobre los cuales amerita destacar los siguientes.

Por el contrato de seguro, la empresa aseguradora se compromete a pagar, a cambio de una prima, una indemnización para atender la necesidad económica provocada por la realización del riesgo. El contrato de seguro será siempre mercantil.

El contrato de seguro, así como sus condiciones y reformas, se probarán por escrito, en el entendido de que la empresa aseguradora estará obligada a entregar al contratante del seguro una póliza en la que consten los derechos y obligaciones de las partes.

No será lícito el seguro, sino sobre riesgos cuya probabilidad matemática de realización pueda calcularse. La indemnización consistirá en el pago de una cantidad, en rentas, en la prestación de especies o de servicios, según se hubiere convenido.

El seguro de daños no puede ser motivo de enriquecimiento para el asegurado. En los seguros que tengan en cuenta los daños en los bienes, en los negocios, responsabilidades por daños en la propiedad ajena o en las personas, la indemnización, a lo sumo, será igual a la cuantía real del daño, que deberá ser valorado concretamente.

En los seguros de riesgos que consideren la cesación de un lucro o la pérdida de un provecho esperado, la valoración de la indemnización que se convenga podrá hacerse en abstracto, pero siempre dentro de los límites que la prudencia y los usos señalen.

Tan pronto como el asegurado o el beneficiario, en su caso, tengan conocimiento de la realización del siniestro y del derecho constituido a su favor por el contrato del seguro, deberán ponerlo en conocimiento de la empresa aseguradora. Todas las acciones que se deriven de un contrato de seguro prescriben en tres años.

CAPÍTULO II: LAS INSTITUCIONES DE SEGUROS QUE OPERAN LEGALMENTE EN HONDURAS

En Honduras, en la actualidad, están legalmente autorizadas para operar como instituciones de seguros doce (12) compañías aseguradoras, cuyos aspectos más relevantes se presentan en este capítulo.

1. Seguros Atlántida, S.A.

Seguros Atlántida, S.A., con domicilio en Tegucigalpa, MDC, se constituyó mediante Instrumento Público No. 45 del 30 de agosto de 1985, con un capital inicial autorizado de L 3, 000,000.00, que ha sido aumentado varias veces.

La Compañía es subsidiaria de Inversiones Atlántida, S.A. y es parte del Grupo Financiero Atlántida; su finalidad es celebrar contratos de seguros en los diversos ramos, adquirir, o por cualquier título poseer toda clase de bienes inmuebles, y expedir, emitir, endosar o en cualquier otra forma negociar títulos de crédito, celebrar contratos, ejecutar los actos y realizar todas las operaciones mercantiles convenientes para su giro.

En sus inicios se enfocó en los seguros de autos, patrimonio y de vida a través de su única oficina en Tegucigalpa, ubicada en el centro de la ciudad. En 1988 abrió la oficina regional en San Pedro Sula, alcanzando una mayor cobertura geográfica. En 1991, la oficina principal de la Compañía se trasladó a sus nuevas y modernas instalaciones en el Edificio SONISA, siempre en Tegucigalpa.

Con el paso del tiempo, Seguros Atlántida inauguró oficinas regionales en las ciudades de Santa Rosa de Copán, Choluteca y La Ceiba, garantizando así un mejor tiempo de respuesta en los procesos de atención y servicio al cliente. Actualmente ofrece seguros agrícolas, de autos, patrimoniales, de personas y fianzas[48].

2. Assa Compañía de Seguros Honduras, S.A.

Cuenta con más de 60 años de presencia en el mercado asegurador hondureño. Comenzó en 1957, bajo la razón social de Hannover Insurance Company y, a lo largo de los años, fue cambiando de razón social. En 2009 era conocida como American Home Assurance; en 2013 pasó a ser Chartis Seguros y, en 2014, se restableció la marca de American

---

[48] Véase: https://segurosatlantida.com

192

International Group (AIG), operando en Honduras como una sucursal de AIG Seguros Guatemala, S.A.

En octubre de 2015, ASSA Compañía Tenedora, S.A., sociedad holding de ASSA Compañía de Seguros, S.A., empresa dedicada al negocio de seguros en general, fianzas, vida y salud en la República de Panamá, convino adquirir el 100% de las operaciones de seguros de AIG en Centroamérica. Esta transacción culminó el 19 de enero de 2017.

Luego de obtener las aprobaciones regulatorias requeridas, a mediados de 2017, la empresa empezó a operar bajo la marca ASSA, cuya finalidad principal es emitir contratos de aseguramiento para indemnizar las pérdidas de bienes o patrimonio sufridas por el contratante, y que se conocen como seguros de daños, incluyendo los contratos de accidentes y fianzas.

Entre sus productos a nivel individual / familiar, destacan los seguros de accidentes personales, de viajes, automóviles y hogar. A nivel de empresas / colectivos, se incluyen los seguros contra incendio comercial, todo riesgo, responsabilidad civil, seguro de transporte, infidelidad de empleados y riesgos financieros[49]

3. Seguros Banrural Honduras, S.A.

Seguros Banrural Honduras tiene su domicilio en la ciudad de Tegucigalpa; está conformada con capital variado, y sus accionistas son Aseguradora Rural, S.A. Guatemala, líder en el mercado asegurador guatemalteco, y el Instituto de Previsión Militar, institución hondureña de previsión.

Su operación fue autorizada mediante la Resolución No. 97-3/2016, emitida por el Directorio del BCH, y se constituyó según Instrumento Público No. 69 del 4 de mayo de 2016, con un capital de L 140,000.000.00; empezó sus operaciones el 25 de agosto de 2016.

Entre los productos que ofrece destacan los seguros de autos, incendios, vida y saldo de deuda[50].

---

[49] Véase: www.assanet.com.hn
[50] www.segurosbanrural.com

4. Seguros Bolívar Honduras, S.A. (Seguros DAVIVIENDA)

El 17 de enero de 1917 se fundó la primera compañía de seguros en Honduras y la segunda en Centroamérica; se constituyó mediante Instrumento Público No. 21, autorizado en la misma fecha, conociéndose como El Ahorro Hondureño, Compañía Centroamericana de Seguros y Caja de Ahorros.

En 1929 se organizó el Departamento Técnico de la compañía; en junio de 1937 se organizó la sección de Seguros contra Accidentes Personales, anexo al Departamento de Vida. En la década de 1940 se constituyó el Departamento de Cobranzas y se agregaron líneas de riesgos, como la cobertura de seguros de incendio y sus líneas aliadas.

Con el ingreso de la banca extranjera a Honduras, se hizo necesario constituir una banca nacional que respondiera a las necesidades del pueblo hondureño. Así, los accionistas de El Ahorro Hondureño, S.A., Compañía de Seguros, fundaron el Banco de El Ahorro Hondureño (BANCAHORRO), el 23 de septiembre de 1959, y traspasaron a la nueva institución toda la cartera de depósitos de ahorro.

En el año 2000, el Grupo BGA y Seguros El Ahorro Hondureño pasaron a formar parte del Grupo Banistmo, uno de los grupos financieros y aseguradores más importantes de Centroamérica. El 8 de septiembre de 2003, en Asamblea Extraordinaria de Accionistas, se acordó modificar la denominación social de la compañía "El Ahorro Hondureño, S.A. Compañía de Seguros", a "Seguros El Ahorro Hondureño S.A.".

A partir de 2006, Banistmo fue adquirido por uno de los grupos financieros más grande del mundo: HSBC. En 2007 se devela la marca HSBC en todo el país, y todas las oficinas de seguros visten la nueva marca HSBC.

El 24 de enero de 2012, HSBC anunció su acuerdo de vender todas sus operaciones en Costa Rica, El Salvador y Honduras, incluyendo HSBC Seguros, a Banco Davivienda S.A. ("Davivienda"), un grupo bancario colombiano, por un total de USD 801 millones en efectivo.

El 8 de diciembre de 2012 se anunció la compraventa de las operaciones de HSBC Honduras, oficializando las aprobaciones regulatorias pertinentes para la transferencia de acciones y el cambio de nombre de las sociedades que conformaban el Grupo Financiero HSBC Honduras S.A. a Banco Davivienda Honduras S.A. También se cambió la rotulación de marca Davivienda en todas las oficinas y sucursales del país, a Davivienda Seguros en las oficinas de seguros.

La compañía es parte del Grupo Financiero Davivienda Honduras, y su finalidad principal es la aceptación de las coberturas de riesgos, para indemnizar al contratante por pérdidas sufridas de los bienes o patrimonio, que se conocen como seguros de daños, de personas, incluyendo los contratos de accidentes y fianzas. La controladora directa de la compañía es Banco Davivienda Colombia, y la última controladora del Grupo es Grupo Bolívar, S.A. (Colombia)[51].

5. Seguros del País, S.A.

Seguros del País es una empresa especializada en el sector asegurador, que ha crecido con demostrada calidad, ubicándose entre los primeros lugares del ranking nacional de este negocio.

La Compañía fue constituida mediante Instrumento Público No. 71 en febrero de 2001, en San Pedro Sula; inició operaciones en 2002, de la mano de los fundadores de Banco del País, con el propósito de proteger la cartera de crédito de Banco del País, como filial de Grupo Financiero del País. A partir de 2006 comenzó una nueva estrategia, a fin de penetrar otros segmentos del mercado nacional y atender el negocio asegurador en general.

El 18 de diciembre de 2007 la principal accionista de Banco del País, S.A., Corporación Nacional de Inversiones, S.A., fue adquirida en un 100% por Bicapital Corporation, compañía asociada con el Grupo Banco Industrial de Guatemala. Destacan entre sus productos los seguros de vida, accidentes personales, gastos médicos, incendio y líneas aliadas, automóvil, transporte, ingeniería, aviones, robo, equipo electrónico y el seguro marítimo[52].

6. Seguros Continental, S.A.

Seguros Continental S.A. fue fundada en mayo de 1968, en San Pedro Sula; ese mismo año fue autorizada para operar la actividad de seguros, a través del Acuerdo No. 13 emitido por el Poder Ejecutivo. Inicialmente operó con el nombre de Compañía de Seguros La Continental, S.A., con un capital social de L400, 000.00.

Su actividad principal es la aceptación de coberturas de riesgo,

---

[51] www.davivienda.com.hn/seguros

[52] www.segurosdelpais.hn

fianzas y garantías para cubrir indemnizaciones en Honduras y fuera del país. Ofrece, entre otros, seguros de vida individual y colectivo, contra accidentes personales, automóvil, incendios, médico hospitalarios y transporte[53].

7. Seguros Crefisa, S.A.

Es una sociedad anónima autorizada por el Poder Ejecutivo mediante Acuerdo A.L. 0210/93. Fue fundada el 24 de febrero de 1993, como resultado de la reunión de un grupo de empresarios visionarios, en un esfuerzo por ofrecer una compañía que diera respuestas novedosas y acordes a las necesidades de protección de los clientes.

La constitución de Seguros Crefisa fue formalizada mediante Instrumento Público No. 20 del 16 de abril de 1993, con un capital social autorizado de L15,000,000.00, representado por acciones comunes de L100 cada una; inició sus operaciones al público el 1 de septiembre de 1993, con una novedosa gama de productos y servicios en seguros de personas, daños y fianzas. Tiene oficinas en Tegucigalpa, San Pedro Sula y La Ceiba.

Desde 2018, la compañía está enfocada en el desarrollo e implementación —con el apoyo de una prestigiosa firma consultora internacional—, de un proceso de transformación de su estructura y productos, con el propósito de crecer y asumir nuevos retos en el mercado asegurador nacional; ofrece, entre otros, seguros de vida, de accidentes personales, gastos médicos, incendio, robo, transporte, equipo electrónico, responsabilidad civil, dinero y valores, fianzas de anticipo, cumplimiento de contrato, calidad de obra, fidelidad, sostenimiento de ofertas y aduaneras[54].

8. Equidad Compañía de Seguros, S.A.

Se constituyó mediante Instrumento Público No. 250 el 27 de agosto de 2003, en la ciudad de Tegucigalpa, con la finalidad de dedicarse a actividades que tengan relación directa con las operaciones de seguros y fianzas, la inversión de su capital y de sus reservas técnicas y matemáticas, la venta de bienes provenientes de las recuperaciones de siniestros, realizar operaciones de seguros en los diversos ramos y emitir fianzas.

---

[53] www.segcon.hn
[54] www.crefisa.com

Equidad Compañía de Seguros S.A. es la primera aseguradora con capital 100% cooperativo, constituida por 42 accionistas (41 Cooperativas de Ahorro y Crédito y la Federación de Cooperativas de Ahorro y Crédito de Honduras, FACACH), autorizada por el Banco Central de Honduras y supervisada por la Comisión Nacional de Bancos y Seguros. Con el objetivo de ampliar la cobertura a escala nacional, mantiene cuatro sucursales y siete puntos de servicio en las principales ciudades de Honduras.

Brinda protección y servicios, fundamentados en valores cooperativos, a las familias y patrimonios del sector social de la economía, mediante seguros y servicios de calidad al alcance de todos. Destacan lo que atañe a los seguros de vida: ahorro, vida deudora, accidentes personales, préstamos, directivos, empleados y afiliados, familiar, saldo de deuda, médico hospitalario y amparo funerario.

Respecto a los seguros contra daños, destacan: incendio y/o rayo, dinero, valores y fidelidad laboral, vehículos automotores, equipo electrónico y motocicletas. En lo referente a la Banca seguros y Micro seguros, resaltan los orientados a la protección familiar, protección del hogar y protección de tarjeta de débito[55].

9. Interamericana de Seguros, S.A. (Ficohsa Seguros)

La compañía fue creada en 1957, bajo el nombre de Compañía de Seguros Interamericana, S.A., ofreciendo una serie de productos en el ramo de seguros y fianzas.

Tras una trayectoria modesta, fue adquirida por el Grupo Financiero Ficohsa el 1 de enero de 1996, cambiando su razón social a Interamericana de Seguros, S.A.

En 2002 se convirtió en la primera compañía aseguradora en el mercado hondureño que se sometió a una calificación internacional, con base en los estados financieros, al cierre de ese año.

En febrero de 2010, el Grupo Financiero Ficohsa consolidó su desempeño bajo una sola marca: Ficohsa. Así, todas las empresas miembros del Grupo responden al mismo nombre, por lo que Interamericana de Seguros, S.A., gracias a un contrato de licenciamiento de uso de marca suscrito el 28 de enero de 2010 con el Banco Ficohsa, también puede identificarse frente al público como Ficohsa Seguros que, actualmente, conforme al ranking de compañías de seguros de Honduras,

---

[55] www.segurosequidad.hn

ocupa la primera posición.

Ficohsa Seguros ofrece, entre otros productos, seguros médico-hospitalarios, colectivo de gastos médicos familiares y de bienes, de vida y médicos para pymes, vida en dólares, accidentes personales, de auto, de hogar y fianzas en todas sus modalidades[56].

10. Seguros LAFISE (Honduras), S.A.

Se constituyó mediante Instrumento Público No. 1 del 18 de marzo de 2009, con un capital autorizado de L83,000,000.00, dividido en 83,000 acciones nominativas ordinarias, con un valor nominal de L1,000.00 cada una.

Se dedica a actividades que tienen relación directa con las operaciones de seguros y fianzas, la inversión de su capital y de sus reservas técnicas y matemáticas, la venta de bienes provenientes de siniestros y los que fueren traspasados en pago de deudas provenientes del giro del negocio; puede proveer servicios destinados exclusivamente a la atención de sus asegurados en relación con los riesgos asumidos, además de dedicarse a operaciones de seguros sobre las personas[57].

11. MAPFRE / Seguros Honduras, S.A.

Fue fundada en 1954 con el nombre de Aseguradora Hondureña, S.A., por un grupo de inversionistas que construyó una sociedad anónima para comercializar seguros y finanzas.

Abrió sus puertas al público el 12 de junio de 1954 en Tegucigalpa, en un antiguo caserón de la Avenida Jerez, para iniciar una larga trayectoria de servicio y constante innovación; posteriormente se extendió a San Pedro Sula, La Ceiba, Choluteca, Comayagua, Tocoa, Santa Rosa de Copán y Guanaja, Islas de la Bahía; fue la primera compañía en incursionar en los ramos de daños, como incendio y automóviles.

Según crónicas de la época, el abogado Samuel Da Costa Gómez, presidente y asesor vitalicio de la compañía, ejecutó las formalidades para registrarla legalmente con capital accionario respaldado por Ignacio Agurcia Midence y sus hijos Ignacio y Juan Marco Agurcia Ewing.

En 2006, la entidad Mundial Desarrollo de Negocios, S.A. adquirió el 73% de las acciones de la compañía y, debido a la nueva estructura

---

[56] www.ficohsa.com/seguros
[57] www.lafise.com/slh

198

accionaria, la sociedad pasó a denominarse Aseguradora Hondureña Mundial, S.A.

En 2010, la compañía Mundial de Desarrollo y Negocios, S.A. fue adquirida por el Grupo MAPFRE, un grupo empresarial español que desarrolla actividades aseguradoras, reaseguradoras, financieras y de servicios; en consecuencia, a partir de mayo de 2011, la compañía se denomina MAFRE Seguros Honduras S.A. y pasó a formar parte de uno de los principales grupos aseguradores del mundo. El portafolio de sus productos abarca todos los ámbitos de la actividad aseguradora[58].

12. Pan American Life Insurance Company

Es una sucursal de la Corporación Pan American Life Insurance Group, una sociedad mutualista constituida y existente de conformidad con las leyes del Estado de Louisiana, Estados Unidos.

Mediante Acuerdo No. 1512 del 31 de marzo de 1944, el Poder Ejecutivo reconoció la personería jurídica de la compañía que opera en Honduras, cuya finalidad es la aceptación de la cobertura de riesgos mediante la suscripción de contratos de seguros de vida y de accidentes y enfermedades, ya sea en forma individual o colectiva, para cubrir indemnizaciones y los beneficios establecidos en los contratos de seguros[59].

13. Organizaciones gremiales del sector asegurador

13.1 Cámara Hondureña de Aseguradores (CAHDA)

Según relatan algunos exfuncionarios de trayectoria en el sector asegurador, antes de la CAHDA funcionó en el país una Cámara Bancaria y de Aseguradores, que aglutinaba a los bancos e instituciones aseguradoras; sin embargo, sesionaban por separado, hasta que optaron por separarse y conformar cada cual su propia organización representativa.

La Cámara Hondureña de Aseguradores (CAHDA) fue fundada el 25 de junio de 1974, con cinco compañías aseguradoras afiliadas. Es una organización civil sin fines de lucro, que agrupa a las instituciones de seguros que están autorizadas legalmente para operar en el país; en la

---

[58] www.mapfre.com.hn/seguros-hn
[59] www.palig.com/es/honduras

actualidad cuenta con doce compañías afiliadas. El órgano supremo de la organización es la Asamblea General de sus miembros y, en receso de la Asamblea, la Junta Directiva y la Gerencia General.

Sus objetivos son representar y defender los intereses de los aseguradores privados del país, tanto a escala nacional como internacional, propiciando el desarrollo y modernización permanente del mercado de seguros, reaseguros y seguridad social.

Para cumplir su cometido, la CAHDA cuenta con varios comités técnicos, que desarrollan actividades a través de reuniones periódicas que realizan en la sede de la Cámara. Los comités están conformados por ejecutivos técnicos de las compañías afiliadas, y su función es actuar como órganos consultores de la Cámara para el desarrollo del sector; los procedimientos de trabajo se rigen por un reglamento interno.

Además, desarrolla un programa de capacitación para el fortalecimiento del recurso humano de sus afiliadas, a través de seminarios avanzados. La CAHDA, como órgano representativo del sector asegurador hondureño, está afiliada a la Federación Interamericana de Empresas de Seguros (FIDES)[60].

13.2. Federación Interamericana de Empresas de Seguros (FIDES)

La Federación Interamericana de Empresas de Seguros tiene sus raíces en la Primera Conferencia Hemisférica de Seguros realizada en Nueva York, en 1946, convocada por invitación de los Estados Unidos a los representantes de las compañías de seguros de Norte y Sudamérica. Adquirió su personería jurídica mediante Resuelto No. 206-PJ-110 del Ministerio de Gobierno y Justicia de la República de Panamá, el 21 de mayo de 1999.

Las conferencias se llevan a cabo cada dos años, y sirven de foro para analizar la problemática de los seguros y su función económica y social. La formalización institucional de las Conferencias Hemisféricas y la elaboración de los Estatutos se dio en la denominada Carta de Colombia en 1967, cuando se adoptaron los diez principios básicos de los seguros, que servirían como guía de acción de las organizaciones de seguros privados en cada uno de los países.

Posteriormente, en 1973, por iniciativa de la delegación mexicana, se aprobó cambiar la denominación de Conferencias Hemisféricas por el de Federación Interamericana de Empresas de Seguros (FIDES). En el

---

[60] www.cahda.org

texto de la Proposición de la Delegación Mexicana a la XIV Asamblea Plenaria de la Conferencia Hemisférica de Seguros sobre Cambio de Denominación, se hace un recuento detallado del ideario y los desarrollos institucionales de las Conferencias, pero se enfatiza en que la denominación "Conferencia Hemisférica de Seguros" no refleja la noción de permanencia, ni de una institución con vida propia, sino más bien de reuniones de tipo académico.

Otro cambio fundamental, aprobado en 1981 durante la XVIII Conferencia, fue la modificación de los Estatutos para dar cabida a un nuevo tipo de miembros: los Miembros Activos Extracontinentales; con base en estos se aprobó la incorporación de la Unión Española de Entidades Aseguradoras y Reaseguradoras (UNESPA), organización representativa de los aseguradores privados de España. Esta modificación extendió la territorialidad de la FIDES, pues pasó de ser una organización gremial estrictamente americana, a convertirse en Iberoamericana.

Cabe apuntar, además, que los Estatutos fueron modificados por acuerdo de la Asamblea General Extraordinaria celebrada el 31 de mayo de 2011 en el marco de la Conferencia Hemisférica de San Pedro Sula, Honduras.

La FIDES apoya a las asociaciones afiliadas, aporta soluciones a inquietudes presentes o futuras relacionadas con el sector asegurador, así como en lo referente a las áreas de capacitación e información, globalización e integración multilateral.

La Federación tiene un Presidente que es elegido cada dos años en la Asamblea General Ordinaria; además, cuenta con cuatro presidentes regionales distribuidos de la siguiente manera: Norte, Centro y Caribe, Andina y Sur. También cuenta con un Secretario General, quien administra las funciones y actividades de la Federación[61].

---

[61] Véase: www.fidesseguros.es

TERCERA PARTE: OTRAS INSTITUCIONES DEL MERCADO FINANCIERO DE HONDURAS

CAPÍTULO I: BOLSAS DE VALORES Y CASAS DE BOLSA

1. Antecedentes históricos del mercado bursátil

Los primeros mercados de valores surgieron en el siglo XVI; sin embargo, los antecedentes los podemos encontrar en el siglo XII en Europa. Por ejemplo, Francia tenía un sistema por el cual los corredores de divisas gestionaban deuda del sector agrícola alrededor del país a nombre de los bancos. Esto se puede ver como un ejemplo de mercado de valores, ya que estos hombres operaban con las deudas de los agricultores.

Más tarde, en el siglo XIII, los mercaderes de Venecia pudieron operar con bonos de deuda pública y, poco después, banqueros de Pisa, Verona, Génova y Florencia también empezaron a operar con bonos.

Los primeros mercados de valores apuntan mayoritariamente a Brujas, Flandes y Gante en Bélgica, y Róterdam en los Países Bajos, pues todas estas ciudades tenían sus propios mercados de valores en los siglos XV y XVI; sin embargo, a título oficial, es la ciudad de Amberes, en Bélgica, la que se considera como la primera en tener un mercado de valores.

Pero a todos estos mercados de valores les faltaba una cosa: Valores. Aunque las infraestructuras y las instituciones se parecían mucho a las que existen actualmente, nadie estaba intercambiando acciones de una empresa, puesto que los mercados se encargaban de la deuda de los gobiernos, comercios y personas físicas.

Sería hasta en 1602 cuando que se creó la primera bolsa oficial de valores: la Bolsa de Ámsterdam, cuya aparición fue impulsada por la organización de la Compañía Británica de las Indias Orientales en 1600. Considerada como la primera sociedad anónima del mundo, esta Compañía se encargaba de navegar hasta Oriente en busca de riquezas. El principal riesgo de esta empresa era la posible pérdida de las mercancías por la dificultad de los viajes o los ataques de piratas. Los inversores se dieron cuenta de que, en lugar de invertir y arriesgar todo el dinero en un viaje, podían comprar acciones en diversas compañías.

Al ver que era un modelo de negocio muy interesante, este tipo de compañías se fueron extendiendo a lo largo de Europa, hasta que en 1602 se creó la Compañía Holandesa de las Indias Orientales, cuyas acciones solo se podían vender públicamente en la Bolsa de Ámsterdam. Las acciones y bonos se entregaban a cada inversor y cada uno de ellos tenía garantizado un porcentaje de los beneficios de la compañía62. Se comprobó que el sistema era muy efectivo y, una década después, diversas compañías de Inglaterra, Francia, Bélgica y los Países Bajos siguieron los mismos pasos.

Las primeras acciones se escribían en hojas de papel y los inversores las intercambiaban con otros en las cafeterías. En otras palabras, las cafeterías fueron las primeras bolsas, dado el hecho de que los inversores iban allí para comprar o vender acciones.

Al principio, la gente no entendía la importancia del mercado de valores; algunos sabían que era trascendente y valioso, pero nadie sabía exactamente qué sería en el futuro. Debido a la incertidumbre y a la poca regulación, los inicios del mercado de valores se parecían al viejo Oeste estadounidense. En Londres, una empresa podía abrir por la noche y empezar a vender acciones sin ningún control. En muchos casos, las compañías eran capaces de hacer mucho dinero solo prometiendo a sus clientes que en muy poco tiempo serían muy rentables.

Como no existía una regulación y había pocos métodos para diferenciar las compañías trampa de las que eran serias, al final la burbuja explotó. Las compañías empezaron a dejar de pagar dividendos y el gobierno de Inglaterra tuvo que prohibir la venta de acciones, hasta 1825.

Sin embargo, la Bolsa de Valores de Londres se presentó oficialmente en 1801. Como las empresas no podían vender acciones, la actividad de esta Bolsa era muy limitada. Debido a ello, la Bolsa de Londres salió perjudicada, lo que facilitó que empezaran a aparecer bolsas en otros países.

Por eso, la creación de la Bolsa de Nueva York (New York Stock Exchange, NYSE) en 1827 es una de las fechas más importantes. La NYSE empezó a intercambiar acciones desde el primer día; no obstante, contrariamente a lo que mucha gente piensa, la NYSE no fue la primera bolsa de Estados Unidos, pues la Bolsa de Philadelphia es la que tiene ese reconocimiento.

Sin embargo, la NYSE pronto se convirtió en la más importante del país, debido a que no tenía competencia y por ubicarse en el centro de la importante ciudad de Nueva York.

Así, la Bolsa de Londres era la principal bolsa de Europa, mientras que la Bolsa de Nueva York era la más importante de América y del mundo. En los países desarrollados las bolsas más importantes aparecieron en los siglos XIX y XX, poco después de creadas las bolsas

---

62 Véase: La historia de la Bolsa y los mercados bursátiles - Renta 4 Blog (r4.com)

de Londres y de Nueva York. Actualmente, casi todos los países tienen una bolsa de valores.

Para citar algunos casos, Canadá desarrolló su primera bolsa en 1861, en Toronto. Esta es la tercera más grande de América del Norte por capitalización bursátil. Incluye empresas nacionales y del resto del mundo. La TSX (Toronto Stock Exchange), como se le conoce, aloja más compañías petroleras y gasistas que cualquier otra bolsa del mundo; por ello, su valor es muy elevado.

Las bolsas de valores se pueden encontrar en todos lados y no se puede negar su importancia. Cada día, trillones de dólares son intercambiados en bolsas, y son los que hacen funcionar este mundo, mayoritariamente capitalista; incluso países casi en guerra permanente, como Iraq, tienen su propia bolsa de valores.

Después de dominar la economía mundial durante tres décadas, la Bolsa de Nueva York se enfrentó a un duro competidor en la década de 1970. En 1971, dos organizaciones — The National Association of Securities Dealers y Financial Industry Regulatory Authority— crearon la bolsa de valores NASDAQ (National Association of Securities Dealers Automated Quotations), que siempre ha funcionado diferente a las bolsas tradicionales. En vez de tener una localización física, se compone de una red de ordenadores donde todas las transacciones se realizan electrónicamente.

El hecho de comerciar electrónicamente le dio una gran ventaja a la NASDAQ respecto a su competencia. Durante años, la competencia entre la NASDAQ y la NYSE ha hecho que vayan evolucionando y mejorando. En 2007, por ejemplo, la NYSE se fusionó con Euronext para crear el NYSE Euronext, la primera bolsa transatlántica del mundo.

Los índices tienen un rol importante en las bolsas modernas. El Promedio Industrial Dow Jones (DJIA, por sus siglas en inglés) es, sin duda, el índice más importante del mundo. Este fue uno de los primeros índices, creado por el fundador del periódico The Wall Street Journal, Charles Dow, con su colega Edward Jones, con quien también fundó Dow Jones & Company, una empresa de consultores financieros.

El índice Dow Jones fue publicado por primera vez en 1885; consta de treinta grandes empresas estadounidenses de capital público que desempeñan un papel importante en la economía de los EE. UU. El índice empezó como una lista de empresas que estaban relacionadas con la industria pesada; de ahí viene la palabra "industrial" de su nombre.

En la actualidad, muchas empresas que constan en este índice tienen poco que ver con la industria pesada, ya que se van agregando o eliminando conforme pasa un periodo de tiempo, reflejando su importancia en la economía estadounidense. Algunas de las compañías incluidas en el DJIA son:

- American Express
- 3M
- Goldman Sachs
- General Electric
- DuPont
- Coca-Cola
- IBM

El DJIA es una lista de las empresas más ricas y poderosas de los Estados Unidos. General Electric es la que lleva más tiempo en el índice; fue incluida en 1907 y también estaba presente cuando se creó el DJIA. Otros índices importantes son el NASDAQ Composite, el S&P 500 y el Russell 2000.

Debe señalarse, por otra parte, que la caída de las bolsas es algo muy difícil de evitar; la mayoría ha tenido alguna caída importante durante su historia. Ha habido multitud de caídas a lo largo de la historia, aunque la más conocida es la del famoso jueves negro de 1929, al que le siguió el lunes negro y el martes negro. Durante la caída, el DJIA perdió el 50% de su valor, arrastrando consigo a los EE. UU. y al resto del mundo a una recesión descomunal.

La caída de valores de 1987 fue una de las mayores caídas en la era digital y fue relativamente importante debido a que nadie la previó. No hubo noticia al respecto, ni ninguna pista de lo que podía ocurrir. Empezó en Hong Kong, donde los mercados bursátiles cayeron un 45,5% entre el 19 y el 31 de octubre. A finales de octubre, todas las grandes bolsas del mundo sufrieron caídas de dos dígitos. Los mercados de Australia sufrieron una caída del 43%, mientras que en Canadá y Estados Unidos las caídas fueron del 23%.

Cabe apuntar, finalmente, que la lista de las diez bolsas más grandes del mundo contiene bolsas de países desarrollados de América, Europa y Asia; estas son las siguientes:

1. New York Stock Exchange
2. NASDAQ
3. Tokyo Stock Exchange
4. London Stock Exchange Group
5. Euronext
6. Hong Kong Stock Exchange
7. Shanghai Stock Exchange
8. Toronto Stock Exchange

9. Frankfurt Stock Exchange
10. Australian Securities Exchange[63]

2. El mercado de valores en Honduras

Los primeros esfuerzos realizados en Honduras para desarrollar el mercado de valores se remontan a 1976; fueron liderados por la desaparecida Corporación Nacional de Inversiones (CONADI), con la cooperación de la Organización de las Naciones Unidas (ONU).

En agosto de 1980 se presentó a la Presidencia Ejecutiva de la CONADI el Proyecto Bolsa de Valores en Honduras que incluía, como anexos, un Anteproyecto del Reglamento de la Bolsa de Valores para la etapa inicial, y un Anteproyecto de la Ley del Mercado de Valores para la etapa final; lamentablemente, este esfuerzo no llegó a concretarse.

En 1987 se retomó la iniciativa, ahora encabezada por el sector privado, a través de la Cámara de Comercio e Industrias de Cortés (CCIC). Rindió sus primeros frutos el 1 de junio de 1988, cuando se publicó en el Diario Oficial La Gaceta el Acuerdo Número 115, contentivo del Reglamento de Bolsa de Valores.

En el marco de dicho reglamento inició la actividad bursátil en 1990, con la creación de la Bolsa Hondureña de Valores con sede en San Pedro Sula, y la Bolsa Centroamericana de Valores con sede en Tegucigalpa, en 1993. Paralelamente, se estableció un número importante de casas de bolsa, autorizadas para ejercer la intermediación bursátil, como elementos complementarios, para llevar a la práctica las actividades del mercado, en una sociedad con limitada experiencia en el funcionamiento, operación y supervisión de un mercado de valores.

Honduras fue azotada por el huracán Mitch en octubre de 1998, con efectos devastadores sobre la infraestructura y la economía del país. La recesión económica afectó tanto al Sistema Financiero Nacional como al incipiente sistema bursátil, que también fue afectado por el manejo incorrecto, o con el inadecuado conocimiento, de varias operaciones bursátiles que perjudicaron a muchos confiados e incautos inversores.

A raíz de esta crisis, la Bolsa Hondureña de Valores dejó de operar en 2004; por tanto, únicamente quedó la Bolsa Centroamericana de Valores como institución autorizada para operar como bolsa de valores. Igual situación se presentó en las casas de bolsa, cuyo número se fue reduciendo en forma sostenida en el tiempo.

Las experiencias registradas como producto de la crisis pusieron en evidencia la urgencia de un marco legal más sólido, que se materializó

---

[63] Reseña histórica en: https://numtric.com/la-historia-del-mercado-de-valores

con la Ley de Mercado de Valores, aprobada mediante el Decreto No. 8-2001, publicado en La Gaceta del 9 de junio de 2001, que es complementada con la reglamentación y normativa correspondiente.

3. Marco legal y principales operaciones del mercado nacional de valores

El mercado de valores de Honduras está regulado fundamentalmente por la Ley de Mercado de Valores, sus reformas y la normativa derivada de la misma, emitida por el Banco Central de Honduras y la Comisión Nacional de Bancos y Seguros, en el ámbito de sus respectivas competencias. Es el andamiaje legal al que deben sujetarse la oferta pública de valores, la competencia de las autoridades, los servicios en materia de mercado de valores, sus emisores, sus respectivos mercados e intermediarios, la emisión primaria y los mercados secundarios de dichos instrumentos, dentro y fuera de las bolsas de valores, las instituciones de custodia, compensación y liquidación de valores, los demás participantes del mercado de valores, así como el organismo regulador y supervisor.

Según la ley especial precitada, el mercado de valores es aquel que canaliza recursos a través de instrumentos financieros transferibles hacia actividades del sector privado y del sector público, mediante la compraventa de valores en los mercados bursátil y extrabursátil.

Las bolsas de valores son sociedades anónimas que tienen por objeto proveer a sus miembros de los implementos necesarios, locales, instalaciones y mecanismos que faciliten las relaciones y operaciones entre la oferta y la demanda de valores, así como procurar el desarrollo del mercado de valores. Corresponde al Banco Central de Honduras otorgar la autorización para su constitución, previo dictamen favorable de la Comisión Nacional de Bancos y Seguros.

Las bolsas de valores también se pueden definir como mercados organizados y especializados, en los que se realizan transacciones con títulos valores por medio de intermediarios autorizados, conocidos como casas de bolsa o puestos de bolsa. Las bolsas ofrecen al público y a sus miembros las facilidades, mecanismos e instrumentos técnicos que facilitan la negociación de títulos valores susceptibles de oferta pública, a precios determinados mediante subasta. Dependiendo del momento en que un título ingresa al mercado, estas negociaciones se transarían en el mercado primario o en el mercado secundario.

Las principales funciones de las bolsas de valores incluyen proporcionar a los participantes un mecanismo de negociación eficiente, información veraz, objetiva, completa y permanente, de los valores y las empresas inscritas en la bolsa, sus emisiones y las operaciones que en ella se realizan, así como supervisar todas sus actividades en cuanto al estricto apego al marco legal y las regulaciones vigentes.

La importancia de las bolsas de valores radica, entre otras razones, en que los recursos invertidos por su medio permiten, a las empresas y a los gobiernos, financiar proyectos productivos y de desarrollo que generan empleos y riqueza para un país. Los aportantes de estos recursos reciben, a cambio, la oportunidad de invertir en una canasta de instrumentos que les permite diversificar su riesgo, optimizando sus rendimientos.

Cabe destacar que las bolsas de valores son mercados complementarios al sistema financiero tradicional. La Comisión Nacional de Bancos y Seguros, a través de la Superintendencia de Valores, es la encargada de vigilar y controlar el buen funcionamiento del mercado bursátil.

Con fines ilustrativos, se señala que el sistema financiero nace de la necesidad de que las inversiones realizadas por la empresa privada y el Estado se financien mediante el ahorro interno, generado por el dinero que no gastan algunos sectores productivos. En este participan personas que pueden tener necesidad o exceso de dinero. Así, dentro del sistema financiero se encuentran el mercado de dinero (operaciones de corto plazo) y el mercado de capitales (operaciones de largo plazo).

Los mercados de valores son un tipo de mercado de capitales en que se negocia la renta variable (títulos que son parte de un capital, como las acciones) y la renta fija (emisiones de deuda que realizan los estados y las empresas) de una forma estructurada, a través de la compraventa de valores negociables. En suma, el mercado de valores, comúnmente denominado Bolsa de Valores, permite canalizar capital, a mediano y largo plazo, de los inversores a los usuarios.

El mercado primario se caracteriza por la colocación de nuevas emisiones de títulos que ingresan por primera vez en el mercado. Los valores de emisores del sector privado generalmente no tienen costo alguno para el inversionista, ya que las comisiones de intermediación las paga directamente el emisor; este no es el caso de los valores gubernamentales, pues el inversionista/comprador asume el costo de la comisión.

El mercado secundario comprende las transacciones mediante las cuales se transfiere la propiedad de los títulos valores colocados por medio del mercado primario. Su objetivo es ofrecer liquidez a los tenedores de los títulos, negociándolos antes de su fecha de vencimiento. Según las condiciones del mercado, se puede obtener mejores rendimientos que en el mercado primario, a los mismos plazos y condiciones. En este mercado las comisiones las asumen ambas partes (comprador y vendedor).

Es necesario tener claro que en el mercado de valores hay dos tipos de intermediación bursátil: por cuenta ajena, que implica la realización habitual de compraventa, colocación, distribución, corretaje o negociación de valores por encargo de clientes y a cambio de lo cual se percibe comisión; y, por cuenta propia, que es la adquisición de valores efectuada de manera habitual con recursos propios, con el fin de colocarlos posteriormente en el público para percibir un diferencial en el precio.

Los inversionistas, por su parte, son las personas naturales o jurídicas, nacionales o extranjeras que, a través de una casa de bolsa, buscan adquirir títulos valores en el mercado bursátil que les generen mayor rentabilidad en la colocación de sus excedentes financieros. Estos desean invertir en alternativas atractivas con base, principalmente, en factores de riesgo y rendimiento. En estas operaciones, sus ganancias estarán sujetas al régimen fiscal prevaleciente.

En la mayoría de los mercados bursátiles es fundamental la participación de los llamados "inversionistas institucionales", representados por sociedades administradoras de fondos mutuos o de inversión, fondos de pensiones y otras entidades de ahorro colectivo, con gran capacidad de inversión y amplio conocimiento del mercado.

Los inversionistas canalizan sus órdenes de compra o venta de títulos valores a través de asesores de inversiones o agentes corredores de una casa de bolsa, que han recibido capacitación para actuar en el mercado de valores. Las órdenes de compra o venta son tramitadas de la oficina de la casa de bolsa al mercado bursátil, por medio de los sistemas de subasta, con el fin de encontrar una contraoferta en las mismas condiciones oferradas, que permita calzar la operación.

4. La Bolsa Centroamericana de Valores, S.A.

Bolsa Centroamericana de Valores, S.A.

La Bolsa Centroamericana de Valores, S.A. (BCV) es una institución privada de carácter comercial que proporciona las instalaciones físicas y las condiciones óptimas para que se lleven a cabo las negociaciones de títulos valores como pagarés, bonos, certificados, acciones, reportos y otros. Forma parte del mercado financiero hondureño, es regulada por la CNBS y cuenta con la autorización correspondiente del Banco Central de Honduras.

Es una sociedad anónima constituida en 1993, compuesta por 21 accionistas, con un capital social de VEINTE MILLONES DE LEMPIRAS (L 20, 000,000.00). Está regida por los siguientes órganos: Asamblea General de Socios, Consejo de Administración, Comité Ejecutivo, Comité de Auditoría y Órgano de Vigilancia.

- Según la página web de la BCV[64], sus socios son:
- Acciones y Valores, S.A.
- Anna Guillermina Smith Rivera y Jacqueline María Caroll Boulangeat Smith.
- Bac Capital Markets Inc.
- Banco Hondureño del Café, S.A.
- Casa de Bolsa Asesores Financieros, S.A. (AFINSA)
- Casa de Bolsa de Valores, S.A. (CABVAL)
- Casa de Bolsa Promociones e Inversiones en Bolsa, S.A. (PROBOLSA)
- Comercio y Servicios, S.A. (COMSERSA)
- Continental Casa de Bolsa, S.A.
- Fomento Financiero, S.A. Casa de Bolsa
- Grupo Framaro, S.A.
- Interempresas, S.A.
- Inversiones Clasificadas, S.A.
- Inversiones Patria, S.A.
- Laboratorios Finlay, S.A.
- Mercantil de Valores, S.A.
- Promotora Bursátil, S.A.
- Sociedad General de Inversiones, S.A.
- Sociedad Nacional de Inversiones, S.A.
- Valores Bursátiles Corporativos, S.A.
- Valores de Honduras, S.A.

En el recinto de la BCV se realizan las subastas públicas de valores privados, convocadas por los emisores autorizados, mediante publicación en medios de circulación masiva, de emisiones de títulos valores seriados, autorización por la CNBS y registrados en la BCV. Los inversionistas interesados son representados por casas de bolsa que, a su vez, han firmado contrato con el emisor para presentar ofertas sobre los títulos valores.

La BCV es la principal institución hondureña que facilita el acercamiento entre las empresas que necesitan financiamiento:

---

[64] www.bcv.hn

"Empresas Emisoras" y las personas (naturales y jurídicas) que tienen dinero disponible: "Inversionistas". Para ello, celebra diariamente "sesiones de negociación", facilitando los medios físicos, tecnológicos, humanos y operativos que permitan una transparente y eficiente comunicación entre agentes corredores de bolsa, emisores e inversionistas.

5. Casas de Bolsa en Honduras

Son sociedades intermediarias autorizadas por la Ley de Mercado de Valores y el ente regulador, para actuar en el mercado bursátil hondureño; se dedican a generar el mercado (oferta y demanda) de títulos valores, ya sea actuando como intermediarias en la colocación de títulos emitidos por sociedades emisoras, o por mandato de clientes inversionistas para la compra o venta de dichos instrumentos. En otras palabras, son quienes ponen en contacto a los oferentes y demandantes de títulos.

En Honduras, las casas de bolsa son sociedades anónimas de propósito exclusivo, que obtienen una concesión de una Bolsa de Valores, con el objeto de realizar actividades de intermediación bursátil. La figura de Casa de Bolsa, en un contexto más amplio, puede obtener varias concesiones para operar en diferentes bolsas de valores, al igual que realizar transacciones con valores en mercados extrabursátiles.

Las casas de bolsa pueden realizar las siguientes actividades:

- Operaciones de compraventa de valores.
- Recibir fondos y valores por concepto de las operaciones que le encomienden sus clientes inversionistas. En este sentido, la Casa de Bolsa presenta opciones de inversión al cliente, quien asume el riesgo de esta.
- Brindar asesoría a emisoras en materia bursátil y de operaciones de bolsa; y a los inversionistas, en cuanto a la conformación de sus carteras de inversión.

Los Agentes Corredores de Bolsa son los profesionales contratados por las casas de bolsa para actuar en su representación ante el comprador o vendedor de títulos valores. Las casas de bolsa podrán tener el número de Corredores que estime conveniente para ejecutar las órdenes de sus clientes. A solicitud de la casa, cada uno de los Corredores deberá ser autorizado por la CNBS y por la Bolsa de Valores, para poder realizar actividades de intermediación en su seno, de acuerdo con los requisitos, derechos, obligaciones, prohibiciones y sanciones que cada Bolsa establezca en su reglamento interno, los cuales quedarán incorporados en el contrato que se suscriba al efecto.

Los Agentes Corredores de Bolsa deberán conducir todos los negocios a su cargo con la debida claridad, lealtad, precisión y honestidad. Guardarán la debida reserva y confidencialidad sobre la actividad bursátil que desarrollen, así como de los nombres de las personas por cuenta de quienes se realizan esas operaciones.

En la actualidad, operan en el mercado de valores de nuestro país las siguientes casas de bolsa.

5.1 Casa de Bolsa de Valores, S.A. (CABVAL)

Es una sociedad anónima constituida en 1990, regulada por la CNBS y la Bolsa Centroamericana de Valores, con oficinas en Tegucigalpa. Su finalidad principal es la intermediación bursátil o actividades directamente relacionadas con el mercado de capitales del país, incluyendo la prestación de asesoría en materia de valores y operaciones de bolsa, administración de cartera de valores y servicios de información y procesamiento de datos para los clientes[65].

5.2 Promociones e Inversiones en Bolsa, S.A.

Es una Casa de Bolsa que pertenece al Grupo Financiero de Occidente, cuyo principal propósito es la intermediación bursátil; fue constituida en la ciudad de Tegucigalpa en julio de 1990, con el nombre de Inversiones en Mercado de Valores[66].

Transcurridos tres años desde su constitución, cambió su denominación social a Promociones e Inversiones en Bolsa, S.A., y su domicilio a la ciudad de San Pedro Sula, motivada por un grupo de nuevos socios, que visualizó el potencial de negocios que tiene y ha tenido la zona norte del país.

En diciembre de 2002, y a raíz de la entrada en vigor de la Ley de Mercado de Valores, a requerimiento de la CNBS, se agregó a la denominación social la frase "Casa de Bolsa", quedando así: Casa de Bolsa Promociones e Inversiones en Bolsa, S.A.

5.3 Fomento Financiero, S.A.

La sociedad Fomento Financiero fue constituida en mayo de 1990, y es miembro fundador de los dos mercados bursátiles que han existido en Honduras. Desde la

---

[65] www.cabval.dev.hn

[66] www.probolsahn.com

aprobación de la Ley de Mercado de Valores en junio de 2001, se encuentra inscrita en el Registro Público del Mercado de Valores a cargo de la Comisión Nacional de Bancos y Seguros, mediante la Resolución No. 249/25-02-2003, emitida el 25 de febrero de 2003, y en la BCV, a partir del 27 de septiembre de 1993[67].

5.4 Casa de Bolsa Atlántida, SA.

Casa de Bolsa Atlántida

La Casa de Bolsa Atlántida, S.A. (antes Sonival, Casa de Bolsa, S.A.) se constituyó mediante el Instrumento Público No. 54 del 23 de junio de 1993, en Tegucigalpa, MDC, como una sociedad anónima de capital fijo, con un capital de L 1,000,000, dividido en acciones comunes nominativas de L 1,000 cada una.

La Asamblea General Ordinaria y Extraordinaria de Accionistas de fecha 24 de abril de 2018, en Acta No. 31, acordó el cambio de la denominación social de "Sonival, Casa de Bolsa S.A." a "Casa de Bolsa Atlántida, S.A.", lo que fue formalizado mediante Instrumento No. 66 de fecha 31 de mayo de 2018.

Según Resolución No. 282/04-03-2003, la CNBS autorizó la inscripción de la Compañía en el Registro Público del Mercado de Valores; la finalidad u objetivo exclusivo de la sociedad es la intermediación bursátil, como concesionaria de un puesto de bolsa, y la ejecución de las actividades relacionadas directamente con dicha intermediación. La compañía es subsidiaria de Inversiones Atlántida, S.A. (INVATLAN) y es parte del Grupo Financiero Atlántida[68].

5.5 Promotora Bursátil SA. (PROBURSA)

Es la Casa de Bolsa miembro del Grupo Financiero Ficohsa, que opera en el mercado bursátil hondureño desde 1993; fue constituida en la Escritura No. 52 del 10 de mayo de 1993, autorizada ante los oficios del Notario Ramiro Lozano Landa, e inscrita con el No. 63, Tomo 288 del Registro de Comerciantes Sociales del Departamento de Francisco Morazán; ofrece el servicio de asesoría e intermediación en la compra de títulos valores en el mercado primario y secundario69.

---

[67] www.fofisa.com

[68] www.casadebolsaatlantida.hn

[69] www.ficohsa.com/honduras/casa de bolsa

5.6 LAFISE, Valores de Honduras, S.A.

LAFISE LAFISE Valores forma parte del Grupo LAFISE; posee experiencia en el mercado financiero y bursátil, y tiene presencia en once países: México, Guatemala, El Salvador, Honduras, Nicaragua, Costa Rica, Panamá, República Dominicana, Venezuela, Colombia y los Estados Unidos[70].

Se constituyó mediante Instrumento Público No. 227 del 28 de octubre de 1993, en la ciudad de Tegucigalpa, como una sociedad anónima de capital fijo, con un capital de L 350,000, dividido en acciones comunes nominativas de L 100 cada una. Su finalidad principal es la intermediación bursátil autorizada por la legislación de Honduras, así como la compra y venta de títulos valores y de bienes de cualquier clase, de conformidad con lo dispuesto en el Artículo 27 del Reglamento de la Bolsa Centroamericana de Valores, S.A.

---

[70] www.lafise.com/valores

CAPÍTULO II: FONDOS PÚBLICOS DE PENSIONES

1. Instituto Hondureño de Seguridad Social (IHSS)

1.1 Antecedentes históricos

El 20 de mayo de 1925, siendo Presidente de Honduras el Doctor Miguel Paz Barahona, el Congreso Nacional emitió el Decreto No. 98, a través del cual ratificó la convención para unificar las leyes protectoras de obreros y trabajadores, celebrada en Washington, el 7 de febrero de 1923.

En la Constitución de la República de 1936 se recoge la obligación de los patronos de organizar hospitales en las grandes empresas industriales para atender accidentes y las enfermedades de los operarios.

El 2 de marzo de 1947, el Congreso Nacional aprobó el Decreto No. 55, Ley de la Marina Mercante, que contiene algunas normas de protección de los marinos que sufren un siniestro en el ejercicio de sus actividades laborales.

En 1952, durante la Presidencia del Doctor Juan Manuel Gálvez, se emitió la Ley de Accidentes de Trabajo, en la que se consignan obligaciones para los patronos en casos de riesgos laborales.

El 13 de marzo de 1954, mediante el Decreto No. 159, se aprobó un Fondo Acumulativo, cuya finalidad era crear el Instituto Hondureño de Seguridad Social; el Fondo se constituiría con el producto de las multas de los infractores de las leyes de accidentes de trabajo, trabajo de menores y mujeres, de la aeronáutica civil y marina mercante.

A mediados de 1954 —influenciado en gran medida por la huelga de los trabajadores de las compañías bananeras radicadas en la Costa Norte, en reclamo de derechos sociales como la protección laboral y los beneficios de la seguridad social—, el gobierno empezó a valorar la necesidad de implementar y regular estos derechos de la clase trabajadora.

El 15 de diciembre de 1957 se emitió la Ley de Seguro Social Obligatorio, publicada en el Diario Oficial La Gaceta que, en la práctica, no se implementó. La Constitución de la República de 1957 establecía que toda persona tiene derecho a la seguridad social, a los medios económicos de subsistencia en caso de incapacidad para trabajar u obtener trabajo retribuido; asimismo, que los servicios de seguridad social serán prestados y administrados por el Instituto Hondureño de Seguridad Social, que cubrirá los casos de enfermedad, maternidad, subsidios de familia, pensión por vejez, orfandad, pago forzoso en caso de accidentes de trabajo, enfermedad profesional y demás contingencias que afecten la capacidad productiva del trabajador.

El 19 de mayo de 1959, por medio del Decreto Legislativo No. 140, se aprobó la Ley del Instituto Hondureño de Seguridad Social (IHSS), durante el gobierno del Doctor José Ramón Villeda Morales. El IHSS es la institución que brinda beneficios de seguridad social a una parte de la población trabajadora; en primer lugar, protección de las contingencias de enfermedad y maternidad, y luego, pensiones de invalidez, vejez y muerte. El 23 de febrero de 1962, por Acuerdo No. 51 del Poder Ejecutivo, se aprobó el Reglamento de aplicación de la precitada Ley.

Inicialmente, el IHSS tenía una cobertura muy pequeña, pues solo abarcaba a los trabajadores asalariados de Tegucigalpa y San Pedro Sula; se ingresaba mediante cuota tripartita: trabajador, patrono y Estado, obligatoria para los dos sistemas que cumplía originalmente: Enfermedad y Maternidad, que inició el 1 marzo de 1962 en Tegucigalpa, y el 1 de junio de 1973 en San Pedro Sula, con 40,552 afiliados. En octubre de 1972 inició el Régimen de Invalidez, Vejez y Muerte, y el 29 de junio de 2005 se implementó el Régimen de Riesgos Profesionales.

El IHSS tuvo autonomía en su primera etapa, para que tomara sus propias decisiones administrativas y financieras, haciendo más compleja su organización y posterior desarrollo; pero, al mismo tiempo, se nombró una Junta Directiva compuesta por representantes del Estado, empresa privada, centrales obreras y Colegio Médico. Era presidida por el Ministro del Trabajo, y la administración estaba a cargo de una Dirección Ejecutiva.

Al principio hubo fallas por falta de experiencia; sin embargo, las crónicas indican que la personalidad y la entrega de sus primeros ejecutivos fueron fundamentales para salir adelante. Los nombres de estos pioneros son: Director General: Abogado Rogelio Martínez Agustinos; Subdirector General: Doctor Alfredo

Midence, Radiólogo; Director Médico: Doctor Gaspar Vallecillo Toro, Internista. Posteriormente, se sumaron el Doctor Juan Andonie F. como Director del Hospital, y el Doctor Joaquín Reyes Soto, como Jefe de Consulta Externa.

En la Junta Directiva, como representante de la empresa privada, estuvo el Perito Mercantil Roque Rivera; como delegado del Colegio Médico, el Doctor Ignacio Midence, Urólogo y, como delegados obreros, los dirigentes sindicales Andrés Víctor Artiles y Celeo Gonzales.

Es de recordar que el Ministerio de Salud se había fundado en 1955, contaba con pocos recursos económicos y solo un hospital en

Tegucigalpa y otro en San Pedro Sula; por tanto, no podía garantizar servicios a toda la población.

El 22 de julio de 2015, por medio del Decreto Legislativo No. 56-2015, se aprobó la Ley Marco del Sistema de Protección Social que, para su implementación requería de al menos cuatro leyes complementarias, sin embargo, fue declarada inconstitucional por la Corte Suprema de Justicia en abril de 2022, debido a que se consideró que trasgredía el sistema unificado de seguridad social establecido en la Constitución, vulneraba el manejo de los fondos de seguridad social y la libre disposición de los recursos por parte de los trabajadores y patrono

1.2 Marco legal y aspectos relevantes

El marco regulatorio está contenido en la referida Ley del Seguro Social, sus reformas, otras leyes especiales vinculadas y disposiciones con rango de reglamento.

En principio, es pertinente hacer referencia a la figura del Instituto Hondureño de Seguridad Social (IHSS) que incorpora la Ley del Seguro Social, y que fue creado mediante Decreto Ejecutivo No. 159 en 1959, como entidad autónoma con personalidad jurídica y patrimonio público, con el objetivo de prestar los servicios que garantizaran el derecho humano a la asistencia médica, y los servicios sociales necesarios para lograr el bienestar individual y colectivo. Está conformado por tres regímenes: Régimen de Enfermedad y Maternidad, ahora Régimen del Seguro de Atención de la Salud (RSAS); Régimen de Invalidez, Vejez y Muerte, ahora Régimen del Seguro de Previsión Social (RSPS), y el Régimen de Riesgos Profesionales, ahora Régimen del Seguro de Riesgos Profesionales (RSRP).

El IHSS cubre las contingencias y servicios siguientes:
   a) Enfermedad, accidente no profesional y maternidad.
   b) Accidentes de trabajo y enfermedad profesional.
   c) Vejez e invalidez.
   d) Muerte.
   e) Paro forzoso por causas legales o desocupación comprobadas.
   f) Servicios sociales.

Son sujetos de aseguramiento al IHSS:
   a) Los trabajadores que devenguen un salario o dinero en especie y que presten sus servicios a una persona natural o jurídica.
   b) Los funcionarios y empleados de las entidades descentralizadas, autónomas semiautónomas y desconcentradas del Estado y las Municipalidades.
   c) Los funcionarios y empleados públicos.

d) Los trabajadores de empresas comerciales o industriales o de tipo mixto derivados de la agricultura y la explotación forestal.

e) Los agentes comisionistas que desempeñen profesionalmente por cuenta ajena mandatos para la realización de actos de comercio.

f) Las personas que laboran para un patrono mediante un contrato de aprendizaje de conformidad con lo establecido en el Código del Trabajo.

Sin desconocer su rol trascendental, es pertinente mencionar que la cobertura del seguro social, a través del IHSS, es relativamente pequeña, pues la gran mayoría de los trabajadores hondureños labora en el sector informal de la economía.

La Ley del Seguro Social también refiere que hay otros segmentos poblacionales que estarán sujetos a regímenes especiales y a afiliación progresiva, dependiendo de los estudios actuariales y de su factibilidad.

Cada empleador está obligado a inscribir en el IHSS a todo trabajador que ingrese a su servicio y, en caso de cesación del trabajador, deberá comunicarlo a la brevedad.

La administración del Seguro Social está bajo la responsabilidad del IHSS; sus órganos superiores son la Junta Directiva y la Dirección Ejecutiva.

La Junta Directiva está integrada por nueve miembros:

a) Dos propietarios en representación del Poder Ejecutivo, cuya titularidad recae en los secretarios de Estado en los Despachos de Salud, y Trabajo y Seguridad Social.

b) Tres propietarios en representación del sector empleador, nombrados por el Consejo Hondureño de la Empresa Privada (COHEP).

c) Tres propietarios en representación del sector laboral, uno por cada una de las confederaciones de trabajadores legalmente reconocidas.

d) Un propietario en representación del Colegio Médico de Honduras. Los miembros titulares de la Junta Directiva tienen sus respectivos suplentes.

e) El Director Ejecutivo es el funcionario de mayor jerarquía del IHSS; está subordinado a la Junta Directiva, y es nombrado por el Presidente de la República, con base en una terna de candidatos que le debe presentar la Junta Directiva del IHSS.

La Ley del Seguro Social establece los requisitos e incompatibilidades para ser miembro de la Junta Directiva y ocupar el cargo de Director Ejecutivo del IHSS, así como las responsabilidades en que pueden incurrir; por ello, es ineludible formular como comentario que, durante la administración del señor Porfirio Lobo Sosa, se nombró en este cargo a un médico que actualmente afronta —junto a sus cercanos colaboradores y a los miembros de la Junta Directiva vinculada a su gestión—, acciones judiciales en curso por el cuantioso saqueo de que, por acción u omisión, fueron objeto los recursos del IHSS en perjuicio, claro está, de sus miles de afiliados. Lamentablemente, esto ocurre en nuestra Honduras por el recurrente nombramiento en los altos cargos públicos de políticos incapaces y corruptos que ven el erario como un botín.

Los recursos del IHSS están constituidos por:

- Las cotizaciones de los patronos y trabajadores del sector público y privado.
- Las utilidades de las inversiones.
- El producto de las multas y recargos establecidos en la Ley.
- Los bienes muebles e inmuebles y los recursos que, por otras disposiciones legales, se generen a favor del IHSS.
- Las herencias, legados y donaciones a favor del IHSS.
- Las subvenciones, subsidios y aportes que otorgare el Estado.

2. Instituto de Previsión Militar (IPM)

2.1 Antecedentes históricos

Al emitirse en 1959 la principal legislación en materia de seguridad social de Honduras, se excluyó de sus beneficios a los miembros de las Fuerzas Armadas porque, supuestamente, se regirían por una ley especial. No obstante, en esa época ya existía la Ordenanza Militar de 1906 y un Reglamento de Pensiones Militares de 1935, en los cuales se establecían algunos beneficios a favor de los lisiados de guerra, viudas y huérfanos, que en la práctica nunca se materializaron por falta de asignaciones presupuestarias.

En 1970, el General Oswaldo López Arellano, Comandante en Jefe de las Fuerzas Armadas de ese entonces, basado en las disposiciones legales contenidas en el Artículo 335 de la Constitución de la República del 3 de junio de 1965, nombró una comisión de estudio para elaborar el Anteproyecto de Ley del Instituto de Previsión Militar, por lo que se procedió a recopilar la mayor información posible en los países que ya contaban con un marco legal sobre la materia.

El 30 de diciembre de 1971, el Presidente de la República, Doctor Ramón Ernesto Cruz, en Consejo de Ministros, emitió el Decreto No.

14, mediante el cual autorizó a la Jefatura de las Fuerzas Armadas para que, a partir del uno de enero de 1972, iniciara la organización y funcionamiento del Instituto de Previsión Militar (IPM).

De enero a junio de 1972, el IPM estuvo instalado en el Cuartel General de las Fuerzas Armadas; solo contaba con nueve empleados, bajo la dirección del entonces Mayor de Infantería Dagoberto Gómez Suazo quien, junto a su equipo de trabajo, sentó las bases de lo que ahora constituye dicho instituto; tenía como Subgerente al Capitán de Justicia Militar Miguel Flores Euceda y contaba con la activa colaboración del Teniente de Administración Arnulfo Castro Valenzuela, del Teniente de Administración Salomón Vidaurreta Jiménez, de la Perito Mercantil Elia López Araujo, las secretarias Magda Lorena Díaz Tablas y Martha de Sánchez, el Escribiente Mauro Valladares y el Ordenanza Antonio Reyes Mayes.

La primera operación administrativa del IPM se realizó el 9 de junio de 1972, por lo que esta se toma como la fecha de aniversario. En ese entonces, el IPM trasladó sus oficinas al Palacio de los Ministerios y se crearon dos dependencias, con el fin de obtener utilidades, que serían transferidas al IPM para incrementar sus recursos y, de esta manera, brindar los servicios a los afiliados y pensionados del sistema.

Es así como se creó La Armería, mediante Acuerdo No. 7, emitido por la Junta Directiva del IPM el 5 de julio de 1973; su principal actividad es la compra y venta de armas para la caza y pesca, con sucursales en diferentes ciudades del país y sus oficinas principales en Comayagüela; cuenta además con una sucursal en Tegucigalpa. También se creó el Comisariato (COMFFAA), mediante Acuerdo No. 69 del 6 de febrero de 1975; su actividad principal es la compra y venta de artículos provenientes del exterior e interior del país, con el objeto primordial de mejorar el nivel económico y social de sus usuarios, poniendo a disposición artículos de consumo doméstico que satisfacían las necesidades familiares; este cerró sus operaciones el 31 de diciembre de 1996, como consecuencia de su lejana ubicación, la fuerte competencia de mercados próximos y por la escasa población que últimamente lo visitaba.

A finales de 1978, el IPM trasladó las oficinas de la Gerencia a un local en el Barrio Abajo de Tegucigalpa, y sus oficinas administrativas funcionaron en los corredores del Comisariato de las Fuerzas Armadas (antiguo Hospital Viera), en la Colonia Marichal. En septiembre de 1979, las oficinas se trasladaron a su nuevo edificio, construido en la Colonia Godoy de Comayagüela.

El IPM es el principal organismo de seguridad social para los miembros de las Fuerzas Armadas, Policía Nacional y Cuerpo de Bomberos. Asimismo, con el propósito de brindar mejores servicios a sus afiliados y beneficiarios, realiza otras actividades complementarias a la previsión, canalizando recursos a la asistencia crediticia, en pro del fortalecimiento financiero institucional.

En abril de 2001, fue modificada la estructura organizacional del IPM y sus cambios aprobados por la Junta Directiva. En 2003, el IPM experimentó una nueva reestructuración organizacional, con el fin de lograr una mayor optimización de sus recursos y efectividad en la prestación de los servicios otorgados a sus afiliados y beneficiarios.

Entre algunas actividades derivadas de los procesos de reestructuración destacan la venta de las empresas Estéreo Concierto y Profesionales; la liquidación de las empresas SEEISA, IBSA, COBUR y ALDEFISA, y la venta de los activos de PREVISA. En 2003 concluyeron las operaciones de venta parcial de los principales activos del Banco de las Fuerzas Armadas S.A. (BANFFAA) al Banco del País (BANPAIS), aprobadas por la Junta Directiva del IPM, mediante Resolución No. 216.

2.2 Marco legal y aspectos relevantes

A través del Decreto No. 905 de la Junta Militar de Gobierno en Consejo de Ministros del 27 de marzo de 1980, se emitió la Ley de Previsión Militar, que fue derogada por el Decreto No. 167-2006 del 21 de febrero de 2007, contentivo de la actual Ley del Instituto de Previsión Militar.

La ley vigente regula el Régimen de Riesgos Especiales (RRE), que brinda previsión social a los miembros de las Fuerzas Armadas, la Policía Nacional y el Cuerpo de Bomberos.

Están expresamente excluidos del campo de aplicación de la Ley, los servidores eventuales, voluntarios, y el personal no asalariado de las instituciones antes señaladas, excepto el Cuerpo de Bomberos, con el cual se debe establecer convenios; además, este cuenta con una ley especial de reciente data. De igual manera están excluidas del campo de aplicación de la Ley, las personas que se encuentren pensionadas, mediante otro régimen previsional, al momento en que entró en vigencia la actual Ley.

El órgano de aplicación de la Ley es el Instituto de Previsión Militar (IPM), un organismo con personalidad jurídica y patrimonio propio, que debe funcionar con independencia técnica, administrativa y financiera, domiciliado en la capital de la República; sus órganos de administración son la Junta Directiva y la Gerencia.

La Junta Directiva es el órgano superior colegiado del IPM, y le corresponde la dirección, orientación y determinación de la política de este; está constituida por:

- El Jefe del Estado Mayor Conjunto
- El Subsecretario de Estado en el Despacho de Defensa Nacional
- El Subsecretario de Policía Preventiva
- Un representante de las Fuerzas Armadas
- Dos representantes de la Policía Nacional
- Un representante de los pensionados
- El Comandante General del Cuerpo de Bomberos, sujeto a la afiliación de dicho cuerpo al Régimen.

El representante de las Fuerzas Armadas y su sustituto legal son nombrados por el Jefe del Estado Mayor Conjunto, a propuesta de la Junta de Comandantes; los representantes de la Policía Nacional y sus sustitutos legales deben ser oficiales de dicho ente, nombrados por el Secretario de Estado en el Despacho de Seguridad, a propuesta de la Junta de Directores Generales.

La Presidencia de la Junta Directiva recae en el Jefe del Estado Mayor Conjunto de las Fuerzas Armadas y le corresponde dirigir las sesiones de esta. La Ley determina taxativamente las funciones de la Junta Directiva, que debe reunirse en sesión ordinaria por lo menos una vez al mes y, en forma extraordinaria, siempre que sea necesario. El quorum para las sesiones ordinarias o extraordinarias es de seis miembros, requiriéndose en todo caso que las resoluciones se adopten por mayoría calificada de tres cuartas partes de sus miembros.

La Gerencia es el órgano ejecutivo del IPM y está a cargo de un Gerente, asistido por un Subgerente, que deben ser nombrados por la Junta Directiva, mediante concurso y calificación de méritos; duran cuatro años en sus cargos, pudiendo ser nombrados por más de un período. La Ley establece los requisitos, funciones e inhabilidades correspondientes.

Los beneficios a que tienen derecho los afiliados al IPM son financiados con aportaciones patronales; cotizaciones personales ordinarias y extraordinarias; utilidades, rendimientos e intereses obtenidos de las inversiones realizadas; las aportaciones extraordinarias que efectúe el Gobierno de la República para mantener el equilibrio actuarial del Régimen, y por otros valores, herencias, legados o donaciones que se le asignen al RRE o que este adquiera a cualquier título.

Los beneficios del RRE comprenden prestaciones y servicios. Las prestaciones son los beneficios en dinero pagados o por pagar por el IPM a sus afiliados y, en su caso, a los beneficiarios que se encuentren debidamente inscritos o que prueben fehacientemente su condición de tales.

Las prestaciones que cubre el RRE son la pensión por retiro, la pensión y auxilio por discapacidad, el beneficio de separación o transferencia de valores actuariales, el auxilio y pensión de sobrevivencia y los gastos fúnebres.

Los servicios son los beneficios que no representan el pago de una prestación económica directa del RRE a sus afiliados; son los atinentes a la administración de la reserva laboral y sus correspondientes cuentas individuales para el pago de la prima de antigüedad o el auxilio de cesantía, así como el otorgamiento de préstamos hipotecarios, prendarios y personales.

Cada beneficio tiene sus requisitos y particularidades, que son desarrollados ampliamente en la ley o en la reglamentación que esta faculta.

3. Instituto Nacional de Jubilaciones y Pensiones de los Empleados y Funcionarios del Poder Ejecutivo (INJUPEMP)

3.1 Antecedentes históricos

En 1971, el Gobierno de la República emitió la Ley del Instituto de Jubilaciones y Pensiones de los Empleados y Funcionarios del Poder Ejecutivo (Decreto No. 138 del 7 de abril de 1971). Esta se basó en el estudio realizado en 1968 por el Dr. Ruperto Vásquez Cruz, contratado por el Gobierno de Honduras para elaborar y establecer el sistema de previsión social para los empleados y funcionarios del Poder Ejecutivo. El estudio fue sometido a revisión, tomando como referencia el Decreto No. 138, concluyendo que el sistema previsional contemplado en la precitada Ley entraría en vigor a partir del 1 de enero de 1976, como efectivamente ocurrió, con la readecuación de las cotizaciones y las aportaciones del Estado.

A partir del 1 de mayo de 1976 inició operaciones administrativas con una aportación inicial del Estado de L 150,000.00; se ubicaba en el barrio La Guadalupe de Tegucigalpa y, en enero de 1984, se trasladó a las actuales instalaciones, ubicadas en la Colonia Loma Linda Norte, avenida La FAO de la ciudad capital.

El INJUPEMP nació como una entidad previsional contributiva de derecho público, autónoma, con personería jurídica, patrimonio propio y duración indefinida, que tiene por objeto —mediante la captación, administración e inversión de sus recursos económicos—, la prestación de los beneficios establecidos en la Ley.

3.2 Marco legal y aspectos relevantes

La actual Ley del Instituto Nacional de Jubilaciones y Pensiones de los Empleados y Funcionarios del Poder Ejecutivo (INJUPEMP) está contenida en el Decreto Legislativo Número 357-2013 del 8 de enero de 2014, publicado en el Diario Oficial La Gaceta del 5 de abril de 2014, que derogó la anterior Ley, contenida en el Decreto No. 138, vigente desde el 7 de abril de 1971.

La Ley del INJUPEMP es aplicable a los servidores públicos de los órganos o entidades del Estado, instituciones descentralizadas, desconcentradas, municipalidades y demás instituciones de derecho público estatal; asimismo, a los participantes que, estando fuera del servicio público, decidan voluntariamente mantenerse afiliados al Instituto de conformidad con la Ley.

Se exceptúan de la obligatoriedad de afiliación al INJUPEMP quienes presten eventualmente servicios profesionales en virtud de contratos a término y los que, al momento de entrar en vigor la Ley, ya se encontraban protegidos por otros institutos de previsión o planes de pensiones financiados por el Estado.

Los órganos de planificación, dirección y administración del INJUPEMP son la Asamblea de Participantes y Aportantes y el Directorio de Especialistas. La Asamblea de Participantes y Aportantes, en adelante la asamblea, está integrada de la siguiente manera:

- El Secretario de Estado en el Despacho de Desarrollo Social, quien la preside y tiene voto de calidad.
- El Secretario de Estado en los Despachos de Trabajo y Seguridad Social
- El Secretario de Estado en el Despacho de Finanzas
- Un miembro representante de los cotizantes al Instituto por parte de los empleados del gobierno central, nombrado por la Asociación Nacional de Empleados Públicos de Honduras.
- Un miembro representante de los cotizantes al Instituto, por parte de las centrales obreras.
- Dos miembros representantes de los pensionados por vejez e invalidez, nombrados por la Asociación Nacional de Jubilados y Pensionados de Honduras.

Los secretarios de Estado pueden ser sustituidos por el subsecretario respectivo que designen. La Ley desarrolla las atribuciones y funciones de la asamblea en forma específica, que debe reunirse por lo menos una vez al mes, en forma privada, salvo circunstancias especiales. Las sesiones extraordinarias se celebrarán siempre que hubiere asuntos urgentes que tratar, y será convocada de oficio por el Presidente de la asamblea, o a solicitud de por lo menos cuatro de sus miembros.

El quorum para las sesiones ordinarias y extraordinarias es de seis miembros, en el entendido de que, en caso de no reunirse o no contarse con este en la primera convocatoria, la sesión de la asamblea puede realizarse una hora después con los miembros asistentes, adoptándose las decisiones por mayoría simple de los que

asistan, en el entendido de que, en caso de empate, el Presidente de la asamblea goza del voto de calidad.

El Directorio de Especialistas, en adelante el Directorio, es el órgano superior de administración y ejecución del INJUPEMP; está conformado por tres miembros, uno de los cuales funge como presidente. Todos los directores tienen el carácter de funcionarios públicos, y deben desempeñar sus labores a tiempo completo, sin ocupar otro cargo remunerado, excepto los de carácter docente y cultural, siempre que los ejerzan fuera de la jornada laboral.

La Ley establece los requisitos para ocupar dichos cargos, previo un proceso de calificación de los aspirantes; son nombrados por un período de cuatro años, y pueden ser reelectos hasta por un período más; asimismo, regula las incompatibilidades e inhabilidades para ser miembro del Directorio, así como sus atribuciones y responsabilidades por sus acciones u omisiones.

El Directorio debe celebrar sesiones ordinarias por lo menos una vez a la semana, y extraordinarias siempre que haya asuntos urgentes que tratar, y sea convocada de oficio por el Director Presidente, o a solicitud de los otros dos directores.

El Régimen Financiero Actuarial del INJUPEMP es el de Prima Escalonada, el cual fija la contribución con incrementos graduales periódicos, para asegurar el equilibrio actuarial de la Institución. El patrimonio del INJUPEMP está constituido por:

- Las aportaciones patronales
- Las cotizaciones personales
- Las cotizaciones de los participantes para cubrir el costo de beneficios y servicios no contemplados en la Ley.
- Los rendimientos e intereses obtenidos de las inversiones realizadas
- El monto de las multas aplicadas por las sanciones contempladas en la Ley del INJUPEMP.
- Otros valores, herencias, legados o donaciones que se le asignen

al Instituto o que este adquiera a cualquier título.

Los beneficios que otorga el INJUPEMP se dividen en prestaciones y servicios. Las prestaciones son las pensiones y demás beneficios previsionales que otorga el

Instituto con base en el objetivo primordial para el que fue creado; representan los derechos adquiridos por los participantes cuando concurren las condiciones, y se cumplen los requisitos establecidos en la Ley y sus reglamentos. Las prestaciones se otorgan tomando en consideración la edad, los años de servicio, los salarios devengados y cotizados y el tiempo de cotización.

Los servicios son los que presta el INJUPEMP a sus participantes, tales como préstamos; no representan el pago de una prestación económica obligatoria por parte de este a sus participantes.

El INJUPEMP provee a sus participantes las siguientes prestaciones:
- Pensión por vejez
- Pensión y auxilio por invalidez
- Pensión por sobrevivencia
- Gastos por auxilio fúnebre
- Transferencia de valores actuariales o separación del Instituto.

Por otra parte, de acuerdo con su capacidad financiera y actuarial, el INJUPEMP puede brindar a sus participantes, como servicios, el otorgamiento de préstamos hipotecarios y personales.

Sin perjuicio del papel que corresponde a la Auditoría Interna, corresponde a la CNBS revisar, supervisar, verificar, controlar, vigilar y fiscalizar al INJUPEMP, resultándole aplicable, además, en lo pertinente, la Ley del Tribunal Superior de Cuentas.

El incumplimiento de las obligaciones establecidas en la Ley del INJUPEMP y sus reglamentos, que no sea constitutivo de delito, se entiende como faltas, cuya calificación y sanción se sujeta a la Ley del Sistema Financiero, Ley de la Comisión de Bancos y Seguros, Ley del Tribunal Superior de Cuentas y demás leyes aplicables, así como a la normativa que la CNBS emita sobre la materia.

4. Instituto Nacional de Previsión del Magisterio

4.1 Antecedentes históricos

INPREMA En vista de la necesidad de un sistema de previsión que velara por la protección en la vejez, invalidez, accidentes o la muerte de los docentes de servicio activo, mediante Decreto No. 84 del 10 de diciembre de 1970, se creó el Instituto Nacional de Jubilaciones y Pensiones del Magisterio (INJUPEM). No obstante, el 15 de julio de 1980, el Congreso Nacional emitió el Decreto Ley No. 1026, mediante el cual, el hasta entonces llamado INJUPEM, se convierte en el Instituto Nacional de Previsión del

Magisterio (INPREMA), como una entidad de derecho público, autónoma, con personería jurídica, patrimonio propio y duración indefinida, introduciéndose los principios de la seguridad social de más reciente data.

Debido a que la institución atravesaba situaciones de crisis financiera y actuarial, en los años 2011 y 2013 resultó necesario efectuar adecuaciones técnicas a su Ley.

4.2 Marco legal y aspectos relevantes

La actual Ley del INPREMA está contenida en el Decreto Legislativo No. 2472011 del 14 de diciembre de 2011; varios de sus artículos han sido reformados por medio del Decreto No. 267-2013 del 16 de diciembre de 2013, publicado en el Diario Oficial La Gaceta del 1 de febrero de 2014.

De conformidad con la Ley del INPREMA, el Instituto tiene su domicilio legal en la capital de la República, pudiendo establecer oficinas o dependencias en cualquier otro lugar del territorio, si las necesidades administrativas lo requieren; tiene por objeto, mediante la percepción, administración e inversión de sus recursos económicos, la prestación de los beneficios establecidos en su Ley de creación.

La dirección, administración y gestión del INPREMA deben caracterizarse por su autonomía política y gremial, así como por su racionalidad administrativa y el cumplimiento estricto de los parámetros actuariales y financieros en procura de garantizar la solvencia institucional. Sus órganos de planificación, dirección y administración son: la Asamblea de Participantes y Aportantes y El Directorio de Especialistas.

La Asamblea de Participantes y Aportantes del INPREMA está

conformada por los siguientes miembros:
- El Secretario de Estado en el Despacho de Educación
- El Secretario de Estado en los Despachos de Trabajo y Seguridad Social
- El Secretario de Estado en el Despacho de Finanzas
- El Secretario de Estado en los Despachos de Interior y Población
- El Secretario de Estado Técnico de Planificación y Cooperación
- El Secretario de Estado en el Despacho de Desarrollo Social
- Seis (6) miembros, uno por cada organización magisterial legalmente reconocida a la fecha de entrada en vigor de la actual Ley del INPREMA, quienes deben ser participantes activos o pensionados. En caso de que se incremente el número de organizaciones magisteriales, la representación de cada miembro será rotativa en el orden de la fecha de creación.
- Dos (2) miembros representantes nombrados por las instituciones de educación no gubernamental integrantes del INPREMA, reconocidas legalmente por el Estado, quienes podrán ser participantes activos o pensionados.
- Dos (2) miembros nombrados como representantes de la Asociación de Maestros Jubilados y Pensionados de Honduras (AMAJUPENH), entre los docentes jubilados y pensionados del INPREMA.

El órgano superior de administración y ejecución es el Directorio de Especialistas, que está conformado por tres (3) miembros; a cargo de uno de ellos está la Presidencia del Directorio. Todos los Directores tienen el carácter de funcionarios públicos, desempeñan sus actividades a tiempo completo y no pueden ocupar otro cargo remunerado, excepto los de carácter docente y cultural, siempre que los ejerzan en tiempo fuera de la jornada laboral.

El Director Presidente o su representante legal, debe asistir a las sesiones de la Asamblea obligatoriamente, desempeñándose como el Secretario de esta y tendrá voz, pero no voto.

Los miembros del Directorio son nombrados por la Asamblea, mediante concurso público efectuado por el INPREMA, para lo cual se selecciona una firma consultora.

El Directorio celebra sus sesiones ordinarias por lo menos una vez a la semana y extraordinarias siempre que haya asuntos urgentes que tratar y sea convocada de oficio por el Director Especialista Presidente, o a solicitud de los otros dos (2) Directores Especialistas.

Los miembros de la Asamblea y los Directores Especialistas son civil, administrativa y penalmente responsables por sus acciones y omisiones en el cumplimiento de sus deberes y atribuciones, que impliquen contravenir las disposiciones legales, reglamentarias o normativas que correspondan y, en consecuencia, responden personalmente por los daños o perjuicios que causen a la Institución, y solidariamente con esta frente a terceros. En la misma responsabilidad incurren los demás funcionarios y empleados.

Son aportantes del INPREMA, en forma obligatoria: El Estado y las instituciones no gubernamentales de educación en su calidad de patronos; por su parte, son cotizantes de dicho Instituto los docentes en servicio activo en su calidad de trabajadores de la educación formal, quienes quedarán afiliados desde el momento mismo de su nombramiento; y los docentes jubilados y pensionados.

El Régimen Financiero Actuarial del INPREMA es el de Prima Escalonada. Dicho régimen sustenta su solvencia para otorgar los beneficios establecidos en la Ley, en el cálculo de sus aportaciones y reservas, siguiendo un modelo de contribución escalonado, utilizando la colectividad en la distribución del riesgo y la solidaridad intergeneracional con el objetivo de mantener el equilibrio actuarial del Instituto.

Los estudios actuariales deben realizarse conforme con las directrices y normativa que emita la Comisión Nacional de Bancos y Seguros, sobre la práctica actuarial en instituciones de previsión social, en el marco general establecido por la Asociación Actuarial Internacional y demás principios que, para tales efectos, emita la Organización Internacional del Trabajo (OIT).

El patrimonio económico del INPREMA, está constituido por:

1) Las cotizaciones de los participantes activos y voluntarios.
2) Las aportaciones del Estado como Patrono.
3) Las aportaciones patronales de las instituciones no gubernamentales de Educación.
4) Las cotizaciones de los participantes para cubrir el costo de beneficios y servicios no contemplados en la Ley.
5) El producto financiero de sus fondos y reservas.
6) El monto de las multas aplicadas por las sanciones prescritas por la Ley que lo regula.
7) Las herencias, legados o donaciones a favor del Instituto, que no comprometan su autonomía, patrimonio e independencia.
8) Los bienes muebles e inmuebles que para el cumplimiento de sus funciones o que, mediante el giro de sus actividades, adquiera el Instituto.
9) La ganancia actuarial y productos financieros de sus programas

de protección crediticia.

10) Otros permitidos por la Ley.

Para el cumplimiento del objetivo, funcionamiento y administración del INPREMA, el Instituto percibe las aportaciones de los integrantes según corresponda, y las cotizaciones individuales de los participantes activos.

Los beneficios que el Instituto otorga a sus participantes se clasifican en prestaciones y servicios. Las prestaciones son los beneficios principales del INPREMA y el objetivo primordial para el cual fue creado. Representan los beneficios a los que tienen derecho los participantes cuando concurren las condiciones técnicas y presupuestarias y se cumplen los requisitos y parámetros establecidos en la Ley que lo rige y sus Reglamentos.

Los servicios son los que presta el INPREMA a sus participantes, siempre que no representen el pago de una prestación económica obligatoria por parte del INPREMA con respecto de estos.

El Instituto provee a sus participantes, y en su caso a sus beneficiarios, por contingencias derivadas de situaciones comunes o riesgos de trabajo, los beneficios de Pensión por Vejez, Pensión y Auxilio por Invalidez, Pensión por Sobrevivencia y Auxilio Fúnebre; Transferencia de Valores Actuariales o Separación del INPREMA y, Cobertura por Atención Integral de la Salud del Pensionado, según sea aplicable y acordado a través de la Asociación de Maestros Jubilados y Pensionados de Honduras (AMAJUPENH).

Por otra parte, de acuerdo con su capacidad financiera y actuarial, el Instituto puede brindar los siguientes servicios: 1) Préstamos Hipotecarios; 2) Préstamos Personales; 3) Administración de Cuentas de Ahorro Previsional (CAP) y, 4) Otros que pudiesen ser aprobados por la Asamblea de Participantes y Aportantes, a sugerencia del Directorio de Especialistas, previo visto bueno de la Comisión Nacional de Bancos y Seguros.

Las prestaciones se otorgan tomando en consideración la edad, los años de servicio, los salarios devengados y cotizados y el tiempo de cotización.

Corresponde a la CNBS revisar, verificar, controlar, vigilar y fiscalizar al INPREMA, de conformidad con la Ley que lo rige, la Ley de la Comisión y demás leyes, reglamentos y normativas que sean aplicables, correspondiendo a dicho ente supervisor la facultad de dictar las normas que se requieran para el cumplimiento de los cometidos anteriores.

La supervisión se ejerce a través del órgano técnico especializado que defina la Comisión. Asimismo, y en lo que corresponda, le son aplicables al INPREMA la Ley del Tribunal Superior de Cuentas y demás leyes relacionadas con otros entes contralores y reguladores del Estado.

El incumplimiento de las obligaciones establecidas en la Ley del INPREMA y sus reglamentos que no constituyan delito, se entenderán como faltas. Para su calificación y sanción, se estará a lo dispuesto en la Ley del Sistema Financiero, Ley de la Comisión Nacional de Bancos y Seguros, Ley del Tribunal Superior de Cuentas y demás leyes aplicables, así como la normativa que la Comisión emita sobre la materia.

Previo a cualquier reclamo judicial que pudiere proceder, los conflictos que se generen por reclamaciones de los participantes o derechohabientes serán resueltos en primera instancia por el Directorio y, posteriormente, pueden interponerse los recursos que establece la Ley de Procedimiento Administrativo.

5. Instituto de Previsión Social de los Empleados de la Universidad Nacional Autónoma de Honduras (INPREUNAH)

5.1 Antecedentes históricos

El Instituto de Previsión de la Universidad Nacional Autónoma de Honduras (INPREUNAH) es la institución de previsión de los trabajadores universitarios (profesores y personal administrativo) de la referida Universidad. Fue creado mediante Acuerdo No. 1 del Acta 528 de la sesión extraordinaria celebrada el 14 de junio de 1989.

Desde finales de la década de 1970 y durante la década de 1980, los trabajadores universitarios, docentes, administrativos y de servicio, organizados en el Sindicato de Trabajadores de la Universidad Nacional Autónoma de Honduras (SITRAUNAH), emprendieron la lucha por el reconocimiento de derechos previsionales. El esfuerzo se materializó el 14 de julio de 1989, con el acuerdo de creación del INPREUNAH, siendo Rector el Abogado Jorge Omar Casco Zelaya.

Inició operaciones el 27 de julio de 1990. De 1990 a diciembre de 2002, el INPREUNAH funcionó esencialmente con las aportaciones de los trabajadores universitarios, en virtud de que la aportación patronal, establecida en el presupuesto de la UNAH, fue destinada por las autoridades universitarias a otros usos; esto dio lugar a que se acumulara una deuda con el sistema de previsión en concepto de aportación patronal no honrada.

A finales de los años 90, los docentes, organizados en la Asociación de Docentes de la Universidad Nacional Autónoma de Honduras (ADUNAH), emprendieron la lucha por reivindicar el sistema previsional de los trabajadores universitarios, cuyo órgano direccional se encontraba con una representación mayoritaria de autoridades de la UNAH.

La lucha se concretó en marzo del 2001, durante la gestión de la Rectora Ana Belén Castillo, con la reforma a la normativa general del INPREUNAH, que plantea la modificación en su órgano direccional, incorporando a la ADUNAH y a la Asociación de Jubilados y Pensionados de la UNAH (AJUPEUNAH) a su junta directiva que, junto con el SITRAUNAH, conforman un nuevo balance de fuerzas, con mayoría de los sectores directamente interesados en el funcionamiento y sostenibilidad de este sistema previsional.

Con el reordenamiento del INPREUNAH se plantearon cambios en su administración; así, con la intervención de la Comisión Nacional de Bancos y Seguros, se dio lugar al proceso de elección de una nueva Gerencia General, mediante concurso público.

Por otro lado, mediante Decreto Ejecutivo PCM-012-2015, publicado en el Diario Oficial La Gaceta del 17 de marzo de 2015, el Presidente de la República, en Consejo de Ministros, decretó, entre otros, intervenir al INPREUNAH por razones de interés público, nombrando para este efecto una Comisión Interventora.

Asimismo, mediante Decreto Ejecutivo PCM-011-2016, publicado en La Gaceta del 11 de marzo de 2016, el Presidente de la República en Consejo de Ministros decretó la prórroga del período de la intervención del INPREUNAH hasta el 31 de diciembre de 2016, con el propósito de permitir que la Comisión Interventora concluyera con el saneamiento administrativo y financiero, y lo relacionado con la instauración del nuevo gobierno corporativo, administrativo y de servicios, para la eficiente gestión de la Institución.

5.2 Marco legal y aspectos relevantes

La Comisión Interventora, a través del Punto No. 5, del Acta No. 39 de la sesión celebrada el 28 de julio de 2016, dictó la RESOLUCIÓN CI INPREUNAH No. 01/28-07-2016, aprobando el Reglamento General del Instituto de Previsión de los Empleados de la Universidad Nacional Autónoma de Honduras, y derogando el Reglamento General del INPREUNAH publicado en La Gaceta del 31 de marzo de 2006 y sus reformas.

Es así como el INPREUNAH resulta ser una institución descentralizada del Estado, con personalidad jurídica, patrimonio propio distinto e independiente de la hacienda pública, con autonomía administrativa, financiera y técnica, y cobertura nacional, constituido para garantizar el otorgamiento de beneficios previsionales dignos a los trabajadores universitarios, el buen uso de sus fondos y el cumplimiento de sus obligaciones y compromisos. Sus actos y régimen interno son independientes de la UNAH o cualquier otra organización o institución gremial; tiene su domicilio en la ciudad capital de la República de Honduras, y puede establecer oficinas en cualquier lugar del territorio nacional donde se requiera para el cumplimento de sus objetivos.

El Instituto tiene por objetivo, mediante la percepción, administración e inversión de sus recursos económicos, la prestación de los beneficios derivados del Sistema Previsional establecido en el Reglamento General. Ofrece a sus afiliados jubilación, pensión por invalidez, indemnización por muerte, separación del sistema y auxilio funerario.

La afiliación al régimen previsional es obligatoria para todos los empleados y funcionarios de la UNAH, tanto personal permanente como por contrato, exceptuando los que presten servicios técnicos especializados por períodos definidos, como consultorías y asesorías, y los que demuestren estar pensionados por otro régimen previsional del país.

Los órganos superiores del Instituto son: 1) La Junta Directiva, como órgano deliberativo, normativo, de planificación, supervisión, control, evaluación, orientación y determinación de la política de este; 2) El Director Especialista, como órgano administrativo, de ejecución y de representación legal, 3) La Auditoría Interna y, 4) Los Comités Técnicos Especializados.

La Junta Directiva está integrada por los siguientes miembros propietarios y sus respectivos suplentes, debidamente acreditados:

- Un (1) representante del Consejo Universitario, distinto del Rector.
- Un (1) representante de la Junta de Dirección Universitaria.
- El Rector de la UNAH, o su representante.
- Dos (2) representantes de los empleados de la UNAH.
- Un (1) representante de los pensionados por vejez o invalidez.
- Un (1) representante de los Centros Regionales de la UNAH.
- Un (1) Director independiente.

Los miembros de la Junta Directiva durarán en sus cargos un periodo no mayor de cuatro (4) años, y pueden ser reelectos.

La Presidencia de la Junta Directiva es ejercida cada dos (2) años, de manera rotatoria entre los representantes de los tres (3) sectores: del empleador o patrono, de los trabajadores afiliados al Instituto y de los pensionados. A las reuniones de la Junta Directiva pueden ser invitados profesionales para asesorar la toma de decisiones, de cuya participación se debe dejar constancia en el acta, quienes tienen derecho a voz, pero no a voto.

La Junta Directiva celebra mensualmente sesiones ordinarias, y extraordinarias, siempre que haya asuntos urgentes que tratar y sea convocada por el Presidente por propia iniciativa o a solicitud de dos o más miembros. La fecha para la próxima sesión ordinaria se fija en cada sesión ordinaria de Junta Directiva.

Las sesiones extraordinarias son convocadas como mínimo con cuarenta y ocho (48) horas de anticipación por intermedio del Secretario de la Junta Directiva por instrucciones del Presidente, acompañando la agenda respectiva y los documentos que sirvan de sustento a los asuntos a tratar, los que deberán permanecer a disposición de los miembros desde la convocatoria hasta el día de la reunión.

Para que sean válidas las sesiones de la Junta Directiva, es necesaria la convocatoria de todos sus miembros y la asistencia de por lo menos dos tercios del total de sus miembros. Los acuerdos y resoluciones se toman por mayoría de votos de los integrantes de la Junta Directiva, salvo los casos que la ley indique lo contrario. Ningún miembro de la Junta Directiva podrá abstenerse de votar, excepto si tuviere intereses en conflicto.

Las resoluciones relativas a la modificación de techos, tasas, aportaciones, cotizaciones y reformas a los reglamentos operativos del Instituto requieren del voto favorable de al menos seis (6) miembros de la Junta Directiva. Las que se relacionen con el quehacer de la CNBS, deberán tener la no objeción de este organismo.

La Dirección Especialista es el órgano administrativo, de ejecución y representación legal del Instituto; está a cargo de un Director Especialista, designado por la Junta Directiva, de conformidad con el procedimiento descrito en el Reglamento General del INPREUNAH.

El proceso de selección del Director Especialista iniciará ciento cincuenta días (150) antes de la finalización del período para el cual fue nombrado el Director Especialista en funciones, y para lo cual la Junta Directiva tiene un plazo de treinta (30) días hábiles, contados a partir de la fecha de inicio del proceso de selección, para que dentro de ese plazo, y mediante concurso, contrate la firma consultora que realizará el proceso de calificación de los aspirantes a ocupar el cargo de Director

Especialista.

La revisión de la operación del INPREUNAH está a cargo de la Comisión Nacional de Bancos y Seguros y el Tribunal Superior de Cuentas (TSC). Cuando la

CNBS y el Tribunal Superior de Cuentas realicen fiscalizaciones de la administración del Instituto, el Director Especialista debe proporcionar toda la información pertinente y hacerlo del conocimiento de la Junta Directiva.

El Instituto debe contar con un sistema de control interno que contribuya a garantizar el cumplimiento de las regulaciones, la gestión adecuada de los riesgos operativos y los inherentes a los sistemas de previsión. Este sistema de control interno debe atender las disposiciones establecidas en las Guías de Organización y Funcionamiento de las Unidades de Auditoría Interna emitidas por la ONADICI, la Ley del TSC y su Reglamento, así como otras normas reglamentarias emitidas por la CNBS y otros órganos contralores.

Los afiliados al sistema tienen el derecho de acceso a la información derivada de los estados financieros, ejecución presupuestaria, inversiones y proyectos en ejecución del Instituto, para cuyo efecto pueden solicitar copia de la documentación pertinente, obligándose la administración a cumplir con esta normativa en los plazos previstos por la Ley de Transparencia y Acceso a la Información Pública.

Los miembros de la Junta Directiva, el Auditor Interno, el Director Especialista, los miembros de comités y funcionarios y empleados del Instituto serán solidariamente responsables frente a la institución y ante terceros, civil, administrativa y penalmente, por su participación en la adopción de los acuerdos y resoluciones, y por sus acciones y omisiones en el INPREUNAH.

Los recursos a cargo del Instituto son:

- Las aportaciones patronales.
- Las cotizaciones de los trabajadores.
- Los rendimientos de sus inversiones.
- Las aportaciones y cotizaciones voluntarias que realicen los participantes.
- Las herencias, legados, donaciones y subsidios aceptadas por la Junta Directiva.
- Las aportaciones extraordinarias enteradas por el patrono o el Estado para mantener el equilibrio actuarial del Instituto.
- El producto de las multas aplicadas por las sanciones contempladas en Ley.
- Cualquier otro ingreso de procedencia lícita a favor del Instituto.

Los recursos están destinados a cubrir las prestaciones que se conceden a los afiliados, la constitución de las reservas técnicas y los gastos de administración del Instituto.

El régimen de financiamiento y actuarial del Sistema Previsional de los Empleados de la UNAH, es el de capitalización colectiva. Este régimen sustenta su solvencia, para otorgar los beneficios establecidos en el Reglamento General vigente, en el cálculo de sus aportaciones y reservas, siguiendo un modelo de contribución de prima media general, utilizando la colectividad en la distribución del riesgo y la solidaridad intergeneracional, con el objetivo de mantener el equilibrio actuarial del Instituto.

Los estudios actuariales deben realizarse conforme con las directrices y normativa que emita la CNBS sobre la práctica actuarial en instituciones de previsión social, en el marco general establecido por la Asociación Actuarial Internacional y demás principios que regulen las mejores prácticas actuariales.

Los beneficios que el Instituto otorga a los afiliados se clasifican en prestaciones y servicios. Para otorgar beneficios y prestar los servicios a los afiliados, el Instituto percibirá las aportaciones patronales y las cotizaciones individuales correspondientes.

Las prestaciones son las pensiones y demás beneficios previsionales que otorga el Instituto con base en los objetivos de protección para los que fue creado; representan los derechos adquiridos por los afiliados cuando concurran las condiciones y cumplan los requisitos establecidos en el Reglamento General.

Las prestaciones se deben otorgar tomando en consideración la edad, los salarios devengados y cotizados, y el tiempo de cotización. Las prestaciones son las siguientes:

1. Pensión por Vejez, que puede ser, de acuerdo con las condiciones del afiliado, una de las modalidades siguientes: a) Pensión Ordinaria. b) Pensión Reducida.
2. Pensión por Invalidez.
3. Prestaciones por Sobrevivencia: a) Pensión por Viudez. b) Pensión por Orfandad. c) Pensión por Ascendencia. d) Beneficio por Designación.
4. Pensión Complementaria.
5. Beneficio de Separación.
6. Auxilio Funerario.
7. Seguro del Régimen de Salud.

Los servicios son beneficios complementarios a las prestaciones que ofrece el Instituto a sus participantes, los cuales no se derivan de los compromisos previsionales y tienen como fin apoyar el bienestar social y económico de los participantes.

De acuerdo con su capacidad financiera y actuarial, el Instituto puede brindar los siguientes servicios: 1) Préstamos personales de Vivienda y Consumo. 2) Orientación Gerontológica. 3) Otros que en el futuro se establezcan, previo el estudio correspondiente.

El otorgamiento de servicios está sujeto a la situación financiera del Instituto, por lo que no pueden otorgarse en menoscabo de la solvencia patrimonial de este.

Las pensiones son revalorizadas con el único propósito de mantener su poder adquisitivo a lo largo del tiempo. El proceso de revalorización se llevará a cabo anualmente, durante los primeros tres (3) meses de cada año, y siempre que exista suficiencia financiera, solvencia patrimonial de las reservas y disponibilidad presupuestaria.

CAPÍTULO III: ORGANIZACIONES PRIVADAS DE DESARROLLO FINANCIERAS

1. Marco legal

Son entidades de carácter privado, de naturaleza civil, sin fines de lucro, cuyos fundadores son personas naturales o jurídicas, constituidas con el objeto de brindar servicios financieros en apoyo a la actividad económica que realizan las micro y pequeñas empresas.

Se rigen fundamentalmente por la Ley Reguladora de las Organizaciones Privadas de Desarrollo que se dedican a Actividades Financieras, contenida en el Decreto Legislativo No. 229-2000 del uno de noviembre de 2000, publicado en La Gaceta del 3 de febrero de 2001; su reforma contenida en el Decreto No. 1022003, publicado en La Gaceta del 26 de agosto de 2003; por el Código Civil, por sus Estatutos y, en su defecto, por las demás leyes vigentes de la República.

Para efectos ilustrativos, se señalan a continuación algunos conceptos importantes propios de las actividades de este tipo de instituciones:

Aportación: Es la cantidad acreditada en efectivo o en especie por la Organización Privada de Desarrollo Financiero (OPDF) en favor de una persona natural o jurídica en su condición de fundador, o que se vincule posteriormente, y que le confiere derechos y obligaciones en la organización.

Microempresa: Es toda unidad productiva con un máximo de cinco (5) empleados remunerados.

Normas Prudenciales: Son reglas de obligatoria implementación que contribuyen a mejorar la administración y proteger los fondos captados de los prestatarios registrados.

Micro y Pequeño Empresario: Toda persona natural o jurídica propietaria de una micro o pequeña empresa dedicada a actividades productivas, ya sean de comercio, servicios o producción, por medio de las cuales se generan ingresos.

Organizaciones Privadas de Desarrollo Financieras (OPDF) de Primer Nivel: Son las organizaciones que realizan operaciones en forma directa y exclusiva con el micro y pequeño empresario.

Organizaciones Privadas de Desarrollo Financieras (OPDF) de Segundo Nivel: Son las organizaciones que realizan operaciones con las Organizaciones Privadas de Desarrollo Financiera (OPDF) de primer nivel.

Pequeña Empresa: Es toda unidad productiva con un mínimo de seis (6) y un máximo de cuarenta y cuatro (44) empleados remunerados.

Prestatario: Es toda persona natural o jurídica perteneciente a la micro y pequeña empresa, que perciba crédito de una OPDF y que se encuentre debidamente registrada.

Sinfines de lucro: Es la organización que no distribuye utilidades y que destina los excedentes obtenidos durante el ejercicio económico, para aumentar sus fondos patrimoniales y cumplir con su objetivo social.

Los fundadores de una OPDF deben ser personas de reconocida idoneidad, honorabilidad y responsabilidad que garanticen racionalmente los intereses de la entidad. Tratándose de personas jurídicas, podrán ser instituciones o empresas nacionales o extranjeras que propicien el financiamiento de la micro y pequeña empresa.

La responsabilidad económica de los Asociados Fundadores y de los que posteriormente se vinculen con aportaciones al patrimonio, es hasta por el monto de sus aportaciones.

Para la constitución de una OPDF se debe tramitar su personalidad jurídica ante el Poder Ejecutivo, por medio de la Secretaría de Estado en los Despachos de Gobernación, Justicia y Descentralización, acreditando lo siguiente:

1) Si se trata de una OPDF de Primer Nivel, deberá contar con un patrimonio mínimo de un MILLÓN DE LEMPIRAS (L1, 000,000.00).

2) Si se trata de una OPDF de Segundo Nivel, deberá contar con un patrimonio mínimo de DIEZ MILLONES DE LEMPIRAS (L10, 000,000.00).

3) Acreditar capacidad en la implementación y aplicación de técnicas financieras según las mejores prácticas establecidas para el sector de microfinanzas a nivel nacional e internacional.

4) Proporcionar un listado de los asociados fundadores y de sus ejecutivos con sus respectivos currículos.

El patrimonio de una OPDF está conformado por las aportaciones patrimoniales de los asociados, las reservas patrimoniales, las donaciones patrimoniales y los excedentes obtenidos en cada ejercicio económico.

Las aportaciones de una OPDF están constituidas por certificados de aportación pagados por los asociados fundadores y de los asociados que se vinculen posteriormente, de acuerdo con lo establecido en los Estatutos. Los certificados de aportación serán no negociables y confieren el derecho al asociado de participar en los órganos de decisión de la OPDF, dándole derecho a voz y voto de conformidad con los Estatutos. Las transferencias de los certificados de aportación deberán ser aprobadas previamente por la Asamblea General.

Los excedentes netos de una OPDF se determinan después de haber cubierto sus costos operativos y financieros, constituido provisiones para préstamos de dudosa recuperación y haber fortalecido las reservas patrimoniales; dichos excedentes pasarán a formar parte del patrimonio y no pueden ser distribuidos. Lo anterior no obsta para que, sin perjuicio de los fondos que ya se destinan a los programas de capacitación, de los excedentes que se obtengan, hasta un máximo del diez por ciento (10%) puede ser dedicado a capacitación e investigación.

Son órganos de las OPDF: la Asamblea General, la Junta Directiva y la Gerencia General. La Asamblea General está compuesta por los Asociados Fundadores y los que se vinculen posteriormente, de acuerdo con lo establecido en los Estatutos; deben reunirse ordinariamente una vez al año, dentro de los tres (3) meses siguientes a la clausura del ejercicio económico y extraordinario.

La Junta Directiva de las OPDF debe estar integrada por un número impar de miembros, nunca menor de cinco, elegida por la Asamblea General, debiendo buscarse que dicha integración responda a un equilibrio de experiencia financiera y proyección social de sus miembros.

La representación legal de una OPDF recae en el Presidente de la Junta Directiva, quien podrá delegarla de acuerdo con cómo se establezca en los Estatutos. Para ser miembro de la Junta Directiva o de cualquier órgano de dirección, así como para ser Gerente de una OPDF, se requerirá ser mayor de edad, de reconocida honorabilidad, responsabilidad y capacidad, debiendo estar en el pleno goce de los derechos civiles. En el entendido que los cónyuges y parientes dentro del cuarto grado de consanguinidad y segundo de afinidad de los miembros de la Junta Directiva no podrán ocupar cargos ejecutivos o de administración en la OPDF.

La Asamblea General legalmente convocada y reunida, es la autoridad suprema de la OPDF y expresa la voluntad colectiva de la misma. Las facultades que la Ley, sus Reglamentos o los Estatutos no atribuyan a otro órgano de la OPDF, son competencia de la Asamblea General, siendo nulos los acuerdos que tome la Asamblea General, contraviniendo la Ley, los Reglamentos y los Estatutos.

El nombramiento del Gerente corresponde a la Junta Directiva; para entrar en el desempeño de sus funciones, deberá rendir caución suficiente para garantizar su gestión, que será fijada y calificada por la propia Junta Directiva.

La fiscalización y la vigilancia interna en las OPDF debe estar a cargo de una Junta de Vigilancia, elegida anualmente, de su seno, por la

Asamblea General; sin embargo, los Estatutos pueden contemplar otros organismos y mecanismos de fiscalización, internos o externos, complementarios o auxiliares de este órgano.

La Junta de Vigilancia debe estar compuesta por el número de miembros que establezcan los Estatutos, en número no menor de tres. Para ser miembro de la Junta de Vigilancia se requiere las mismas condiciones que para ser Directivo. Dicha Junta tiene todas las facultades necesarias para fiscalizar, revisar procedimientos administrativos y contables, investigar por sí o en forma delegada, cualquier irregularidad de orden legal, financiero o económico-administrativo que se le denuncie o detectare.

Toda OPDF debidamente autorizada y constituida, debe cumplir con las obligaciones siguientes: 1) Llevar registros contables estandarizados de acuerdo con los manuales respectivos; 2) Realizar una auditoría externa anual que certifique sus Estados Financieros; 3) Realizar una inspección anual que evalúe el desempeño financiero y administrativo de la misma; y, 4) Ejercer una eficiente gestión administrativa y financiera que viabilice su sostenibilidad.

Es prohibido legalmente que las OPDF de primer nivel realicen lo siguiente: 1) Concedan créditos con garantías fiduciarias a un prestatario registrado, o para cada persona de un grupo de prestatarios registrados, cuyo monto sea superior al dos por ciento (2%) del patrimonio de la entidad; 2) Concedan o mantengan créditos con un prestatario registrado o para cada persona de un grupo de prestatarios registrados por más del cinco por ciento (5%) del patrimonio de la entidad; 3) Concedan créditos de naturaleza personal a sus fundadores o asociados, así como a sus directivos, gerentes y empleados, o garanticen a estos ante otras instituciones; y, 4) Conceder créditos a los cónyuges y familiares hasta el cuarto grado de consanguinidad y segundo de afinidad, de los fundadores, asociados, directivos, gerentes y funcionarios de la Organización.

Las OPDF que cumplan con los requisitos establecidos en la ley especial que las rige, podrán ser socios fundadores de sociedades financieras, asociaciones de ahorro y préstamo y bancos privados que se constituyan, cumpliendo con los demás requisitos establecidos en la Ley del Sistema Financiero.

2. Organizaciones Privadas de Desarrollo Financieras que operan en Honduras

2.1 Fundación Microfinanciera Hermandad de Honduras, OPDF

FUNDACIÓN MICROFINANCIERA
HERMANDAD DE HONDURAS,
OPDF

La historia singular de esta OPDF lleva a evocar que, de 1968 a 1969, fungió como cura párroco de San Marcos de Ocotepeque el sacerdote capuchino estadounidense James Francis McTaggart (conocido en la comunidad como Padre Javier), quien conoció la realidad socioeconómica de su parroquia.

Este sacerdote, a su regreso a los Estados Unidos, se desempeñó como catedrático en la Universidad de Massachusetts, período en el que abrigó la idea de crear una institución orientada a apoyar a la población sanmarqueña de escasos recursos económicos, en aspectos de formación humana, asistencia técnica, cooperativismo, Movimiento Scout y Cuerpos de Socorristas, por lo que, con la colaboración de alumnos y amigos, fundó Hermandad Inc. "Ayudando a alcanzar mucho a través de una asistencia directa en desarrollo" ("Helping Reach Many Through Direct Assistance In Development").

El 1 de julio de 1975, bajo la tutela de McTaggart, inició el proceso de creación de la Asociación Hermandad de Honduras. El 1 de abril de 1977, la Secretaría de Gobernación y Justicia, mediante Acuerdo No. 42, entregó la personalidad jurídica a la Asociación Hermandad de Honduras.

En un acto de generosidad, los profesores Luis Efraín Espinoza (QDDG) y Rosa Rodezno de Espinoza (QDDG) donaron un predio de tres manzanas para establecer las instalaciones físicas; la primera etapa fue construida durante la gestión administrativa de Cristina Garófalo, ciudadana estadounidense, con el aporte de la comunidad sanmarqueña y de la Agencia de los Estados Unidos para el Desarrollo Internacional (USAID).

De 1977 a 1987 ejerció la Dirección Ejecutiva, ad honorem, María del Pilar Manceñido (QDDG), religiosa capuchina de nacionalidad argentina. En este período, Hermandad de Honduras impulsó varios proyectos en las áreas de promoción humana, vivienda, tecnologías apropiadas, pequeñas industrias, salud, agricultura y promoción de la mujer.

En 1982 quedó sin valor el convenio de cooperación entre

Hermandad Inc. y la Asociación Hermandad de Honduras, por lo que esta recurrió al apoyo financiero de otras instituciones nacionales e internaciones. A partir del año 2000, la organización entró en un proceso de transformación institucional, creando las condiciones para separar las áreas social y financiera.

En la actualidad, la Fundación Microfinanciera cuenta con 22 oficinas distribuidas en ocho departamentos del país, con preeminencia en la región occidental. Mantiene sus oficinas principales en el lugar que la vio nacer; es decir, en la próspera ciudad de San Marcos de Ocotepeque, y ofrece productos de crédito, ahorro, servicio de remesas y otros[71].

2.2 Asociación Familia y Medio Ambiente, OPDF

FAMA
Soluciones financieras adecuadas para desarrollar tu negocio
Microfinanciera hondureña

Conocida como FAMA, es una organización privada de desarrollo financiera sin fines de lucro, con personería jurídica para actuar como OPDF desde el 2 de junio de 2005; no obstante, estuvo activa como Organización Privada de Desarrollo (OPD) desde 1990, logrando una experiencia especializada en servicios financieros con metodología de crédito grupal e individual.

Opera en varios departamentos de Honduras, brindando servicios financieros a microempresarios, tanto en áreas rurales como urbanas. Financia créditos dirigidos principalmente a actividades productivas, pero también para el sector vivienda.

A lo largo de su existencia ha contado con el apoyo de varios actores nacionales e internacionales, como la Fundación Covelo, la Red Katalysis, el Banco Interamericano de Desarrollo y el Banco Centroamericano de Integración Económica.

Además, es parte de la Red Microh (Red Nacional de Instituciones de Microfinanzas en Honduras) y de la Federación de Organizaciones No Gubernamentales para el Desarrollo de Honduras (FOPRIDEH)[72].

2.3 Fundación para el Desarrollo de Honduras Visión Fund, OPDF

FUNED
VisionFund OPDF
La Microfinanciera de Honduras

Es una organización privada de desarrollo financiero de naturaleza civil, sin fines de lucro, aprobada en junio de 2007 por la entonces Secretaría de Estado en los Despachos de Go-

---

[71] www.hermandadopdf.org
[72] www.famaopdf.org.hn

bernación y Justicia.

En 1994 inició operaciones como FUNED, entidad afiliada a Visión Mundial, para apoyar las actividades de los programas de desarrollo en áreas específicas, utilizando principalmente las metodologías de bancos comunales y crédito individual.

VisionFund Honduras es una red cristiana de microfinanzas, dirigida por un propietario cristiano que trabaja con cuidadores en lugares empobrecidos y de difícil acceso, para que puedan crear futuros seguros para sus hijos. Así, sirve a clientes de bajos ingresos que viven en comunidades rurales vulnerables, al ofrecer soluciones financieras y de medios de vida, que entrega a través de su red: Visión Mundial y socios.

Los productos y servicios se dividen en cinco grandes categorías: micro préstamos, programas de ahorro, micro seguros, capacitación y educación. Atiende a 20,580 clientes a través de sus 17 sucursales, generando 24,632 empleos directos. El 50% de los clientes de VisionFund Honduras son mujeres[73].

2.4 Proyectos e Iniciativas Locales para el Autodesarrollo Regional de Honduras, OPDF

PILARHOPDF
LA MICROFINANCIERA RURAL DE HONDURAS

Conocida como PILARH OPDF y con oficinas principales en Santa Rosa de Copán, es una organización privada de desarrollo financiero especializada en la prestación de servicios financieros.

Obtuvo su personalidad jurídica como OPDF el 22 de octubre de 2007, y se enfoca en la promoción del desarrollo económico de la región occidental, financiando diversas actividades productivas a microempresarios agrícolas y no agrícolas que, debido a su ubicación geográfica, no tienen acceso a la banca formal[74].

2.5 Fondo para el Desarrollo Local de Honduras, OPDF

CREDISOL
APOYÁNDOLE A CRECER

CREDISOL nació en 1998 como un Programa de Crédito de la Parroquia San Isidro Labrador (PSIL) en el municipio de Tocoa, departamento de Colón, con el propósito de apoyar los programas de agricultura sostenible y comercialización. Ese año, Honduras fue afectada por el huracán Mitch, que devastó la infraestructura vial y el sistema productivo, y provocó la pérdida de vidas humanas; esto afectó significativamente el área de influencia del Programa de Crédito, por lo que se decidió que pasara a formar parte de los programas de la Diócesis

---

[73] www.visionfund.org
[74] www.pilarh-opdf.org

de Trujillo, med_ante la administración de la Pastoral Social.

Debido a que la población asociaba la Iglesia con donaciones, la cartera del Programa de Crédito presentaba problemas de recuperación; por tanto, el 26 de febrero de 2003, Monseñor Virgilio López, Obispo de la Diócesis de Trujillo, autorizó al Padre Hermenegildo Ramírez, director de la Pastoral Social, y al sacerdote jesuita Juan José Colato, para que el Fondo para el Desarrollo de Nicaragua realizara un diagnóstico del Programa de Crédito. El proceso de restructuración inició en abril de 2003, con la asesoría técnica del Instituto Nitlapan de Nicaragua.

Derivado de lo anterior, el 21 de mayo de 2008 se constituyó como una Organización Privada de Desarrollo Financiero, OPDF; el 18 de noviembre del mismo año, la CNBS, mediante Registro No. 1,607, autorizó su funcionamiento y, en febrero de 2009, inició operaciones bajo su nueva figura legal. Actualmente CREDISOL opera como OPDF y su casa matriz se encuentra en San Pedro Sula[75]

---

[75] www.crediscl.hn

CAPÍTULO IV: LAS ADMINISTRADORAS DE FONDOS PRIVADOS DE PENSIONES

1. Antecedentes históricos, marco legal y aspectos relevantes

En términos generales, el Sistema de Pensiones Público y Privado en Honduras se rige por lo establecido en los artículos 142, 143 y 144 de la Constitución de la República, así como por las disposiciones de la Ley Marco del Sistema de Protección Social, contenida en el Decreto Legislativo No. 56-2015, la Fe de Errata publicada en La Gaceta No. 33,771 del 2 de julio de 2015 y su reforma, aprobada mediante Decreto Legislativo No. 77-2016.

También cabe acotar que, como parte del sistema de previsión social nacional, se mantiene un sistema de cuentas individuales que es voluntario y complementario, el cual funciona de conformidad con lo establecido en la Ley del Régimen Complementario para la Administración de Fondos Privados de Pensiones, contenida en el Decreto Legislativo 319-2002.

Por otra parte, el sistema público de previsión social se rige por las leyes orgánicas de los institutos públicos de previsión social, o bien por la normativa que regula a los que operan como planes previsionales de algunas instituciones estatales, como la Empresa Nacional de Energía Eléctrica y el Banco Central de Honduras; en esa normativa se establece el mecanismo de aportes por parte del Estado, las cotizaciones de los afiliados y los beneficios a que tienen derecho.

Además, es de recordar que hay otras leyes prexistentes a la que rige actualmente las Administradoras de Fondos Privados de Pensiones (AFP), que facultaron el establecimiento de fondos de pensiones cerrados, como el del Colegio de Médicos, Abogados, Ingenieros, entre otros gremios profesionales del país.

Así, las Administradoras Privadas de Pensiones son entidades constituidas y organizadas conforme la Ley del Régimen Opcional Complementario para la Administración de Fondos Privados de Pensiones; se encargan de la gestión y administración de planes privados de pensiones, cuya autorización para operar legalmente corresponde al Banco Central de Honduras (BCH), previo dictamen favorable de la Comisión Nacional de Bancos y Seguros (CNBS).

La Administradora de Fondos de Pensiones Atlántida, S.A. fue la primera que se autorizó para operar, mediante Resolución del BCH No. 215/6/2003 del 23 de junio de 2003, de conformidad con las disposiciones de la Ley del Régimen Opcional Complementario para la

Administración de Fondos Privados de Pensiones, con el objeto, valga la redundancia, de gestionar y administrar fondos privados de pensiones y fondos de cesantía, a través de cuentas individuales de capitalización a favor de terceros, de conformidad con lo establecido en dicha Ley.

Para autorizar la constitución y operación de una AFP se requiere contar con un capital mínimo de L20, 000,000.00, que deberá estar íntegramente suscrito y pagado antes del inicio de sus operaciones.

Actualmente hay cuatro (4) Administradoras de Fondos de Pensiones y Cesantías reguladas y supervisadas por la CNBS: AFP Atlántida, S.A., Ficohsa Pensiones, S.A., BAC Pensiones, S.A. y la AFP del Grupo Financiero del que forma parte, entre otros, el Banco de Occidente S.A., sin perjuicio de algunas particularidades y facultades propias sobre la materia que involucran al Régimen de Aportaciones Privadas (RAP), que veremos más adelante.

Las Administradoras de Fondos de Pensiones y Cesantías proporcionan cuentas de capitalización individual, en las que se reciben los aportes del afiliado de acuerdo con la legislación y los aportes patronales, más la rentabilidad que los mismos produzcan; la cuenta individual de capitalización es propiedad del afiliado.

El Fondo constituido mediante los aportes individuales y patronales debe ser registrado, manejado y contabilizado en forma independiente del patrimonio de la Administradora. Los beneficios que ofrecen a los afiliados, es que recibirán una pensión de acuerdo con el tiempo y monto aportado al fondo administrado por la AFP, de conformidad con las opciones que se establezcan en la Ley, como Retiro Programado y Compra de Rentas Vitalicias en compañías de seguros, entre otras.

Para efectos ilustrativos se señala que, como su nombre lo indica, una cuenta de capitalización individual no es más que la parte del Fondo Privado de Pensiones que le corresponde a un afiliado, similar a un ahorro, que incluye la suma de sus aportaciones y los rendimientos proporcionales, menos las comisiones que deban deducirse conforme a lo establecido en el Contrato de Afiliación.

Actualmente, la afiliación a las AFP es voluntaria, de manera que la persona natural, mediante la suscripción del contrato correspondiente, se incorpora a una Administradora de Fondos de Pensiones y Cesantías. No obstante, cuando se implemente a cabalidad con una nueva ley especial, aún en proyecto, la afiliación será obligatoria, en consonancia con lo establecido en la Ley Marco del Sistema de Protección Social, que señala lo relativo a cuentas individuales para beneficios previsionales y reserva laboral. Estas cuentas tendrán una contribución obrera/patronal obligatoria para todos los empleados bajo el Código de Trabajo.

En ese sentido, actualmente se requiere que la persona natural forme parte del mercado laboral y que suscriba un contrato con la AFP, para regular su afiliación al plan de pensiones correspondiente, en el cual se establezcan los derechos y obligaciones de cada una de las partes involucradas.

Los afiliados y los beneficiarios del sistema tienen derecho al pago de las pensiones que correspondan, para cubrir los riesgos de invalidez, vejez y muerte que se determinan en la Ley Marco de Protección Social, en el Código del Trabajo y en la Ley del Régimen Opcional Complementario para la Administración de Fondos Privados de Pensiones, si acumula lo suficiente para lograr una pensión mínima.

Entre las inversiones más comunes que realizan estas instituciones se encuentran los certificados de depósitos y bonos corporativos, emitidos por instituciones del sistema financiero, así como otros instrumentos emitidos por instituciones del Estado, como el Banco Central de Honduras y la Secretaría de Finanzas.

La regulación del riesgo de las inversiones se realiza por medio de las normas y reglamentos que al efecto emita la CNBS, así como por las políticas internas definidas por cada Administradora de Fondos de Pensiones y Cesantías; es de destacar que, tanto la Comisión como las propias instituciones, establecen límites máximos por instrumento, emisor y sector.

Las Administradoras de Fondos de Pensiones Privadas actualmente otorgan rentas financieras ciertas, o bien las denominadas jubilaciones programadas, de acuerdo al período de cobertura que voluntariamente solicite cada afiliado, otorgando una pensión a partir de la fecha de retiro que defina el afiliado, siempre y cuando haya cumplido con los aportes programados en su cuenta de capitalización individual, en el entendido de que, en caso de fallecer, el remanente o saldo de dicha cuenta se entregará a los beneficiarios del afiliado.

2. El Régimen de Aportaciones Privadas (RAP)

2.1 Antecedentes históricos

Fue creado en 1991, mediante el Decreto Legislativo No. 167-91, en el contexto de la Ley del Fondo Social para la Vivienda (FOSOVI), con el propósito de administrar el fondo que se constituye con las aportaciones y cotizaciones de los trabajadores de las empresas del sector privado que tuvieran diez o más empleados; en concreto, inició como un departamento funcional dentro del FOSOVI, conociéndose como RAP-FOSOVI.

En 1993, la empresa privada determinó que el fondo administrado por el RAP-FOSOVI, al tener un origen de orden privado, debía ser administrado por los representantes de los aportantes a dicho régimen, en forma independiente del FOSOVI. Por tanto, mediante el Decreto Legislativo No. 53-93, el RAP se separó del FOSOVI, conformó su Consejo Directivo y, de ser una institución sujeta al derecho público, pasó a estar bajo el derecho privado[76].

Es así como nace el RAP como institución privada, que capta y administra las aportaciones de trabajadores y patronos como recursos independientes y separados del patrimonio del FOSOVI. Asimismo, los trabajadores cotizantes adquieren el derecho de retirar las aportaciones patronales y salariales en el momento oportuno, de acuerdo con las disposiciones establecidas por el Consejo Directivo.

2.2. Marco legal y aspectos relevantes

Después de operar por casi veintidós (22) años sin una ley propia, el RAP logró la aprobación del Decreto Legislativo No. 107-2013, conocido como 'Ley del RAP", que fue publicado en La Gaceta del 6 de septiembre de 2013. Este nuevo marco legal establece de forma definitiva el carácter privado del RAP, como una institución sin fines de lucro que administra recursos de naturaleza privada, con personería jurídica de duración indefinida y patrimonio propio, que brinda beneficios y servicios financieros a sus afiliados para alcanzar su bienestar presente y futuro, estableciendo mecanismos idóneos para la promoción de la inclusión financiera, basados en las mejores prácticas a nivel internacional.

Con la aprobación de la Ley Marco del Sistema de Protección Social (Decreto No. 56-2015), publicada el 17 de julio de 2015 en el Diario Oficial La Gaceta, se faculta al RAP para recaudar y administrar bajo el sistema de Cuentas de Capitalización Individual (CCI), todas las captaciones de recursos para el Régimen de Cuentas Individuales Previsionales, el Régimen de Cobertura Laboral y el Ahorro de Aportaciones Voluntarias.

El RAP tiene su domicilio en la capital de la República y puede extender sus operaciones a otras ciudades del territorio nacional; sus órganos de planificación, dirección y administración son el Consejo Directivo y la Gerencia General.

El Consejo Directivo es el órgano superior de dirección y administración de la institución, y tiene la facultad de realizar todas las operaciones inherentes al objeto social, correspondiéndole la

---

[76] Véase: www.rap.hn

representación legal institucional, cuyo ejercicio lo realiza por medio de su Presidente.

El Consejo Directivo del RAP está integrado por:

1) Un representante propietario y un suplente nombrado por cada una de las organizaciones siguientes: a) Confederación de Trabajadores de Honduras (CTH); b) Central General de Trabajadores (CGT); y c) Confederación Unitaria de Trabajadores de Honduras (CUTH).

2) Tres (3) representantes propietarios y tres (3) suplentes nombrados por el Consejo Hondureño de la Empresa Privada (COHEP).

3) Dos (2) representantes propietarios y dos suplentes nombrados por el Presidente de la República.

Los representantes suplentes pueden participar en todas las sesiones con derecho a voz, pero ejercerán el voto únicamente en ausencia del propietario.

Los representantes de los sectores ante el Consejo Directivo son nombrados por un período de cuatro (4) años y pueden ser removidos por renuncia, ausencia, incapacidad legal o a solicitud de la organización que representan.

El Consejo Directivo está integrado por: 1) Un Presidente; 2) Un Vicepresidente; 3) Un Secretario; y 4) Los restantes miembros serán vocales por su orden de nominación e integración de sectores. Los cargos mencionados no pueden ser desempeñados por la misma persona por más de dos (2) períodos consecutivos, disponiéndose que la presidencia sea alternada entre el sector privado y sector laboral cada cuatro (4) años. La Ley específica los requisitos e impedimentos para ser miembro del Consejo Directivo.

La elección del Consejo Directivo se lleva a cabo en sesión extraordinaria, convocada para tal efecto por el Presidente o por quien haga sus veces. Debe realizarse en primera convocatoria con la asistencia de todos los representantes acreditados por los sectores y en segunda convocatoria, por lo menos veinticuatro (24) horas después de la primera convocatoria, con la asistencia de la mayoría de los miembros, siempre y cuando estén representados los tres (3) sectores.

El Consejo Directivo se debe reunir una vez al mes, y puede reunirse en forma extraordinaria; el quórum de instalación de las sesiones es de la mitad más uno de sus miembros, y deben estar representados los tres (3) sectores; en cambio, el quórum para la toma de decisiones es de cinco (5) votos y deben estar representados al menos dos (2) de los tres (3) sectores que lo integran. En caso de empate, el Presidente goza de voto de calidad.

Las sesiones del Consejo Directivo son privadas, salvo que por alguna circunstancia especial se dispusiere lo contrario. El acta que se levante en cada sesión y las resoluciones que se adopten, serán enviadas con la debida antelación a todos los miembros para su conocimiento, ratificación y demás fines. Las resoluciones que contravengan disposiciones legales serán nulas de pleno derecho, y los miembros que hubieren concurrido con su voto, serán solidariamente responsables por los daños y perjuicios que causaren, sin menoscabo de las sanciones administrativas y/o penales a que hubiera lugar. Los miembros que voten en contra por no estar de acuerdo con las resoluciones no incurrirán en responsabilidad; sin embargo, será necesario que conste su voto en contra, indicando las causas que lo motivan, en el acta de la sesión en que hubiese sido aprobado el asunto.

La Gerencia General es el órgano responsable de la administración de la Institución, y está a cargo de la persona que nombre el Consejo Directivo, previo un procedimiento de concurso público. El RAP debe tener un auditor interno, seleccionado por concurso público y nombrado por el Consejo Directivo.

El Patrimonio del RAP está constituido por:
1) El patrimonio que perteneció al Régimen de Aportaciones Privadas (RAP)
   - Fondo Social para la Vivienda (FOSOVI).
2) Los saldos adquiridos por prescripción.
3) Las herencias, legados y donaciones que acepte.
4) Cualquier otro valor, bien o recurso que adquiera legalmente.
5) Un porcentaje de los excedentes anuales, de conformidad a lo establecido en la Ley que lo rige.

El resultado de las operaciones que realice el RAP debe tener como objetivo el beneficio de sus afiliados, por lo cual sus productos deben acreditarse en las cuentas individuales que abre a nombre de aquellos, en el entendido de que la supervisión del RAP compete a la Comisión Nacional de Bancos y Seguros.

El RAP está obligado a acreditar los rendimientos de sus operaciones, una vez que el Consejo Directivo determine los montos a acreditar a las cuentas individuales, donde se registran las aportaciones obrero-patronales, de acuerdo con las condiciones de mercado y una vez cubiertos los costos operativos.

Los recursos económicos que no sean utilizados para financiar soluciones habitacionales u otros servicios financieros aprobados pueden ser invertidos en el Sistema Financiero Nacional supervisado por la CNBS, en títulos valores emitidos por el Gobierno de la República, u otras alternativas de inversión similares que ofrezca el mercado, en operaciones que garanticen seguridad, rentabilidad y liquidez.

El RAP tiene prohibido conceder financiamiento, avales, fianzas y garantías al Gobierno de la República y a las instituciones descentralizadas o desconcentradas del Estado; conceder créditos, avales, fianzas o garantías a personas naturales o jurídicas que no cumplan con lo establecido en el Artículo 34 de la Ley que lo rige; realizar operaciones contrarias a lo establecido en su Ley, u otras que no estén enmarcadas en su fin social, o pongan en riesgo su solvencia y los derechos de sus cotizantes.

Los trabajadores cotizantes al RAP tienen los derechos siguientes:

1) Obtener acceso a los programas de financiamiento de la Institución, conforme los requisitos que establezcan los reglamentos que apruebe el Consejo Directivo.

2) Que se registre en su cuenta personal el monto mensual de sus cotizaciones y el de las aportaciones pagadas por el patrono a su favor, más los respectivos intereses, producto del rendimiento generado por la inversión de los recursos que deba ser distribuido entre todos los cotizantes, una vez que se hayan deducido los gastos operativos y administrativos correspondientes, según procedimiento aprobado por la Comisión Nacional de Bancos y Seguros.

3) Que se le devuelvan las aportaciones y cotizaciones registradas a su favor con sus respectivos rendimientos conforme al Reglamento que apruebe el Consejo Directivo.

4) Designar beneficiarios para el retiro de los saldos registrados a su favor o en su defecto, de sus herederos legales.

5) Gozar de los demás beneficios que establezcan los reglamentos y las resoluciones del Consejo Directivo.

Finalmente se señala que, con base en la reglamentación emitida por su Consejo Directivo, el RAP debe orientar recursos de desarrollo en proyectos piloto como: a) Proyectos habitacionales de interés social; b) Préstamos automáticos para afiliados con ingresos de hasta tres (3) salarios mínimos; y c) Solicitudes de consolidación de deudas de tarjetas de crédito.

CAPÍTULO V: LAS COOPERATIVAS

1. Origen del cooperativismo

El cooperativismo nació en plena Revolución Industrial, como una alternativa para la clase trabajadora. El socialista utópico inglés Robert Owen (1771-1858) fue su precursor, pues intentó mejorar la distribución de las ganancias entre los trabajadores de su fábrica textil en New Lanark (Escocia) y socializar los medios de producción.

A Owen le siguieron el inglés William King y el francés Charles Fourier, quienes también defendieron la creación de organizaciones de base asociativa, e hicieron importantes mejoras al incipiente esquema cooperativo, en áreas como la democratización, la asociación y el derecho al trabajo.

Fourier proponía un sistema económico y social basado en pequeñas comunidades agrícolas (falansterios) sin espíritu de lucro y orientadas a generar empleo. King, por su parte, fue precursor de las primeras cooperativas de consumo en las cuales, los obreros asociados, adquirían los artículos básicos para su sobrevivencia. En 1827 fundó en Bringhton The Coperative Trading Association, que sirvió de inspiración para que, al finalizar la década, existieran cerca de 300 cooperativas similares.

Se puede situar el primer logro decisivo del cooperativismo en 1844, cuando 28 obreros fundaron en Rochdale (Inglaterra) una cooperativa textil de consumo liderada por Carlos Howart. Esta experiencia logró importantes resultados y fue fuente de motivación para iniciativas similares, pues sentó las bases del cooperativismo actual: distribución equitativa de beneficios, acceso a la educación, igualdad de derechos, un voto por asociado y la no discriminación por edad, sexo, profesión, etc. Por tal razón, a Rochdale se le conoce como la cuna del cooperativismo mundial.

Desde entonces el sector empezó a crecer, y hoy día está presente en prácticamente todas las naciones. En Latinoamérica, las cooperativas pioneras nacieron en México y Argentina. En 1873, el Círculo Obrero de México estableció la primera. Seis años después, en 1879, se fundó en Argentina la cooperativa "El progreso agrario".

Teóricos como Raiffeisen, Schulze-Delitzsch, Gide y Fauquet han contribuido a dotar al movimiento de prácticas, principios y valores universales, hasta llegar a los ratificados por la Alianza Cooperativa Internacional (ACI) en 1995. Desde entonces, el sector se inspira en los valores básicos de ayuda mutua, responsabilidad, democracia, igualdad, equidad y solidaridad. También defiende los valores éticos de honestidad, transparencia, responsabilidad social y preocupación por los demás.

Sus siete principios son:
1. Adhesión libre y retiro voluntario;
2. Control democrático de los miembros;
3. Participación económica de los miembros;
4. Autonomía e independencia;
5. Educación, información y entrenamiento permanente;
6. Integración cooperativa y
7. Compromiso con la comunidad

El cooperativismo es reconocido mundialmente por un escudo en el que figuran dos pinos dentro de un círculo. Este emblema rescata su esencia filosófica: La unión solidaria para resolver necesidades sociales y económicas comunes.

La bandera nació en 1923 y contiene los siete colores del arco iris en el siguiente orden horizontal, de arriba hacia abajo: rojo, anaranjado, amarillo, verde, azul turquesa, azul y violeta. La ACI la acogió aduciendo que así se recogen los colores de todas las banderas del mundo; sin embargo, en abril de 2001, el Consejo de Administración de la Alianza acordó cambiarla con el argumento de que la bandera de 1923 era utilizada por algunos grupos no-cooperativos, ocasionando confusión en el ámbito mundial. Entonces introdujo varias palomas de la paz, desprendiéndose de los colores, como recuerdo del espíritu que le dio vida a la primera bandera[77].

2. El Cooperativismo en Honduras

El origen del cooperativismo en Honduras se remonta al último cuarto del siglo XIX, cuando se manifestaron las primeras expresiones con el surgimiento de un organismo mutualista conocido como Sociedad de Ladinos de Marcala, en 1876.

La segunda manifestación apareció en la ciudad de Ocotepeque en 1930, cuando se constituyó la sociedad cooperativa "El Obrero", y en Santa Rosa de Copán surgió la Sociedad Copaneca de Obreros.

En 1923 se incluyó en la Constitución de la República el precepto: "Es función del Estado promover la asociación cooperativa". En 1927 se emitió la Ley de Sociedades Cooperativas, y en 1936 se aprobó la Ley de Sociedades Cooperativas para la venta de mercaderías a plazo, con disposiciones para la regulación y fomento de las Asociaciones Cooperativas.

---

[77] Véase: Historia del Cooperativismo Mundial/infocoop.go.cr

En 1949 se incluyó en el Código de Comercio un capítulo destinado a la regulación de sociedades cooperativas, considerándolas en el mismo cuerpo de leyes de las sociedades mercantiles. En 1954 se aprobó la Ley de Asociaciones Cooperativas, que dejó sin vigor el capítulo del Código de Comercio.

La década de 1970 marcó un desarrollo federativo en el campo cooperativo en toda América Latina. La política integrativa se realizó principalmente en los sectores agropecuario, y de ahorro y crédito, que recibieron un gran impulso de la AID (Agencia de los Estados Unidos para el Desarrollo Internacional); en Honduras se crearon cuatro federaciones y el Instituto Hondureño de Estudios Cooperativos.

En 1971 se organizó la Confederación Hondureña de Cooperativas (CHC) y, en 1987, el Congreso Nacional promulgó la Ley de Cooperativas de Honduras. Esta Ley fue aprobada mediante el Decreto No. 65-87 del 20 de marzo de 1987, y su Reglamento, mediante Acuerdo Ejecutivo No. 191-88 del 22 de julio de 1988; ambos constituyen el cuerpo normativo fundamental del movimiento cooperativo.

En 1990, el movimiento cooperativo nacional se había estructurado en nueve subsectores: Vivienda, Industria, Ahorro y Crédito, Agropecuario, Consumo, Transporte, Agroforestal, Pesca y Mixtas.

El 1 de febrero de 2014 se publicaron en La Gaceta las reformas a la Ley de Cooperativas de Honduras, según Decreto 174-2013 del 01 de septiembre de 2013; con estas reformas se le dio vida al Consejo Nacional Supervisor de Cooperativas

(CONSUCOOP); el 16 de junio de 2014, se publicaron en La Gaceta las reformas al Reglamento de la Ley de Cooperativas de Honduras

En síntesis, las cooperativas son organizaciones autónomas sin fines de lucro, constituidas conforme a la Ley de Cooperativas de Honduras, por personas que se han integrado voluntariamente para hacer frente a sus necesidades y aspiraciones económicas, sociales y culturales comunes, por medio de una empresa de propiedad conjunta y democráticamente controlada.

En Honduras, las cooperativas pueden ser de producción, de servicios, de consumo o mixtas. Son de producción, cuando están constituidas por personas que se asocian para trabajar, producir, transformar y vender en común los productos que elaboran; son de servicio, cuando están formadas por personas que se asocian para prestar servicios al público y a sí mismas; serán de consumo, cuando estén formadas por personas que se asocian para obtener en común bienes o servicios para ellas, sus hogares o sus actividades económicas y sociales. Son mixtas, cuando en sus estatutos establezcan actividades múltiples como su objetivo principal; no pueden constituirse como mixtas, las cooperativas cuya actividad principal sea el ahorro y crédito de afiliaciones abiertas.

3. Antecedentes de la supervisión de las cooperativas en Honduras

Como ya lo he apuntado, el Congreso Nacional aprobó la primera Ley de Cooperativas de Honduras mediante el Decreto No. 65-87 del 30 de abril de 1987, y su Reglamento contenido en el Acuerdo Ejecutivo No. 191-88 del 22 de julio de 1988.

Precisamente en el artículo 93 de la Ley, se creó como órgano rector del movimiento cooperativo el Instituto Hondureño de Cooperativas (IHDECOOP), institución descentralizada del Estado, autónoma y con patrimonio propio; se estableció como su función principal la inspección y vigilancia de las cooperativas, pudiendo delegarla en los organismos de integración o auxiliares especializados del sector cooperativo. Asimismo, tenía como atribuciones la autorización de la constitución, disolución y liquidación de las cooperativas, llevar el Registro Nacional de Incumplimiento Cooperativo e imponer las sanciones por infracciones al marco legal[78].

Con el propósito de dotar al sector cooperativo de un instrumento jurídico actualizado, debido a los cambios y retos que la globalización presentaba, el Congreso Nacional aprobó reformas a la Ley de Cooperativas de Honduras, a través del Decreto Legislativo No.174-2013, publicado en La Gaceta del 1 de febrero de 2014; también se emitió el Reglamento de la Ley de Cooperativas de Honduras, contenido en Acuerdo Ejecutivo No. 041-2014, publicado en La Gaceta del 16 de junio de 2014.

En la Ley de Cooperativas se establece la creación del Consejo Nacional Supervisor de Cooperativas (CONSUCCOP), como una institución descentralizada del Estado, autónoma y con patrimonio propio, que tendrá a su cargo la aplicación de la legislación cooperativa, al constituirse en la autoridad de control de los entes cooperativos en Honduras.

El CONSUCOOP está estructurado por una Junta Directiva, una Dirección Ejecutiva, una Superintendencia de Cooperativas de Ahorro y Crédito, una Superintendencia de Otros Subsectores de Cooperativas, y cualquier otra superintendencia necesaria para su funcionamiento. Asimismo, tiene a su cargo el Registro Nacional de Cooperativas.

---

[78] Página web del IHDECOOP.

El CONSUCOOP tiene entre sus principales atribuciones, las siguientes:

a) Aprobar la constitución, la disolución y la liquidación de cooperativas;

b) Ejercer la fiscalización, control y supervisión administrativa, económico financiera, social, legal y los servicios de las cooperativas, cuando lo considere necesario y sin previo aviso;

c) Imponer las sanciones y multas dispuestas en el marco legal vigente;

d) Dictar normas y resoluciones que aseguren el cumplimiento del marco legal, la gestión de riesgos y la práctica de los principios del buen Gobierno Cooperativo.

e) Disponer, mediante resolución fundada, la intervención y cancelación de la personería jurídica de las cooperativas, de conformidad con el procedimiento establecido en la Ley; y

f) Autorizar la disolución y liquidación voluntaria de las cooperativas.

El Congreso Nacional, mediante Decreto Legislativo No. 45-2002, publicado en el Diario Oficial La Gaceta del 5 de marzo de 2002, aprobó la Ley Contra el

Delito de Lavado de Activos, estableciendo como otros obligados supervisados a las personas jurídicas que realicen operaciones de ahorro y crédito.

La Comisión Nacional de Bancos y Seguros, a través de la Superintendencia de Valores y Otras Instituciones, solo había practicado evaluaciones periódicas a las Cooperativas de Ahorro y Crédito en materia de lavado de activos, por lo que emitió la Resolución 1477/2 2-08-2011, que contempla el Reglamento para la Prevención y Detección del Lavado de Activos y Financiamiento del Terrorismo en las Cooperativas de Ahorro y Crédito.

El Congreso Nacional, en el Artículo 9 transitorio de las reformas a la Ley de Cooperativas de Honduras (Decreto Legislativo No. 174-2013), delegó la supervisión transitoriamente a la CNBS, mientras la Superintendencia de Cooperativas de Ahorro y Crédito, dependiente del CONSUCOOP, no esté estructurada con la independencia técnica y administrativa que le permita realizar una supervisión efectiva de las cooperativas de ahorro y crédito.

La Comisión Nacional de Bancos y Seguros, a partir de los años 2014 y 2015, realizó exámenes generales a las cooperativas de Ahorro y Crédito para verificar el cumplimiento de la Ley de Cooperativas de Honduras y su Reglamento vigentes.

Por medio del Decreto Legislativo No. 146-2019, publicado en La Gaceta del 11 de enero de 2020, se aprobaron las reformas más recientes a la Ley de Cooperativas de Honduras, con las cuales, entre otras cosas, se fortalece el papel del CONSUCOOP, como ente regulador y supervisor del sector cooperativo de nuestro país.

BIBLIOGRAFÍA

1. Leyes

Congreso Nacional. Código de Comercio de Honduras, Decreto No. 73-50.

. Constitución de la República de Honduras, Decreto No. 131 del 11 de enero de 1982.

. Ley de la Comisión Nacional de Bancos y Seguros de Honduras, Decreto No. 155-95 del 24 de octubre de 1995.

. Ley del Banco Central de Honduras, Decreto No. 53 del 3 de febrero de 1950.

. Ley del Banco Hondureño para la Producción y la Vivienda (BANHPRO- VI), Decreto No. 6-2005 del 26 de enero de 2005.

. Ley del Banco Nacional de Desarrollo Agrícola, Decreto No. 903 del 24 de marzo de 1980.

. Ley del Instituto de Previsión Militar de Honduras, Decreto No. 167-2006 del 27 de noviembre de 2006.

. Ley del Instituto Nacional de Jubilaciones y Pensiones de los Empleados y Funcionarios del Poder Ejecutivo de Honduras, Decreto No. 357-2013 del 8 de enero de 2014.

. Ley del Mercado de Valores de Honduras, Decreto No. 8-2001 del 20 de febrero de 2001.

. Ley del Régimen Complementario para la Administración de Fondos Privados de Pensiones de Honduras. Decreto No. 319-2002 del 17 de septiembre de 2002.

. Ley del Régimen de Aportaciones Privadas, Decreto No. 107-2013 del 5 de septiembre de 2013.

. Ley del Seguro Social de Honduras y el Decreto No. 80-2001 del 1 de junio de 2001 que contiene sus reformas.

. Ley del Sistema Financiero de Honduras, Decreto No. 129-2004 del 21 de septiembre de 2004.

. Ley Marco de Protección Social de Honduras, Decreto No. 56-2015 del 21 de mayo de 2015. (Declarada inconstitucional en abril de 2022)

. Ley Reguladora de las Organizaciones Privadas de Desarrollo que se dedican a Actividades Financieras en Honduras, Decreto No. 229-2000 del 1 de noviembre de 2000.

. Ley del Instituto Nacional de Previsión del Magisterio de Honduras, Decreto No. 357-2013 del 20 de enero de 2014.

. INPREUNAH. Reglamento General del Instituto de Previsión Social de los Empleados de la Universidad Nacional Autónoma de Honduras. Resolución CI INPREUNAH No. 01/28-07-2016.

2. Libros y otras publicaciones

Fondo de Seguro de Depósitos. Memoria Anual del FOSEDE. Año 2002, Tegucigalpa. Hernández, Carlos. Banca central, 2a ed., San José, Costa Rica, Editorial Universidad Estatal a Distancia, EUNED, 2000.

Moncada Nieto, Alysson Nayive. "Factores que influyen en el nivel de satisfacción de los clientes externos por la atención que les brindan en las unidades de servicio al cliente de las instituciones bancarias de Tegucigalpa". Tesis para optar al título de Máster en Administración de Empresas con Orientación en Finanzas. Tegucigalpa, UNAH, marzo 2017.

Valladares, Edmundo. 50 Años de Banca Central en Honduras 1950-2000. Publicación del Banco Central de Honduras, Litografía López, Tegucigalpa, 2000.

3. Artículos de periódicos

"'ADN' pasaría a llamarse BANADESA". Diario La Tribuna, 29 de enero de 2020, Tegucigalpa, p. 10.

"Buscan eximir a BANADESA de pagos y recargos para atender obligaciones". Diario El Heraldo, 29 de enero de 2020, Tegucigalpa, p. 18.

"Crisis Bancaria, Estafa, Corrupción e Impunidad". elpulso.hn, 16 de mayo de 2017. "El promotor del libre mercado de divisas". Diario El Heraldo, 7 de enero de 2020, Tegucigalpa, p. 17.

"Nueva ley del BCH alarga período de sus autoridades de 4 a 6 años". Diario El Heraldo, 24 de enero de 2020, Tegucigalpa, p. 24.

"Sin rumbo BANADESA, administrador se queda sin facultades". Diario La Tribuna, 12 de febrero de 2020, Tegucigalpa, p. 8.

4. Sitios web

Academiadeinversión.com/conceptos-básicos-bolsa
Breve reseña histórica del surgimiento de la banca, en: www.economía.unam.mx
Burguillo Vásquez Roberto/economipedia.com/acuerdos de Basilea
Historia de la Banca, en: Wikipedia/es.wikipedia.org
Historia del Cooperativismo Mundial / www.infocoop.go.cr

Historia del mercado de valores, en: https://numtric.com/la-historia-del-mercado-de-valores

Ibarra, Rafael Gustavo, Eva Gerardine Menjívar y Carlos Francisco Medina. Bolsa de Valores en Centroamérica: Análisis de cada bolsa de los países centroamericanos, su evolución y perspectivas, en: ocplayer.es/2076980-Bol- sa-de-valores-en-centroamerica.html.

Términos bancarios/webscolar.com

Westreicher, Guillermo, en https://economipedia.com/definiciones/cen- tral-de-riesgo.html

4.1 Fondos públicos de pensiones

Instituto de Previsión Militar/www.grupoipm.hn

Instituto de Previsión Social de los Empleados de la Universidad Nacional Autónoma de Honduras / inpreunah.hn

Instituto Hondureño de Seguridad Social/www.ihss.hn

Instituto Nacional de Jubilaciones y Pensiones de los Empleados y Funcionarios del Poder Ejecutivo / injupemp.gob.hn

Instituto Nacional de Previsión del Magisterio / www.imprema.gob.hn

4.2 Instituciones del sistema financiero

Asociación Familia y Medio Ambiente, OPDF/famaopdf.org.hn
Asociación Hondureña de Instituciones Bancarias / ahiba.hn
BAC CREDOMATIC / www.baccredomatic.com
Banco Atlántida / www.bancatlan.hn
Banco Azteca de Honduras / www.bancoazteca.com.hn
Banco Central de Honduras / www.bch.hn
Banco Central de Honduras. Portal Único de Transparencia-IAIP /portalunico. iaip.gob.hn
Banco Davivienda Honduras / www.davivienda.com.hn
Banco de Desarrollo Rural Honduras / www.banrural.com.hn
Banco de España / www.bde.es
Banco de Honduras / www.citibank.com
Banco de los Trabajadores / www.bantrab.hn
Banco de Occidente / www.bancodeoccidente.hn
Banco del País / www.banpais.hn
Banco Financiera Centroamericana/www.ficensa.com
Banco Financiera Comercial Hondureña / www.ficohsa.com
Banco Hondureño del Café / www.banhcafe.hn
Banco Hondureño para la Producción y la Vivienda / www.banhprovi.gob.hn Banco Lafise Honduras / lafise.com
Banco Nacional de Desarrollo Agrícola / www.banadesa.hn

Banco Popular / www.bancopopular.hn
Banco Promerica / bancopromerica.com
Bolsa Centroamericana de Valores / www.bcv.hn
Casa de Bolsa Atlántida / www.casadebolsaatlantida.hn
Comisión Nacional de Bancos y Seguros / www.cnbs.gob.hn
Compañía Financiera / www.cofisa.hn
Consejo Monetario Centroamericano / www.secmca.org
Corporación Financiera Internacional, S.A. (COFINTER) / cofinter.hn
Federación Latinoamericana de Bancos / www.felaban.net
Ficohsa Casa de Bolsa / www.ficohsa.com/honduras/casa de bolsa
Financiera Codimersa /codimersahn.com
Financiera Credi Q/ crediq.com
Financiera Finca Honduras / www.finca.hn
Financiera Insular / www.finisa.com
Financiera Solidaria, S.A. (FINSOL) / www.finsolhn.com
Fomento Financiero / www.fofisa.com
Fondo de Seguro de Depósitos (FOSEDE) / www.fosede.hn
Fondo para el Desarrollo Local de Honduras, OPDF/credisol.hn
Hermandad de Honduras / www.hermandadopdf.org
Leasing Atlántida / leasingatlantida.com
Organización de Desarrollo Empresarial Femenino Financiera (ODEF)/
www. odeffinancierasa.hn
PILARH OPDF / pilarh-opdf.org
Promociones e Inversiones en Bolsa / www.probolsahn.com
Régimen de Aportaciones Privadas / www.rap.hn
Valores LAFISE / www.lafise.com/valores
Vision Fund Honduras OPDF / www.visionfund.org

4.3 Instituciones del sistema asegurador

Assa Compañía de Seguros Honduras / www.assanet.com.hn
Cámara Hondureña de Aseguradoras / cahda.org
Federación Interamericana de Empresas de Seguros /
www.fidesseguros.es Interamericana de Seguros (Ficohsa Seguros)
/www.ficohsa.com
MAPFRE Seguros Honduras / Mapfre.com.hn
Pan American Life Insurance Company / paliglocations.palig.com
Seguros Atlántida /segurosatlantida.com
Seguros Banrural Honduras / www.segurosbanrural.com.hn
Seguros Continental / segcon.hn
Seguros Crefisa / crefisa.com
Seguros DAVIVIENDA / www.davivienda.com.hn

Seguros del País / segurosdelpais.hn
Seguros Equidad / segurosequidad.hn
Seguros Lafise (Honduras) / www.lafise.com

ANEXOS

ANEXO 1: GLOSARIO DE TÉRMINOS BANCARIOS

Estados financieros. Presentación de los recursos generados o utilidades en la operación, los principales cambios ocurridos en la estructura financiera de la entidad y su reflejo final en el efectivo e inversiones temporales, en un periodo determinado. Algunos estados financieros:

- **estado financiero proyectado.** Estado financiero a una fecha o periodo futuro, basado en cálculos estimativos de transacciones que aún no se han realizado. Es un estado estimado que acompaña frecuentemente a un presupuesto; un estado proforma.

- **estados financieros auditados.** Son aquellos que han pasado por un proceso de revisión y verificación de la información; este examen es ejecutado por contadores públicos independientes quienes, finalmente, expresan una opinión acerca de la razonabilidad de la situación financiera, resultados de operación y flujo de fondos que la empresa presenta en sus estados financieros de un ejercicio en particular.

- **estados financieros consolidados.** Aquellos que son publicados por compañías legalmente independientes que muestran la posición financiera y la utilidad, tal como si las operaciones de las compañías fueran una sola entidad legal.

Basilea I. Acuerdo que en 1988 publicó el Comité de Basilea, compuesto por los gobernadores de los bancos centrales de Alemania, Bélgica, Canadá, España, Estados Unidos, Francia, Italia, Japón, Luxemburgo, Holanda, el Reino Unido, Suecia y Suiza. Se trataba de un conjunto de recomendaciones para establecer un capital mínimo que debía tener una entidad bancaria en función de los riesgos que afrontaba.

El primer acuerdo de capital de Basilea jugó un papel muy importante en el fortalecimiento de los sistemas bancarios. La repercusión de ese acuerdo, en cuanto al grado de homogenización alcanzado en la regulación de los requerimientos de solvencia ha sido extraordinaria y entró en vigor en su momento en más de 130 países.

Basilea II. El Comité de Basilea propuso en 2004 un nuevo conjunto de recomendaciones, apoyándose en los siguientes tres pilares.

Pilar I: el cálculo de los requisitos mínimos de capital

Pilar II: el proceso de supervisión de la gestión de los fondos propios

Pilar III: la disciplina de mercado

El acuerdo establece normas de transparencia y define la publicación periódica de información acerca de su exposición a los diferentes riesgos y la suficiencia de sus fondos.

Riesgo cambiario. El riesgo de cambio o riesgo cambiario es el fenómeno que implica que un agente económico coloque parte de sus activos en una moneda, o instrumento financiero denominado en moneda, diferente de la que utiliza como base para sus operaciones cotidianas.

Fondo de inversión. Patrimonio integrado por: valores mobiliarios con ofertas públicas, metales preciosos, divisas, derechos y obligaciones derivados de operaciones de futuro y opciones, instrumentos emitidos por entidades financieras autorizadas por las autoridades competentes y dinero perteneciente a diversas personas, a las cuales se les reconocen derechos de copropiedad.

Ahorro. Parte del ingreso que percibe una persona u organismo social que no se haya destinado al consumo. Es la diferencia entre el ingreso y el consumo.

Pasivo. Junto con el activo y el patrimonio neto es uno de los grandes grupos de cuentas del Balance o Estado Patrimonial. Expone todos los rubros y cuentas representativas de deudas a favor de terceros. Incluye las obligaciones de entregar dinero o bienes, o prestar servicios. Comprende todos los derechos contingentes o ciertos que, a la fecha de cierre de balance, los terceros han adquirido o pueden llegar a adquirir contra la sociedad.

Activo. Recursos económicos del ente. Conjuntos de bienes y derechos de una persona o empresa. Representa los bienes y derechos de propiedad del ente y las partidas imputables contra ingresos atribuibles a periodos futuros.

ATM. Un cajero automático es una máquina expendedora usada para extraer dinero utilizando una tarjeta magnética (tarjeta de crédito, por ejemplo), sin necesidad de personal del banco. Es conocido como ATM por sus iniciales en inglés (Automated Teller Machine). Suelen tener una pequeña impresora matricial o térmica para imprimir los resguardos de la operación y las libretas de ahorros.

Interés. Pago realizado por la utilización del dinero de otra persona. En Economía, se considera, más específicamente, un pago realizado por la obtención de capital. Los economistas también consideran el interés como la recompensa del ahorro; es decir, el pago que se ofrece a los individuos para que ahorren, permitiendo que otras personas accedan a este ahorro. Para la teoría económica, el interés es el precio del dinero. Normalmente, solo se pagan intereses sobre el principal, es decir, sobre la totalidad del dinero prestado, lo que se denomina interés simple. En algunos casos, el interés no solo se paga sobre el principal, sino también sobre el total acumulado del principal y de los intereses pendientes de pago. Este procedimiento se conoce bajo el nombre de interés compuesto. El tipo de interés se expresa como el porcentaje del principal que se paga por la utilización de éste a lo largo de determinado tiempo, normalmente un año. El tipo de interés corriente, o del mercado, se calcula fundamentalmente en virtud de la relación entre la oferta de dinero y la demanda de los prestatarios.

Interés bancario. El que cobra o paga un banco por préstamos o depósitos, respectivamente. Cuando se adquiere un préstamo, para su liquidación se necesita pagar todo el dinero que se ha otorgado por parte de la entidad financiera, a este monto se le agrega cierta cantidad variable o estable que se denomina interés.

Interés preferencial. Tipo de interés que las entidades de crédito aplican a sus mejores y más solventes clientes.

Banco de segundo piso. Institución financiera que no trata directamente con los usuarios de los créditos, sino que hacen las colocaciones de estos a través de otras instituciones financieras. Entidad financiera que canaliza sus operaciones de financiamiento a empresas a través de créditos a bancos que sirven de intermediarios con el cliente final. Un banco de segundo piso es aquella institución que canaliza recursos financieros al mercado a través de otras instituciones financieras intermediarias.

Oficial de cumplimiento. Uno de los elementos más importantes de un Sistema Integral para la Prevención del Lavado de Activos de cualquier entidad financiera o "sujeto obligado", lo constituye la designación de un funcionario encargado de promover la adopción de los procedimientos específicos de prevención, su actualización y su conformidad con las exigencias legales. Dicha persona normalmente recibe el nombre de "Oficial de Cumplimiento", "Gerente de control normativo" o "Funcionario de Cumplimiento", que en términos generaìes es el ejecutivo responsable de institucionalizar la cultura de cumplimiento y prevención del lavado de dinero en la entidad financiera para la cual labora.

Cuenta corriente. En virtud del contrato de cuenta, los créditos derivados de las remesas recíprocas de las partes se anotan como partidas de abono o de cargo en una cuenta y sólo el saldo que resulte a la clausura de la cuenta constituye un crédito exigible y disponible.

Cheque cruzado. El liberador o el portador de un cheque puede cruzarlo mediante dos barras paralelas colocadas en el anverso. Este tipo de cheque se cobra únicamente mediante su depósito en un banco.

Pagaré. Título valor o instrumento financiero; documento escrito mediante el cual una persona, el emisor, se compromete a pagar a otra persona, el beneficiario, una determinada cantidad de dinero en una fecha acordada previamente. Los pagarés pueden ser al portador o endosables, es decir, que se pueden transmitir a un tercero. Los pagarés pueden emitirlos individuos particulares, empresas o el Estado. Documento por el cual una persona asume el compromiso puro y simple de pagar a un tercero una suma determinada de dinero en una fecha determinada.

Cheque. Orden o mandato de pago incorporado a un título de crédito que permite al librador disponer, en favor de una determinada persona o del simple portador del título, de fondos que tenga disponibles en un banco.

Documento negociable. Instrumento de crédito o documento comercial, cuya cesión o transferencia se puede concretar mediante endoso.

Crédito. En comercio y finanzas, término utilizado para referirse a las transacciones que implican una transferencia de dinero que debe devolverse transcurrido cierto tiempo. Por tanto, el que transfiere el dinero se convierte en acreedor y el que lo recibe en deudor; los términos crédito y deuda reflejan pues una misma transacción desde dos puntos de vista contrapuestos.
Los principales tipos de crédito son:

- créditos comerciales, que son los que unos fabricantes conceden a otros para financiar la producción y distribución de bienes; créditos a la inversión, demandados por las empresas para financiar la adquisición de bienes de equipo, las cuales también pueden financiar estas inversiones emitiendo bonos, pagarés de empresas y otros instrumentos financieros que, por lo tanto, constituyen un crédito que recibe la empresa;

- créditos bancarios, que son los que concede un banco y entre los que se podrían incluir los préstamos; créditos al consumo o créditos personales, que permiten a los individuos comprar bienes y pagarlos a plazos; créditos hipotecarios, destinados a la compra de bienes inmuebles, garantizando la devolución del crédito con el bien inmueble adquirido; créditos que reciben los gobiernos al emitir deuda pública.
- créditos internacionales, que son los que concede un gobierno a otro, o una institución internacional a un gobierno, como es el caso de los créditos que concede el Banco Internacional para la Reconstrucción y el Desarrollo, o Banco Mundial.

Débito. Registro en el debe de una cuenta, monto adeudado. El registro de cada transacción en el libro diario constituye el punto de partida del sistema contable de doble entrada. Con este sistema se analiza la estructura financiera de una organización, teniendo en cuenta el doble efecto que toda transacción tiene sobre dicha estructura (una compra de bienes constituye, por un lado, un aumento del activo, pero también refleja una disminución de este, al reducirse la cantidad de dinero disponible). Por ello, toda transacción tiene una doble vertiente o dimensión: el debe (que aparece a la izquierda) y el haber (que aparece a la derecha). Esta doble dimensión afecta de distinta forma la estructura financiera. En función de su naturaleza, una partida contable puede disminuir con el debe e incrementarse con el haber, y otra puede aumentar con el debe y disminuir con el haber. Por ejemplo, la compra de bienes al contado aumenta la cuenta de bienes (siendo un débito) y disminuye la cuenta de caja (crédito).

Sucursal. Establecimiento de ventas ubicado en un sitio distinto de donde se encuentra la sede de la empresa que es propietaria de aquel. La finalidad de las sucursales es aumentar los centros de ventas dentro o fuera del país, para incrementar el volumen de ventas. Si bien pueden tener un cierto margen de independencia, las sucursales dependen directamente de la casa matriz, que les impone directivas en los diferentes aspectos organizativos, administrativos, comerciales y de instalación.

Descuento. En comercio, es la reducción del precio de un bien. Los descuentos se suelen hacer al pagar cuando se recibe la mercancía (pronto pago) o cuando se abona en un periodo de tiempo determinado. Los descuentos por volumen de compra se conceden a aquellos compradores que adquieren grandes cantidades. Los descuentos comerciales se conceden a los mayoristas y a otros grupos comerciales para que cubran los costes de determinadas funciones, como almacenaje y comercialización.

En finanzas, los descuentos son primas o bonificaciones que se dan al comprador de pagarés, letras de cambio o cualquier otro título de crédito antes de la fecha de vencimiento. Estos descuentos consisten en reducciones del valor nominal del instrumento financiero, y se efectúan en el momento de la compra Las principales agencias que llevan a cabo descuentos comerciales son los bancos comerciales y, en algunos países, determinadas instituciones financieras especializadas en estas prácticas. Cuando el título valor vuelve a ponerse en circulación, por un banco o por una institución financiera, y se le vuelve a aplicar un descuento, se dice que se redescuenta.

Cuando el título valor vence, los tenedores de dichos pagarés y letras reciben la totalidad del valor nominal del título que presentan al cobro; por lo tanto, la práctica de descontar letras y pagarés es, de hecho, un medio de dar créditos bajo la forma de préstamos, pues se considera el descuento como una especie de pago del interés sobre los préstamos. Los tipos de descuento y redescuento los establecen los bancos comerciales y las instituciones financieras, dependiendo de la oferta relativa de dinero disponible para préstamos comerciales. En los países donde el sistema bancario está centralizado, los tipos de descuento y redescuento los establecen, mayoritariamente, los bancos centrales.

Redescuento. Créditos del Banco Central a las entidades financieras, destinados exclusivamente a hacer frente a situaciones de iliquidez. Son de dos tipos:

- **transitorios**, que implican préstamos de muy corto plazo y,
- **de largo plazo**, que tienen un periodo de amortización mayor y pueden alcanzar montos superiores.

Banca personal. Actividades de financiamiento y servicios de un banco para atender las necesidades del individuo. Con este término se hace referencia a las entidades especializadas en gestionar las inversiones de sus clientes, por lo general de alto nivel económico.

Banca corporativa. Conjunto de servicios de financiamiento y otros que una institución bancaria brinda a las empresas.

Cámara de compensación. Mecanismo bancario utilizado para compensar entre bancos de una plaza determinada, cheques, giros y documentos mediante las diferencias entre créditos y débitos.

Banca de consumo. Es donde los bancos ponen a su disposición la Banca de Consumo, que le permitirá optar a los clientes por sus productos y servicios que han sido especialmente diseñados para ellos.

Plazo. Cada parte de una cantidad pagadera en dos o más veces. Es un lapso establecido por norma legal, judicial o convención entre partes, con relación al cumplimiento de ciertos actos o hechos jurídicos.

Crédito documentario. Operación bancaria que permite al importador asegurar el cobro al exportador extranjero, mediante la apertura de un crédito documentario otorgado por un banco del país del importador. Acuerdo mediante el cual un Banco obrando por cuenta y de acuerdo con las instrucciones del ordenante, se obliga directamente o mediante un corresponsal a pagar a la orden del beneficiario una determinada cantidad de dinero o a pagar, aceptar o negociar letras de cambio, contra entrega de los documentos de acuerdo con lo estipulado en el respectivo contrato.

Arrendamiento financiero. Contrato de arrendamiento por el que una de las partes contratantes (la sociedad) adquiere la propiedad de un bien de equipo (por lo general maquinaria) de su fabricante, y lo cede en uso a la otra parte contratante (arrendatario financiero o usuario), durante un plazo prefijado y a cambio de una cantidad periódica.

Garantía. En derecho civil y comercial, es un mecanismo jurídico para proteger o asegurar el compromiso de que una determinada obligación será cumplida en tiempo y forma.

Fianza. Se constituye cuando una de las partes se hubiese obligado accesoriamente por un tercero y el acreedor de ese tercero aceptase su compromiso.

Comercio electrónico. Modo de gestionar empresas y realizar transacciones comerciales en red, fundamentalmente a través de Internet. En inglés se designa con los términos e-commerce, e-business o I-commerce.

Empresa familiar. Es aquella en la cual el control está, o puede estar, en una o varias familias, y que este lo hayan ejercido al menos dos generaciones.

Grupo económico. Asociación conformada por varias empresas de un sector económico determinado.

Emisor. Entidad oficial que emite papel moneda, Banco Central o Emisor. Institución privada que pone en circulación títulos-valores, o bien representativos de deuda, participación, propiedad o tradición.

Tenedor. Aquel que tiene la posesión, en forma legítima, de un documento de crédito.

SWAP. Transacción financiera entre al menos dos partes, en la cual los contratantes se comprometen a intercambiar, en el futuro y a intervalos especificados, una serie de flujos de pagos respecto de una cantidad de dinero estipulada que se fija al comienzo.

Caja de ahorro. Se trata de una cuenta abierta en una entidad bancaria en la cual se efectúan depósitos que devengan intereses y permite una cantidad limitada de extracciones.

Bolsa de valores. Mercado abierto dedicado a la negociación de títulos, valores públicos y privados, obligados al cumplimiento de normas legales para operar. Establecimiento en el cual se realiza la intermediación bursátil a través de un agente, miembro de bolsa.

Mercado de valores. Centro donde se produce el intercambio de activos financieros. Los mercados financieros a largo plazo se denominan de manera común mercados de capitales. La diferencia fundamental entre los distintos mercados de valores viene dada por el hecho de que se emitan activos financieros (en cuyo caso se denomina mercado primario o de emisión), o que se negocien valores (llamado mercado secundario o de negociación).

Casa de cambio. Organización o centro que permite a los clientes cambiar una divisa por otra.

Monedas. Signo representativo del precio de las cosas.

Dinero electrónico. Dinero creado, cambiado y gastado de forma electrónica. Este dinero tiene un equivalente directo en el mundo real: la moneda.

ANEXO 2: GLOSARIO DE TÉRMINOS EN MATERIA DE SEGUROS

A

Abordaje. En seguro marítimo, colisión entre dos o más buques, que puede producirse tanto fortuita como intencionadamente.

Accidente. Es toda acción imprevista, fortuita súbita, violenta, involuntaria y externa que produce un daño físico o material, sobre un bien o una persona. Es también sinónimo de siniestro.

Accidentes personales (Seguro). Garantiza al asegurado o al beneficiario designado, el pago de la indemnización a que hubiere lugar en caso de accidentes que produzcan la muerte o incapacidad del asegurado a consecuencia de la ocurrencia de los eventos previstos en la póliza.

Aceptación. Acto por el que una entidad aseguradora decide la admisión y cobertura del riesgo que le ha sido solicitado por el presunto asegurado; consecuencia de ello es la emisión y formalización de la póliza

Acción directa: Facultad que tiene el perjudicado por un siniestro para reclamar una indemnización directamente contra la entidad aseguradora de la persona que es responsable del daño.

Actuario. Es el profesional con título académico y debidamente incorporado al colegio respectivo que, basándose en las matemáticas, la estadística, el cálculo de probabilidades y el cálculo actuarial, determina el costo de las primas, cuotas y reservas de un seguro, con el objeto de que el monto de estas cantidades sea suficiente para el pago de las indemnizaciones.

Acuerdo. Documento en que se reflejan las condiciones que han de regular las relaciones establecidas entre dos o más personas, y en que se fijan sus derechos y obligaciones recíprocas.

Adhesión: Acto por el cual una persona acepta las condiciones impuestas por otra. El asegurado, en el contrato de seguro, se somete a las normas impuestas por el asegurador, al momento de aceptar el seguro.

Agente de seguros: Es la persona física que realiza intermediación de seguros y se encuentra acreditadas por una o varias entidades aseguradoras y vinculadas a ellas por medio de un contrato que les permite actuar por su nombre y cuenta, o solo por su cuenta.

Agravación del riesgo: Situación que se produce cuando, por determinados acontecimientos ajenos o no a la voluntad del asegurado, el riesgo cubierto por una póliza adquiere una peligrosidad superior a la inicialmente prevista.

Ajustador: Es la persona física que, en base a sus conocimientos y experiencia, es contratada por la aseguradora para determinar el monto y valor de los daños que sean causados a bienes o personas a consecuencia de un siniestro.

Aleatorio: Un evento se considera aleatorio cuando su ocurrencia no es predecible. El seguro en general es un contrato basado en este fenómeno porque el pago de los beneficios está en función de la ocurrencia o no de lo pactado o no.

Anexo: Agregado al contrato de seguro en el que se detallan adiciones a las condiciones generales o condiciones particulares de una póliza.

Anulación: Acto mediante el cual se invalida o se da por nulo un contrato de seguro. Asalto: Acción repentina, violenta y sorpresiva cometida contra una o varias personas para desposeerlas del bien asegurado.

Asegurable: Es cualquier persona o bien que reúne las características predeterminadas para poder ser objeto de la cobertura del seguro.

Asegurado: Es la persona física o jurídica que en sí misma o en sus bienes está expuesta al riesgo. Es titular del interés objeto del seguro y que, en defecto del tomador, asume los derechos y las obligaciones derivadas del contrato.

Aseguradora: Persona jurídica quien asume los riesgos que le traslada la persona asegurada y que está obligado a indemnizar o a cumplir la prestación prometida.

Automóvil (seguro). Tiene como fin la prestación de indemnizaciones en el caso de accidentes automovilísticos, que produzcan daño por lesión o muerte de personas, daños a la propiedad ajena y al propio vehículo asegurado.

Avalúo. Valuación. Acción y efecto de valuar. Determinar el valor de la propiedad destruida o dañada en un siniestro.

B

Beneficiario Persona física o jurídica en cuyo favor se ha establecido lícitamente la indemnización o prestación a la que se obliga el asegurador.

Bienes. Son todas las cosas materiales susceptibles de apropiación y todo derecho que forme parte integrante del patrimonio. En general, son objetos inmateriales susceptibles de valor e igualmente las cosas.

C

Cancelación: Finalización de un contrato antes de la fecha de su vencimiento, por falta de pago, deseo manifiesto del asegurado, asegurador o ambos.

Capacidad del contrato: Expresión muy común en la terminología reaseguradora y significa la cantidad máxima de responsabilidad que tiene una aseguradora o reaseguradora con respecto a las indemnizaciones que deben cubrir y que a partir de dicha cantidad empieza a operar un contrato de reaseguro.

Catástrofe: Evento imprevisto y de gravedad que causa pérdidas de gran magnitud. Cedente: Es el término que se le da a la compañía de seguros que asume un riesgo pero que transfiere todo o parte de este a una compañía de reaseguros, pero siempre es la compañía primaria en hacerle frente a una indemnización.

Certificado de seguro. Es el documento por el que un asegurador da fe de la existencia de ciertas coberturas sobre un determinado objeto o persona. Normalmente el certificado de seguro solo recoge las condiciones particulares del contrato y se remite, en lo que a condiciones generales respecta, a la póliza base previamente suscrita.

Cláusulas. Acuerdo establecido en un convenio. Generalmente, en los contratos de seguro, las cláusulas vienen a modificar, aclarar o dejar sin efecto parte del contenido de sus condiciones generales o particulares.

Coaseguro. Participación de dos o más instituciones de seguros en el mismo riesgo, en virtud de contratos directos realizados por cada una de ellas con el asegurado.

Coberturas. Compromiso aceptado por un asegurador en virtud del cual se hace cargo, hasta el límite de la suma asegurada, de las consecuencias económicas que se deriven de un siniestro.

Consentimiento. Adhesión de uno a la voluntad de otro. Se trata del concurso mutuo de la voluntad de las partes sobre un hecho que aprueban con pleno conocimiento.

Comisiones: Es el sistema utilizado para retribuir económicamente las funciones de mediación o producción de seguros de los agentes.

Compañía de Seguros (Aseguradora). Entidad debidamente autorizada quien asume los riesgos que le traslada la persona asegurada y que está obligada a indemnizar o a cumplir la prestación prometida.

Condiciones generales. Son las condiciones comunes del contrato, se aplica a todos los contratos de un mismo tipo, expresa disposiciones de la ley de seguros y clausulas específicas sobre riesgo cubierto, riesgos excluidos, entre otros.

Condiciones particulares. Recogen aspectos relativos al riesgo individualizado que se asegura, como: contratante, asegurado y beneficiarios, efectos y vencimiento del contrato, periodicidad del pago de primas e importe de estas, riesgos cubiertos y situación de estos, límites de garantías.

Contratante. Es la persona que suscribe con una entidad aseguradora una póliza o contrato de seguro y paga la prima de seguros. En ocasiones es también el asegurado.

Contrato de reaseguro. Es el acuerdo entre el Asegurador y el Reasegurador donde se estipulan los términos y las condiciones en virtud de los cuales una de las partes acepta en reaseguro las cantidades cedidas por la aseguradora para que, en caso de siniestro, se paguen los beneficios a la aseguradora.

Contrato de seguros. Es el acuerdo de voluntades entre dos partes. El contrato de seguros es aquel en que el asegurador se obliga, contra el pago de una prima y en el caso de que se produzca un evento cuyo riesgo es objeto de cobertura, a indemnizar el daño producido a la persona asegurada, o a satisfacer un capital, una renta u otras prestaciones, dentro de las condiciones los límites convenidos.

Corredor de reaseguro. Son las personas físicas o jurídicas que, a cambio de una remuneración realizan la actividad de mediación de reaseguros entre una entidad aseguradora o reaseguradora cedente y otra aceptante.

Corredor de seguros. Es el intermediario, persona física, con licencia de la autoridad competente, que sin mantener vínculos contractuales que supongan afección con entidades aseguradoras, ofrece asesoramiento independiente, profesional e imparcial a quienes demanden la cobertura de los riesgos a que se encuentren expuestos las personas, patrimonios de intereses o responsabilidades.

Cotización. Es la estimación o costo de la prima de seguros que ofrece la aseguradora al asegurado.

Cuota. Es el precio en porcentaje o cantidad fija, que se le da a un riesgo, en función de la experiencia y la siniestralidad que sobre él tiene la aseguradora.

D

Daño. Es toda pérdida personal o material que sufre una persona física o moral, en su vida o en su patrimonio.

Daño corporal. El que afecta a la integridad física de una persona. Se denomina también lesión corporal y su manifestación extrema es la muerte.

Daño intencionado: Aquel que ha sido originado a consecuencia de un acto humano voluntario tendente a su producción. Normalmente los daños ocurridos intencionalmente por el Tomador, Asegurado y Beneficiario del seguro están excluidos de las pólizas, salvo cuando su intencionalidad esté justificada por el deseo de evitar daños mayores.

Daño malintencionado. Es aquel que ha sido producido de manera voluntaria y de mala fe.

Daño material. Es la pérdida o daño que se causa a un bien, ya sea propio o de un tercero.

Daño moral. Perjuicio que constituye un atentado a un derecho extrapatrimonial, es decir, no pecuniario. Ejemplo: la tranquilidad, de espíritu, la libertad individual, la integridad física, el honor.

Daño físico. Es toda pérdida que se causa a un bien material, ya sea propio o de un tercero.

Daños a terceros. Es la pérdida que se causa a una persona o a un bien propiedad de otros, que no es familiar o dependiente del asegurado.

Deducible. Es la cantidad o porcentaje de dinero establecido en un contrato de seguros que, en cada siniestro, tiene que desembolsar el asegurado.

Dependiente. Es la persona que depende económica y legalmente del titular de una póliza y sobre la cual puede existir alguna responsabilidad.

Derecho de póliza. Recargo que en algunos casos incluyen las entidades aseguradoras en el primer recibo de primas para compensar los gastos derivados de la emisión de una póliza (documentos, registros, etc.)

Dolo. Artificio o simulación de que se sirve una persona para la ejecución intencionada de un acto en perjuicio de otra. Puede ser sinónimo de mala fe.

E

Edad actuarial (en el Seguro de Vida). Edad del asegurado a efectos de tarificación del riesgo. Se obtiene tomando como edad la correspondiente a la fecha de aniversario más cercana (anterior o posterior) al momento de contratar el seguro.

Edad límite. En el Seguro de Vida, edad mínima o máxima preestablecida, por debajo o por encima de la cual el asegurador no acepta nuevas pólizas ni la renovación de las ya existentes.

Endoso. Es el documento contractual que se añade a la póliza, y que puede aumentar o disminuir el importe de la prima o que puede aclarar alguna de las cláusulas del contrato de seguros.

Esperanza media de vida. Probabilidad media de vida de una serie de personas de edades iguales, consideradas a tenor de una tabla de mortalidad, que sirve de base para su cálculo.

Exclusiones de riesgos. Son aquellos conceptos o riesgos que expresamente la aseguradora no da por cubiertos en una póliza. En este caso el contrato de seguros no surtirá efecto cuando concurran respecto a ellos determinadas circunstancias o condiciones preestablecidas.

Exposición de riesgo. Decisión, que generalmente corresponde a la entidad aseguradora, en virtud de la cual no quedan incluidas en las garantías de la póliza determinados riesgos o, quedando incluidos éstos, las garantías del contrato no surtirán efecto cuando concurran respecto a ellos determinadas circunstancias o condiciones preestablecidas.

Garantía. Compromiso aceptado por un asegurador en virtud del cual se hace cargo, hasta el límite estipulado, de las consecuencias económicas derivadas de un siniestro. Es también sinónimo de seguro (estar garantizado es igual que estar asegurado) o de capital asegurado (la garantía de la póliza es igual que el capital asegurado por ella).

Gastos de ajuste. Son los gastos en que incurre la aseguradora, por concepto de investigación, para determinar el monto o valor de los daños que puedan existir en un siniestro.

Gastos generales. Son aquellos desembolsos que las compañías efectúan para su normal operación por concepto de administración y de personal, principalmente.

H

Hurto. Apropiación de una cosa ajena, con ánimo de lucro, sin emplear fuerza en las cosas, ni violencia o intimidación en las personas, características que le distinguen del robo.

I

Incapacidad. En el Seguro de Accidentes Personales se denomina Incapacidad a la imposibilidad de una persona para desarrollar sus funciones normales. Pueden distinguirse diversos tipos que dan lugar a distintas indemnizaciones: por su duración, la incapacidad puede ser temporal o permanente, y por su extensión, parcial o total.

Incendio (Seguro). Aquel mediante el cual el asegurador se obliga, dentro de los límites establecidos en la Ley y en el contrato, a indemnizar los daños materiales producidos a los bienes asegurados por causa de fuego o rayo, o por sus efectos inmediatos, como el calor y el humo. Igualmente responde por los daños, gastos, pérdidas o menoscabo que sean consecuencia de las medidas adoptadas para evitar la propagación del incendio o para salvar los bienes asegurados.

Indemnización. Es la cantidad que está obligada a pagar la aseguradora a consecuencia de un siniestro, después de restarle el deducible y coaseguro, si los hubiera. La indemnización puede ser pagada en especie, en dinero, reponiendo el bien dañado o reparándolo.

Índice de siniestralidad. Coeficiente o porcentaje que refleja la proporción existente entre el costo de los siniestros producidos en un conjunto o cartera determinada de pólizas, y el volumen global correspondiente de las primas que han devengado en el mismo periodo tales operaciones.

Infraseguro. Es la situación que se presenta cuando el valor de la suma asegurada es menor que el valor real de los bienes cubiertos. Normalmente, las aseguradoras tratan de evitarlo, pidiendo en sus pólizas que el valor declarado debe ser igual al valor real de los bienes asegurados.

Inspector de riesgo. Persona que reconoce y examina los bienes para determinar, previamente a la contratación de la póliza de seguro respectiva, las características reales del riesgo y, adicionalmente, según el ramo del seguro, el grado de peligrosidad a que se hallan expuestos y recomendar los sistemas de protección y medidas de prevención adecuadas.

Interés asegurable. Es el interés económico que la persona asegurada debe tener en la conservación del bien objeto del seguro, o de la integridad patrimonial de la persona asegurada.

Intermediario de seguros. Son los agentes de seguros, las sociedades agencias de seguros, las sociedades corredoras de seguros y los corredores de seguros. Entre las actividades que efectúan están la promoción, oferta y, en general, los actos dirigidos a la celebración de un contrato de seguros, su renovación o modificación, y la ejecución de los trámites de reclamos cuando, para esta última actividad, la entidad aseguradora brinde la autorización correspondiente.

M

Modalidad de seguros. Cobertura específica dentro de un ramo de seguro. Por ejemplo, la responsabilidad civil es una modalidad del ramo de automóviles.

Mora. En general, significa retraso en el cumplimiento de una obligación. En seguros, puede afectar al asegurado (retraso en el pago de las primas) o al asegurador (retraso en el pago de la indemnización).

N

Negligencia Descuido, falta de diligencia, omisión de la atención y cuidado debidos que corresponde en los actos jurídicos y en la gestión de bienes. Es sinónimo de imprudencia.

Notificación del siniestro. Comunicación al asegurador que efectúa el asegurado para darle a conocer la ocurrencia de un siniestro. Es una de las obligaciones principales del asegurado, en caso de siniestro, cuyo incumplimiento puede dar lugar a la pérdida de la indemnización debida por el asegurador.

Nulidad. Ineficacia de un acto jurídico al carecer de las condiciones necesarias para su validez, por falta de algún elemento esencial en su formación, o por violación al celebrarlo de normas prohibitivas o imperativas de orden público.

O

Obligaciones del asegurado. Entre las más importantes se encuentran: 1. La definición del bien asegurable, su identificación y los riesgos que desea que se cubran. 2. El pago de la prima establecida en la póliza. 3. Evitar y prevenir que el daño se presente. 4. Tomar las medidas necesarias para disminuir los riesgos y preservarlos. 5. Informar lo más pronto posible a la aseguradora sobre la ocurrencia de un siniestro y disminuir dentro de lo que esté a su alcance la agravación del daño. 6. Declarar e informar de los hechos a la aseguradora y el monto de lo reclamado, con la presentación de las pruebas que amerite el caso. 7. Probar la existencia de las circunstancias necesarias para establecer la responsabilidad de la aseguradora.

Obligaciones de la aseguradora. Se encuentran especificadas en el texto de una póliza; lo primordial es cumplir en tiempo y en forma con el pago de la indemnización cuando esta proceda, o bien, declinar el pago indicando, mediante resolución motivada, las razones de la declinación. Debe pagar la indemnización si se produce el acontecimiento futuro e incierto que constituye el riesgo, siempre que no aplique alguna exclusión.

Ocurrencia. Suceso o acaecimiento casual.

P

Patrimonio. Conjunto de bienes y derechos que le pertenecen a una persona o empresa menos las obligaciones contraídas.

Pago fraccionado. Es la facilidad que otorga la aseguradora, para cancelar la prima en pagos fraccionados o periódicos

Pérdida. Es el perjuicio económico sufrido por el asegurado en el bien asegurado, a consecuencia de un accidente.

Perito avaluador. Es aquella persona que efectúa estimaciones del valor de los bienes sobre los cuales las empresas de seguros asuman riesgos o que forman parte de su patrimonio.

Perjuicio. Es la pérdida personal o material producida a consecuencia indirecta de un siniestro. Se distingue del daño, ya que este se origina como consecuencia directa del accidente.

Persona física. Es todo individuo que actúa en forma personal.

Persona moral o jurídica. Es toda empresa o sociedad constituida de acuerdo con las leyes. Se considera también a las instituciones gubernamentales, la iglesia, etc.

Plazo de carencia. Período dentro de la vigencia de la cobertura del contrato de seguros, generalmente comprendido entre el momento inicial en el cual se formaliza la póliza y una fecha posterior predeterminada en el contrato, durante el cual el asegurador no cubre determinados riesgos establecidos en la póliza.

Plazo de gracia. Período durante el cual, aun cuando no se haya pagado el recibo de prima correspondiente, surten efectos las garantías y coberturas previstas en la póliza en caso de siniestro.

Póliza. Evidencia escrita y válida entre el asegurado y la aseguradora. Forman parte de la misma la solicitud de seguro firmada por el tomador o la persona asegurada, y la propuesta de seguro aceptada por el tomador o la persona asegurada. También otras solicitudes o propuestas que se presenten luego de emitido el seguro, y las adendas que modifiquen el contrato.

Prima. Es el importe que determina la aseguradora, como contraprestación o pago, por la protección que otorga en los términos del contrato de seguros o póliza.

Prima neta. Prima que se calcula valiéndose de la observación estadística; es decir, con base en las denominadas tablas de mortalidad, que indican el promedio de muertes por cada edad (cada año) de la vida; de manera que el asegurador (o sus actuarios) saben cómo debe variar la prima (neta), en proporción directa a la probabilidad de muerte del asegurado, teniendo presente su edad al inicio del seguro, y la que tendrá (si sobrevive) al vencimiento del contrato.

Prima total. Es el importe de la prima neta, que incluye los derechos de póliza o gastos de expedición, el recargo por pago fraccionado, si lo hubiera, y el impuesto correspondiente. Se le conoce como prima comercial.

R

Ramo. Conjunto de modalidades de seguro relativas a riesgos de características o naturaleza semejantes. Hay varios ramos: automóvil, marítimos, aviación, vehículos ferroviarios, mercancías transportadas, incendio y líneas aliadas, responsabilidad civil, crédito, caución, etc.

Reaseguro. Es la operación que realiza una aseguradora y que consiste en ceder a otra reaseguradora, parte o la totalidad del riesgo que asume o contrata. Generalmente, esta operación se lleva a cabo en negocios grandes o muy peligrosos.

Reaseguradora. Asegurador especializado, que contrata con otros aseguradores tomando a su cargo, en parte o en todo, los riesgos asumidos por estos, comprometiéndose a cubrir las pérdidas que sufrieren, en la proporción en que hubiera cubierto tales riesgos.

Recargo fijo. Es el importe que cobra la aseguradora para cubrir sus gastos de operación.

Recibo de prima. Documento que acredita el pago de la prima correspondiente a un determinado riesgo y periodo; contiene, además, los recargos e impuestos de legal aplicación.

Reclamación. Es el aviso o comunicación que hace el asegurado a la aseguradora, informándole que ha tenido un siniestro.

Recuperación. Es la parte que recibe la aseguradora de un tercero, después de haber pagado un siniestro.

Rehabilitación. Habilitar de nuevo el contrato. Volver a otorgar cobertura.

Renovación. Suscripción automática del siguiente año de seguro, mediante el pago de la prima correspondiente, aceptando las condiciones otorgadas durante el último año, salvo pacto expreso en contrario.

Requerimiento de capital. Es el patrimonio mínimo, libre de todo compromiso previsible, que debe mantener la entidad aseguradora. Este debe ser suficiente para cubrir al menos la estimación del riesgo técnico, el riesgo de crédito, el riesgo de mercado y el riesgo operacional que enfrenta la entidad aseguradora.

Rescisión. Acción de dejar sin efecto, de forma legítima, un contrato válidamente celebrado.

Reserva para los riesgos en curso. Porción de las primas percibidas en cada ejercicio en los seguros eventuales que se transfiere a esta reserva. Para cada uno de los ramos de seguro que se explota se utiliza una reserva de esta naturaleza, tanto para los seguros directos como para los reaseguros.

Reservas. Es la cantidad determinada por la aseguradora, que considera necesaria para hacer frente a las indemnizaciones que se le presenten en un período determinado. En otras palabras, la cantidad que tiene estimada la compañía para pagar los siniestros, y que calcula mediante las matemáticas y el cálculo actuarial.

Responsabilidad civil. En general, es la obligación de una persona de reparar los daños y perjuicios producidos a otra a consecuencia de una acción u omisión, propia o de tercero, en que haya habido algún tipo de culpa o negligencia, por los que deba responder.

Retención. Es la parte del riesgo que no se transfiere a una reaseguradora; es la parte que asume la aseguradora, dependiendo de su capacidad de pago, sus reservas y su solvencia económica.

Riesgo. Se define como la posibilidad de que ocurra un evento, cuyo resultado es distinto al esperado por el individuo, y que puede o no causar una pérdida económica, dentro de un tiempo estipulado. Es un hecho eventual, generalmente futuro (porque puede existir retroactivos), del cual puede derivar un daño (seguro de daños) o que puede afectar la vida humana o la integridad física (seguro de personas).

Riesgo asegurable. Aquel que, por su naturaleza, es susceptible de ser asegurado; es decir, cumple las características esenciales del riesgo.

Riesgo moral. Aumento de la probabilidad de pérdida debido al comportamiento de las personas. Este riesgo se identifica en aspectos financieros, hábitos, costumbres, pasatiempos, relaciones entre suma asegurada y prima, pagador de primas y beneficiario. En otras palabras, es todo aquello que se pueda intuir traerá un agravamiento del riesgo asegurado.

Riesgos no asegurables. Son aquellos en los cuales el asegurador no cubre la responsabilidad del asegurado por circunstancias, hechos o sucesos expresamente establecidos en las condiciones generales.

Robo. Hecho por medio del cual, uno o varios individuos se apoderen ilegítimamente del bien asegurado, con violencia o intimidación a las personas, o fuerza sobre las cosas.

S

Salvamento. Es el valor de rescate o residuo de la propiedad asegurada que quedare después del accidente. Con este término se alude tanto al hecho de procurar evitar los daños durante la ocurrencia de un siniestro, como a los objetos que, después de producido el evento, han resultado indemnes.

Seguro. Instrumento de previsión personal, mediante la transferencia de las consecuencias económicas que sean susceptibles de producirse con ocasión del acaecimiento de un evento, que puede originar un daño en las personas o en las cosas. Actividad de servicios financieros por la que alguien se obliga —mediante el cobro de una prima y para el caso que se produzca un evento determinado—, a indemnizar a otro el daño producido. Es también una técnica de transferencia del riesgo.

Seguro por cuenta ajena. Se denomina así a aquellos seguros en que el asegurado no es el tomador del seguro, sino un tercero determinado o indeterminado, que adquiere los derechos derivados del contrato.

Seguro de daños. Tiene como fin indemnizar las pérdidas sufridas por el patrimonio. Esta denominación incluye todos los seguros que tienden a ese objetivo. Se divide en dos ramas: seguro de cosas y seguros de responsabilidad civil.

Seguro de personas. Comprende todos los riesgos que puedan afectar la vida, la integridad corporal o la salud de la persona asegurada.

Seguros obligatorios. Aquellos que son impuestos por el Estado, como los de Seguridad Social, Seguro de Vida Obligatorio, Seguro Obligatorio de Responsabilidad Civil Automotores.

Siniestralidad. Normalmente, se emplea el término para referirse al porcentaje de siniestralidad, que equivale a la proporción entre el importe total de los siniestros y las primas recaudadas por una entidad aseguradora en un período determinado.

Siniestro. Es el acontecimiento o hecho previsto en el contrato, cuyo acaecimiento genera la obligación de indemnizar al asegurado.

Solicitud de seguro. Formulario que recoge la información necesaria para efectuar la evaluación del riesgo y eventual expedición de la póliza. En este figuran los datos necesarios para que el asegurador conozca, con exactitud, el riesgo al que está expuesto al contratar el seguro. Es documento fundamental del contrato, y luego será parte integrante de la póliza.

Subrogación. Son los derechos que correspondan al asegurado contra un tercero, debido al siniestro; se transfieren a la aseguradora hasta el monto de la indemnización que abone. El asegurado es el responsable de todo acto que perjudique este derecho a la aseguradora.

Suma asegurada. Es el valor económico que declara el asegurado en el formulario, cuestionario o solicitud de seguro, sobre terceras personas o los bienes de terceras personas que pudiesen verse afectados, y que es determinante para que la Compañía establezca la prima o haga una indemnización en caso de siniestro. Corresponde a la suma máxima que pagará la Compañía en concepto de siniestro(s) durante la vigencia de la póliza para una o varias coberturas.

T

Tarifa. Porcentaje o suma fija que se aplica al monto asegurado, previo análisis de las características de cada riesgo en que se ubica el objeto del seguro.

Tomador. Es la persona que contrata el seguro con el Asegurador. Generalmente, en los seguros individuales, el tomador contrata el seguro por cuenta propia, uniéndose así en una persona dos figuras (Tomador o Contratante y Asegurado). Por el contrario, el seguro es por cuenta ajena cuando el tomador es distinto del Asegurado; esta situación es típica en los seguros colectivos. Es la persona que, obrando por cuenta propia o ajena, traslada los riesgos a una aseguradora.

V

Valor convenido. Valor único y fijo establecido de previo entre las partes (asegurado - asegurador) para indemnizar un determinado artículo de difícil valoración en caso de siniestro. De esta forma, se evita la aplicación del infraseguro.

Valor asegurado. Se llama así al máximo pagadero en caso de siniestro, previamente estipulado en las condiciones de póliza.

Valor de reposición. Es el costo de reparar la propiedad dañada con propiedades similares o de la misma clase y calidad que se tenía al momento de la pérdida, incluyendo el costo de transporte, montaje y derechos de aduana, si los hay.

Valor real efectivo. Corresponde al valor de reposición menos la depreciación acumulada. Se entiende entonces que es el valor del bien objeto de seguro, considerando su estado de conservación, uso y transcurrir del tiempo. Los porcentajes de depreciación a utilizar estarán en función de la edad, desgaste y estado del bien.

Valoración del riesgo. Proceso mediante el cual se establece la probabilidad de que ocurran daños personales o pérdidas materiales, y la cuantificación de estos.

Vencimiento del seguro. Finalización de los efectos de una póliza como consecuencia del cumplimiento de las condiciones previstas y determinadas de ello.

Vencimiento. Sinónimo de expiración del contrato.

Vida (Seguro). Aquel mediante el cual el asegurador se obliga, dentro de los límites establecidos en la Ley y en el contrato, a pagar una prestación en dinero por la suma establecida en la póliza, con motivo de la eventual muerte o supervivencia del asegurado.

Vigencia. Período durante el cual se extiende la garantía de la póliza.

ANEXO 3: GLOSARIO DE TÉRMINOS BURSÁTILES

Acciones. ("Shares") son títulos-valores que representan partes alícuotas en el capital de una sociedad anónima; en otras palabras, son títulos que representan una parte de la titularidad de una empresa. Los dueños de las acciones adquieren derechos económicos, como el cobro de dividendos, y derechos políticos, como el de asistir y votar en las juntas de accionistas.

Accionista. ("Shareholder") es la persona que posee acciones de una empresa.

Activo (contabilidad). ("Assetts") son los bienes que posee una empresa, registrados en su balance.

Activo financiero. ("Financial assett") es un título que otorga a su dueño el derecho o la posibilidad de recibir un ingreso futuro por parte de su emisor.

Activo subyacente. ("Underlying asset") es el activo sobre el cual se obtiene el valor de determinados productos financieros derivados, como las opciones financieras o los swaps.

Activos intangibles. ("Intangible assets") son los activos que no tienen existencia física, como los derechos de propiedad intelectual (marcas o patentes) o el fondo de comercio.

Activos tangibles. ("Tangible assets") son los activos que tienen existencia física.

Adquisición amistosa. ("Friendly takeover") es una adquisición corporativa que es apoyada por el equipo gestor de la empresa adquirida.

Análisis fundamental. ("Fundamental analysis") es el análisis de inversiones en el que se tiene en cuenta la información sobre los fundamentos empresariales de la empresa (balance, resultados, posición competitiva, etc.) para realizar su valoración.

Balance de situación. ("Balance sheet") es un estado financiero que refleja la situación patrimonial de una empresa en un momento determinado, mostrando los bienes que posee (activo) y el modo de financiarlos (pasivo).

Batir al mercado. ("Beat the market") consiste en tener una rentabilidad después de comisiones superiores a la media del mercado.

Benchmark. Es un estándar de comparación para evaluar los resultados de un gestor de inversiones. Los benchmarks más comunes suelen ser los índices bursátiles.

Beneficio por acción (contabilidad). ("Earnings per-share") es el beneficio neto obtenido por una compañía, dividido por el número total de acciones.

Beta. Es una medida estadística de origen académico utilizada por algunos profesionales financieros para medir el riesgo de una inversión. Se calcula comparando la volatilidad histórica de un activo financiero con la volatilidad histórica del mercado.

Bolsa. ("Stock exchange") es un mercado de valores organizado, en el que se compran y venden acciones y otro tipo de activos financieros.

Bono. ("Bonds") son títulos de emisión de deuda de una empresa o Estado, que habitualmente otorgan a su titular el derecho de cobrar unos intereses periódicos y la devolución del principal, según los plazos fijados.

Bonos basura. ("Junk bonds") son bonos de empresas con una alta probabilidad de impago. Suelen ofrecer alta rentabilidad para atraer inversores.

Bróker. Empresa cuya actividad es servir de intermediario financiero para realizar operaciones en los mercados financieros a cambio de comisiones.

Capital circulante. ("Working capital") es el conjunto de liquidez o dinero que tiene una empresa para poder disponer de él en cualquier momento.

Cartera de inversión. ("Investment porfolio") es el conjunto de activos financieros pertenecientes a un individuo o a una entidad.

Catalizador. ("Catalyst") es un evento que hace que el precio de una acción se acerque rápidamente a su valor intrínseco.

Círculo de competencia. ("Circle of competence") es el conjunto de empresas que un inversor sigue.

Cobertura. ("Hedging") es una inversión que se aprecia de forma inversa a otra, de tal manera que cubre las posibles pérdidas que la segunda pueda ocasionar.

Comisión. ("Commission") es un cargo por realizar operaciones con activos financieros.

Concurso de acreedores. ("Insolvency") es una situación legal que deriva de la incapacidad de una empresa para hacer frente a sus pagos.

Contrarian Investing. Estilo de inversión que se centra en buscar empresas olvidadas o excesivamente castigadas por el mercado, basándose en la sobrerreacción del mercado ante las malas noticias que pueden afectar la rentabilidad de las empresas a corto y mediano plazo, sin verse afectadas a largo plazo.

Costos de transacción. ("Transaction costs") son los costos derivados de realizar una transacción en el mercado. En los mercados de valores, suelen darse en forma de comisiones; las más habituales son las de compra y venta, y comisión de custodia.

Costo de oportunidad. ("Oportunity cost") es el costo de no utilizar recursos económicos o utilizarlos en una inversión de inferior rentabilidad que la óptima. En otras palabras, es el dinero que se deja de ganar por no realizar la inversión más rentable.

Cuenta de resultados. ("Income statement") es el estado financiero que muestra las pérdidas y ganancias de una compañía, así como la forma en que son generadas.

Cupón. ("Coupon") es cada pago específico de intereses de un bono. Suele expresarse en forma de porcentaje.

Depreciación (contabilidad). ("Depreciation") es un procedimiento contable por el que se contabiliza como gasto, en diferentes períodos, la compra de activos fijos con varios años de vida útil.

Derivados financieros. ("Derivative securities") son productos financieros cuyo valor depende del precio de un activo subyacente.

Diversificación. ("Diversification") es la propiedad de varios tipos de productos financieros. El objetivo de la diversificación es limitar el riesgo de eventos que afecten específicamente a un solo producto financiero en la cartera de inversión.

Dividendo. ("Dividend") es la parte del beneficio obtenido por las empresas, que se reparte entre los accionistas.

Dividendo extraordinario. ("Extraordinary dividend") es el dividendo que no está relacionado con los beneficios de un ejercicio, y que no se suele repartir de forma habitual.

EBITDA (contabilidad). Acrónimo de "earnings before interest, taxes, depreciation, and amortization"; es decir, el beneficio antes de intereses, impuestos, depreciaciones y amortizaciones.

Escisión. ("Spin-off") consiste en la separación de una filial de su empresa matriz.

Flujo de caja. ("Cash flow") es la entrada o salida de dinero en efectivo de una compañía en un periodo determinado.

Fondo de inversión. ("Mutual fund") es una cartera de inversión en la que inversores profesionales invierten el dinero de los partícipes.

Fondos propios. ("Shareholder's equity") es la parte del pasivo que resulta de sustraer las deudas a los activos de una empresa.

Fusión. ("Merger") es una operación corporativa en la que dos empresas deciden unirse para formar una única empresa que englobe a ambas.

Información privilegiada. ("Inside information") es la información de una empresa cotizada que no está disponible para el público general, cuyo uso puede generar consecuencias de tipo penal.

Insolvencia. ("Default) es la incapacidad de una empresa para hacerse cargo del pago de sus deudas.

Intereses. ("Interests") son la compensación que se realiza como contraprestación a cambio de tomar dinero prestado.

Inversión. ("Investment") es un activo que se compra con el objetivo de obtener una rentabilidad, además de conservar lo invertido.

Inversión bottom-up. ("Bottom-up investing") es una estrategia de inversión que se centra en buscar oportunidades concretas de inversión mediante el análisis fundamental.

Inversión "top-down". ("Top-down investing") es una estrategia de inversión que consiste en basar la gestión de carteras en un análisis macroeconómico.

Inversores institucionales. ("Institutional investors") son inversores que gestionan patrimonios de forma profesional en fondos de inversión, fondos de pensiones, hedge funds, etc.

Invertir a corto. ("Sortselling") implica la venta de un activo financiero que se toma prestado, con la intención de obtener beneficios al bajar la cotización de este activo.

Invertir a largo. ("Going long") implica comprar un activo financiero con la intención de obtener beneficios por su revalorización por los intereses o dividendos generados.

Liquidez. ("Liquidity") es la capacidad de un activo financiero para ser convertido en dinero efectivo, de forma inmediata, sin pérdida de valor en la operación.

Margen de seguridad. ("Margin of safety") es el margen entre el precio de un activo y su valor intrínseco.

Mercado alcista. ("Bull market") es un entorno bursátil caracterizado por la subida continua en el precio de los activos financieros.

Mercado bajista. ("Bear market") es un entorno bursátil caracterizado por la baja continua en el precio de los activos financieros.

Oferta pública inicial. ("Initial public offering") es la oferta de acciones de una compañía que empieza a cotizar en bolsa. Puede ser una oferta pública de suscripción (OPS) o de venta (OPV)

Oferta pública de adquisición. ("Takeover"), más conocida como OPA, es una oferta que realiza un particular o una empresa para adquirir una empresa que cotiza en un mercado secundario.

Oferta pública de suscripción. Conocida por sus siglas OPS, es una oferta pública inicial en la que se ofertan nuevas acciones de una compañía.

Oferta pública de venta. Conocida por sus siglas OPV, es una oferta pública inicial en la que se ofertan acciones ya existentes de una compañía.

Opción financiera. ("Option") es un derivado financiero que otorga a su propietario la opción (no la obligación) de comprar (opción de compra o "call") o vender (opción de venta o "put") un determinado activo subyacente a un precio determinado en una fecha determinada (opciones de tipo europeo) o hasta una fecha determinada (opciones de tipo americano).

Pay-out. Es el porcentaje de los beneficios que una empresa dedica a dividendos.

Posición de bloqueo. ("blocking position") es la capacidad de una persona o empresa, que tenga un porcentaje suficiente de derecho de voto, para bloquear decisiones que no le beneficien.

Precio de mercado. ("market price") es el precio de la última transacción de un activo financiero que cotiza en un mercado.

Promediar a la baja. Incrementar la cantidad que se posee de un activo financiero por un precio menor al de las compras anteriores, teniendo como resultado una reducción del costo medio.

Recompra de acciones. ("Share buybacks") son las compras de acciones propias por una compañía, para amortizarlas o distribuirlas entre sus inversores.

Renta fija. Los valores de renta fija ("fixed income securities") están compuestos por valores financieros que confieren a su poseedor el derecho de recibir un flujo de dinero constante a lo largo del tiempo. Los más comunes son los bonos.

Renta variable. Los valores de renta variable ("variable income securities") están compuestos por valores financieros que confieren a su poseedor el derecho de recibir un dinero en el futuro que no se puede determinar de antemano, normalmente en forma de dividendos obtenidos en base a las ganancias de una empresa. Los más comunes son las acciones.

Rentabilidad relativa. ("Relative performance") es una forma de evaluar los resultados de un gestor de inversiones comparándolos con los resultados de otros gestores y el resultado de su benchmark.

Riesgo. ("Risk") de una operación financiera en la cantidad y la probabilidad de una potencial pérdida de capital permanente.

Sociedad matriz. ("Holding company") es una empresa que es propietaria de otras empresas, denominadas filiales.

Split. División de acciones en varias de inferior valor nominal.

Tasa de descuento. ("Discount rate") es el tipo de interés que hace que un inversor sea indiferente entre dinero actual y dinero futuro.

Valor. ("Security") es un título que representa la propiedad de una parte de una empresa, préstamo o sus derivados.

Valor contable o valor en libros. ("Book value") representa el valor teórico en el balance que tienen los accionistas de una compañía. Se calcula restando el valor contable de las deudas al valor contable de los activos de una empresa.

Valor intrínseco. ("Intrinsic value") es el valor presente de los flujos de caja futuros de un activo financiero.

Valor liquidativo. ("Liquidation value") es el valor de una empresa tras su extinción y liquidación, tras vender sus activos y saldar sus deudas.

Valor neto presente. ("Net present value") es el cálculo del valor de una inversión mediante el descuento de la estimación de sus flujos de caja futuros.

Valores complejos. ("Complex securities") o instrumentos financieros complejos, son valores con características de pago poco usuales.

Valores de pago en efectivo. ("Cash-pay securities") son activos financieros que pagan a sus dueños intereses o dividendos en dinero en efectivo.

Value Investing. La inversión en valor, comúnmente conocida como "value investing", es un estilo de inversión que consiste en comprar empresas infravaloradas. La búsqueda de este tipo de empresas se realiza mediante procesos de análisis y valoración.

Volatilidad. ("Volatility") es el grado de variabilidad o brusquedad en las variaciones del precio de un activo.